Takashi Sugihara

杉原 隆 編著

生涯スポーツの心理学

▶生涯発達の視点からみたスポーツの世界◀

高橋正則　阿江美恵子
森　司朗　豊田則成
工藤孝幾　猪俣公宏
吉田伊津美　谷口幸一
伊藤豊彦　髙松　薫
上野耕平　堤　俊彦
石井源信　山口幸生
中本浩揮　門間貴史
藤田　勉　大川一郎
土屋裕睦　山口泰雄
橋本公雄

福村出版

Ⓡ〈日本複写権センター委託出版物〉
本書を無断で複写複製(コピー)することは、著作権法上の例外を除き、禁じられています。本書をコピーされる場合は、事前に日本複写権センター(JRRC)の許諾を受けてください。
JRRC〈http://www.jrrc.or.jp　eメール:info@jrrc.or.jp　電話:03-3401-2382〉

まえがき

　スポーツ心理学に関する著書はこれまでに数多く出版されてきた。しかしながら，それらの著書では，発達について全く触れていないか，一部の章や節に含んでいるにすぎなかった。正面きって乳幼児から中高年にいたる発達という視点でスポーツ運動をとりあげたのは本書が嚆矢である。

　これまでスポーツ心理学が発達的視点を重視してこなかった理由は，スポーツといえば伝統的に，青年男子の行う競技スポーツが中心になっていたことがあげられよう。しかし最近では，健康スポーツ，レクリエーションスポーツ，スポーツ教育などといった言葉の広がりから窺えるように，スポーツは小さな子どもからお年寄りまですべての年代の人々が様々なかかわり方をする活動になってきている。これに伴って，スポーツに関する心理学的研究も，従来の競技スポーツの枠を超えて幅広く行われるようになってきた。

　そこで明らかになってきたことは，発達の経過とともにスポーツ運動のもつ意味や価値が変化するということである。すなわち，スポーツが体力・運動能力や精神的発達に与える影響，精神的発達とスポーツ行動との関係，ならびにそれらから生じるスポーツの行い方が発達段階によって異なるのである。ところが残念なことに，研究成果が十分スポーツ関係者に伝えられていないため，青年期のスポーツで得られた知見を体力・運動能力の劣るその他の時期に応用するといったことが一般的に行われている。このような考え方は生涯発達の視点に立つと極めて不十分と言わざるを得ない。そこで，生涯発達の視点からスポーツ心理学の知見をまとめて提供し，乳幼児期から中高年期にいたる発達に応じたスポーツのあり方を見通して，相互に関連づけて考えたいというのが本書の意図である。

　発達期としては大きく乳幼児・児童期，青年・成人期，中・高年期に分け，それぞれの発達期の中核となる主要なトピックスを章として取り上げた。トピックスのなかには他の時期と共通するものも多いが，それぞれの発達期における特徴的な事柄を中心に内容を記述するとともに，その他の時期との違い，特に発達的特徴の質的違いについても触れるようにした。これらの内容はどの時期のスポーツにかかわる人にとっても必要かつ有用なものと考える。本書が，生涯スポーツの指導にかかわるすべての方々に役立てていただけるよう願っている。

2011年3月　編者　杉原　隆

目次

まえがき

I部　序説

第1章　スポーツと生涯発達の理論的視点 …………………………… 12
- 1節　生涯スポーツの社会的背景 ………………………………… 12
- 2節　スポーツと生涯学習社会 …………………………………… 13
- 3節　生涯発達心理学の成立 ……………………………………… 15
- 4節　生涯発達心理学とスポーツ ………………………………… 17
- 5節　生涯発達とスポーツ指導 …………………………………… 18
- 6節　生涯発達に関与する要因 …………………………………… 19

第2章　生涯スポーツ研究の心理学的方法 …………………………… 22
- 1節　基本的な研究法 ……………………………………………… 22
  実験法　自然観察法　心理検査法　質問紙調査法　面接法
- 2節　横断法と縦断法 ……………………………………………… 26
  データの収集　横断法　縦断法
- 3節　コホート分析と系列法 ……………………………………… 29
  コホート分析　系列法　系列法の手順

II部　乳幼児・児童期

第3章　乳幼児・児童期の運動発達の特徴 …………………………… 36
- 1節　乳児期（生後1カ月〜1歳まで）の運動発達の特徴 ……… 36
  乳児期の運動発達　姿勢運動の発達　移動運動　操作運動
  運動発達におけるU字型の変化
- 2節　幼児期（2歳から就学前まで）の運動発達の特徴 ………… 39
  幼児期の運動発達　運動能力の質的側面からのアプローチ
  基礎的な運動パターンの習得と洗練　ラテラリティの発達
  幼児の運動発達と遊び

3節　児童期（就学後）の運動発達の特徴……………………………………… 44
　　児童期の運動発達　　基礎的運動パターンの洗練・向上と運動コントロール能力
　　運動体力の構造の変化

第4章　運動の知覚と情報処理能力の発達……………………………… 47
　1節　情報処理システムのハードウェアとソフトウェア…………………… 47
　　ハードウェアの発達　　タイミングコントロールの発達
　2節　運動の遂行に関わるソフトウェアの発達……………………………… 50
　　運動技術の分類　　スキーマの発達　　運動の学習方略の発達
　　状況判断能力の発達
　3節　情報処理能力の発達と指導……………………………………………… 54
　　発達に応じた認知的負荷　　メタ認知の発達

第5章　運動遊びの発達………………………………………………………… 57
　1節　遊びとは…………………………………………………………………… 57
　2節　遊びの分類と発達段階…………………………………………………… 58
　3節　乳幼児期の運動遊び……………………………………………………… 59
　　0〜2歳頃の運動遊び　　2〜7歳頃の運動遊び
　4節　運動遊びの指導…………………………………………………………… 65

第6章　スポーツ参加と動機づけ……………………………………………… 67
　1節　子どもの有能感…………………………………………………………… 67
　　有能感とは　　子どもの有能感の特徴　　子どもの有能感を高めるために
　　子どものスポーツにおけるコーチのかかわり
　2節　子どもの動機づけを育てる……………………………………………… 70
　　子どもの目標と動機づけ　　達成目標に影響する要因
　　課題志向的な動機づけ雰囲気を育てる　　まとめ

第7章　スポーツと知的・人格的発達………………………………………… 78
　1節　運動と知的発達…………………………………………………………… 78
　　知覚-運動協応としての知的能力
　　運動に随伴する知的活動が知的発達を刺激する
　　運動によって形成された人格を介して知的発達に影響する
　　運動による覚醒水準の変化と知的活動
　2節　運動と人格的発達………………………………………………………… 82

自己刺激的運動と身体的自己　　スポーツ運動の芽生えと運動有能感
　　　運動有能感と自己概念の形成　　運動経験と人格形成

第8章　スポーツによる社会化 ……………………………………………… 89
　1節　社会化 …………………………………………………………………… 89
　2節　社会化のエージェントとしてのスポーツ …………………………… 90
　　　エージェントとしての歴史　　児童期におけるスポーツ活動と社会化
　　　スポーツによる社会化に関する研究
　3節　スポーツ活動への参加をつうじたライフスキルの獲得 …………… 93
　　　スキルへの注目　　スキルトレーニング
　　　スポーツを利用したライフスキルトレーニング　　生きる力とライフスキル
　4節　スポーツによる社会化の留意点 ……………………………………… 97
　　　スポーツと勝利　　スポーツにおける競争と協同

第9章　発達的視点から見たジュニアスポーツの現状と課題 …………100
　1節　ジュニアスポーツの現状 ………………………………………………100
　　　ジュニア期におけるスポーツキャリアとそのパターン
　　　ジュニア期におけるスポーツマンシップや行動規範
　　　ジュニア期のスポーツ指導における問題点
　2節　ジュニアスポーツの課題 ………………………………………………105

――――――――――　Ⅲ部　青年・成人期　――――――――――

第10章　青年・成人期の運動発達の特徴とスポーツ技能の熟達 ………108
　1節　青年・成人期の運動発達の特徴 ………………………………………108
　　　青年・成人期の運動発達とピークパフォーマンス
　2節　スポーツの熟達化 ………………………………………………………110
　　　「一流」の条件　―遺伝 vs. 環境論争―
　　　一流までの道のり　―10年ルールと意図的・計画的練習理論―
　　　スポーツの発達モデル　―意図的・計画的遊びと多様なスポーツ活動の重要性―

第11章　スポーツに対する動機づけ ………………………………………121
　1節　スポーツ参加者の動機づけ ……………………………………………121
　　　競技レベルと動機づけ　　参加形態と動機づけ

2節　スポーツにおける離脱者と継続者……………………………………123
　　スポーツからの離脱　　スポーツの継続
　3節　動機づけの理論……………………………………………………………125
　　動機の分類　　自己決定理論　　達成目標理論

第12章　スポーツ選手の抱える心理的問題と人格的発達……………132
　1節　スポーツと人格的発達……………………………………………………132
　　スポーツ選手の人格形成に関する研究の概要　　危機と人格形成
　　スポーツ環境の特殊性
　2節　スポーツ選手の抱える心理的問題………………………………………135
　　青年期におけるスポーツ活動の弊害
　　スポーツ選手の抱える心理的問題とその背景　　競技ストレスとバーンアウト
　3節　スポーツ環境を豊かにするために………………………………………139
　　運動部になじめなかった大学新入部員の事例
　　アスリートに対する心理サポート
　　スポーツ選手の人格発達　―今後の課題―

第13章　スポーツが感情に与える影響……………………………… 143
　1節　ポジティブ感情とネガティブ感情………………………………………143
　2節　運動・スポーツ心理学における感情研究………………………………145
　　スポーツ競技における不安感情の変化過程　　運動に伴う感情の変化過程
　3節　運動に伴う感情変化のメカニズム………………………………………148
　　生物学的仮説　　心理学的仮説
　4節　運動に伴うポジティブ感情の醸成の設定法　―快適自己ペース―……150
　　なぜ快適自己ペースなのか　　快適自己ペースの利点と設定法

第14章　スポーツ行動の性差とジェンダー……………………………154
　1節　スポーツへの女性の参加…………………………………………………154
　2節　ジェンダーと性役割………………………………………………………155
　　ジェンダー・スキーマ（男らしさ，女らしさ）　　性役割の発達
　3節　女性のスポーツ行動を阻むジェンダー観………………………………157
　　女子のスポーツ活動への関心　　体力認識　　女性スポーツ選手のジェンダー観
　4節　男性優位種目への女性の参加動機………………………………………161
　5節　ジェンダーに関わる解決されていないスポーツ参加問題………………161

第15章　アスリートのアイデンティティ形成とキャリア移行 …………163
1節　アスリートのアイデンティティ形成…………………………………163
アイデンティティとは何か　　アイデンティティ形成におけるスポーツの役割
アスリートのアイデンティティ形成における諸相　　危機はチャンスでもある
2節　アスリートのキャリア移行問題……………………………………169
競技引退とは　　競技引退研究の流れ
アスリートのアイデンティティ再体制化　　キャリア移行支援

第16章　発達的視点から見た青年・成人スポーツの現状と課題………174
1節　青年・成人期の発達的理解とスポーツ……………………………174
2節　青年・成人スポーツの現状…………………………………………175
青年期においてスポーツや運動はどのようなものがどの程度行われているのか
成人期においてスポーツや運動はどのようなものがどの程度行われているのか
3節　青年・成人スポーツの課題…………………………………………179
青年スポーツにおける課題　　成人スポーツにおける課題

Ⅳ部　中・高年期

第17章　中・高年期の運動発達の特徴とスポーツ活動………………182
1節　高齢期の健康と体力…………………………………………………182
運動の加齢サイクル　　高齢者のための運動指針　　高齢者に望ましい身体活動
高齢者スポーツ種目の開発条件　　高齢者の体力の評価法
2節　新体力テストの結果の概要…………………………………………188
合計点からみた対象年齢別の一般的傾向　　運動・スポーツの実施頻度と体力
高齢者の検査項目別の体力の推移
3節　運動能力の発達………………………………………………………191
運動技能の発達段階区分
4節　運動を介した健康づくり……………………………………………192
5節　運動が高齢者のメンタルヘルスに及ぼす影響……………………193
高齢者のQOLに対する運動の寄与　　ジェロントロジー・スポーツ
6節　結論……………………………………………………………………196

第 18 章　スポーツによる体力と健康の保持増進……………………197
　1節　高齢社会の現状と心や体から見た高齢社会の問題点……………197
　2節　高齢者の健康体力づくりに対する国のスポーツ施策……………198
　3節　高齢者に適した健康体力づくりの行い方……………………………199
　4節　高齢者の健康体力づくりにおける身体活動の強度・量，頻度……206
　5節　高齢者の健康体力づくりにあたって配慮すべき事項………………208

第 19 章　健康行動変容のための動機づけと実践への介入……………210
　1節　中高年期のライフステージと発達課題……………………………210
　2節　生きる目標と健康の動機づけ………………………………………211
　　　中高年期における健康の意味　　生きる目標と健康の関係
　3節　中高年者の身体活動と動機づけモデル……………………………214
　　　高齢者の身体活動の決定因　　主観的な健康と意思決定 ―健康信念モデル―
　　　行動変容のステージとレディネス ―トランスセオレティカルモデル―
　4節　健康行動変容の実際…………………………………………………217
　　　HBM を用いた骨粗鬆症予防プログラム
　　　慢性疾患患者と身体活動ステージの変化

第 20 章　運動・スポーツとメンタルヘルス…………………………………223
　1節　中高年期とメンタルヘルス…………………………………………223
　　　中高年期の特徴　　メンタルヘルスの測定内容
　2節　運動・スポーツ実施とメンタルヘルス……………………………224
　　　運動・スポーツがメンタルヘルス全般に及ぼす影響
　　　運動・スポーツが否定的感情に及ぼす影響
　　　メンタルヘルスの改善は体力の変化や運動の種類に関係するか？
　　　メンタルヘルスの改善と年齢
　3節　運動・スポーツ実施と QOL…………………………………………227
　　　QOL の捉え方　　価値観と自己効力感
　4節　過度な運動・スポーツ実践の弊害…………………………………229
　5節　具体的な指導において………………………………………………229

第 21 章　スポーツ・運動の認知機能への影響……………………………231
　1節　スポーツ・運動の認知機能への影響についての研究領域…………231
　2節　スポーツ・運動の認知機能への影響………………………………232

　　　　4つの課題領域における研究のメタ分析　　　実行機能と加齢
　　　　実行機能に対するスポーツ・運動の効果
　　　　認知症や認知障害とスポーツ・運動の関連
　　3節　スポーツ・運動と脳構造・脳機能との関連 …………………………237
　　　　実行機能と脳構造・脳機能　　　スポーツ・運動の認知機能への効果の性差
　　　　動物実験
　　4節　実践的アプローチに向けて ……………………………………………240

第22章　発達的視点から見た中・高年スポーツの現状と課題…………242
　　1節　中高年スポーツの現状……………………………………………………242
　　　　中年期における運動・スポーツ実施の現状
　　　　高年期における運動・スポーツ実施の現状
　　2節　中高年スポーツの課題……………………………………………………244
　　　　中年期における運動・スポーツとのかかわり
　　　　高年期における運動・スポーツとのかかわり

引用・参考文献
人名・事項索引

I 部
序説

第1章　スポーツと生涯発達の理論的視点

　生涯にわたってスポーツを行うことの重要性を最初に指摘したのは，おそらく古代ギリシャの哲学者として有名なプラトン（Platon）であろう。彼はイストミアの競技祭において二度にわたって競走で優勝した経験をもつアスリートでもあった。そして，その代表的著作の国家篇のなかで，体育は"幼時から始めなければならない"科目で"生涯続けなければならない"とした（水野ほか，1966）。しかし，歴史的にみるとスポーツは長い間，主として青年の活動であった。

1節　生涯スポーツの社会的背景

　生涯スポーツ lifelong sport という言葉が使われるようになったのは1970年代以降のことである。生涯スポーツという言葉が使われるようになったきっかけとしては，1965（昭和40）年に，ラングラン（Lengrand, P.）がユネスコの世界成人教育会議に提出した生涯教育・生涯学習の理念が大きく関係している（金崎，2000）。学齢期という言葉があるように，古くから教育はもっぱら児童期と青年期における活動として行われてきた。しかし，ラングランはおとなになるための生活の準備としての子どもの時期における教育にとどまらず，一生涯にわたって自己を向上させる営みとして教育・学習を展開する必要性を指摘したのである。
　生涯教育・学習という理念が広がる主要な背景には様々な状況が関係しているが，2つのことを指摘しておきたい。1つは，近年，先進国を中心に平均寿命が急激に伸びたことがあげられる。明治の初め頃には30歳を少し超す程度であったといわれている日本人の平均寿命は，1960年代には60歳を超え，厚生労働省が発表した2008（平成20）年の簡易生命表によると，男性が79.29歳，女性が86.05歳となり，男女とも近年急激な伸びを示している。もう1つは，我々が生活している社会の変化が急激になってきていることである。急速なテクノロジーの発展とグローバリゼーションによって，仕事のみならず日常の生活においても，次々に新しい知識・技能を習得していかないと社会の変化についていけなくなっている。このことは最近の情報端末の普及などに端的に表れている。学校で習った知識や技能だけで一生仕事をし，充実した日常生活を送っていくこと

はもはや不可能に近くなってきているのである。

2節　スポーツと生涯学習社会

このような状況はスポーツと人々とのかかわり合いにも新しい変化をもたらした。平均寿命が大幅に伸張し，かつてはほとんどの人が経験することがなかった長い中高年期を多くの人々が生活することになり，その生き方が大きくクローズアップされるようになった。昔は年をとったら隠居して短い余生を家のなかで静かに暮らすというのが一般的であった。しかし，平均寿命の伸長とともに，年をとっても心身ともに健康で仕事を続け，さらに退職しても新しい生き甲斐を見つけ，長い中高年期を充実させ活力ある生活を送るためのスポーツの役割が注目されるようになってきたのである。中高年がスポーツを楽しみながら健康の保持増進や社会参加を促進することをめざし，全国スポーツ・レクリエーション祭や全国健康福祉祭（ねんりんピック）やマスターズ大会などの全国規模のスポーツ大会が行われるようになり，参加者や種目も増加している。また，平成20年国民健康・栄養調査によれば，1回30分以上の運動を週2回以上実施し，1年以上継続している運動習慣のある者の割合は，20～50歳代より60～70歳代の方が多くなっている（図1－1）。

一方では，産業構造が肉体労働に従事する農業や林業などの第一次産業，製造業や建設業などの第二次産業から，オフィスで座って仕事をするサービス業や情報通信業などの第三次産業へと中心を移し，日常生活のなかから運動の機会を減少させた。さらに乗用車，洗濯機，掃除機，テレビ，パソコンなどの普及もこのような傾向を助長した。その結果，多くの人々の日常生活のなかから運動が消えて肥満，心臓病，糖尿病，高血圧などのいわゆる運動不足病が蔓延するようになった。現代人は健康に対する大きな不安を抱えて生活している。これらの健康リスクを避けるため健康スポーツに対する関心がたかまり，多くの人々がジョギングをしたりスポーツジムに通って汗を流したりするようになってきている。成人を対象とした調査では，スポーツを実施している人の割合は調査を始めた1990年代前半から着実に増加し，2008年には週1回以上実施している人は55％を超えている（笹川スポーツ財団，2008）。

社会状況の変化はおとなだけでなく，子どもにも大きな影響を及ぼしてい

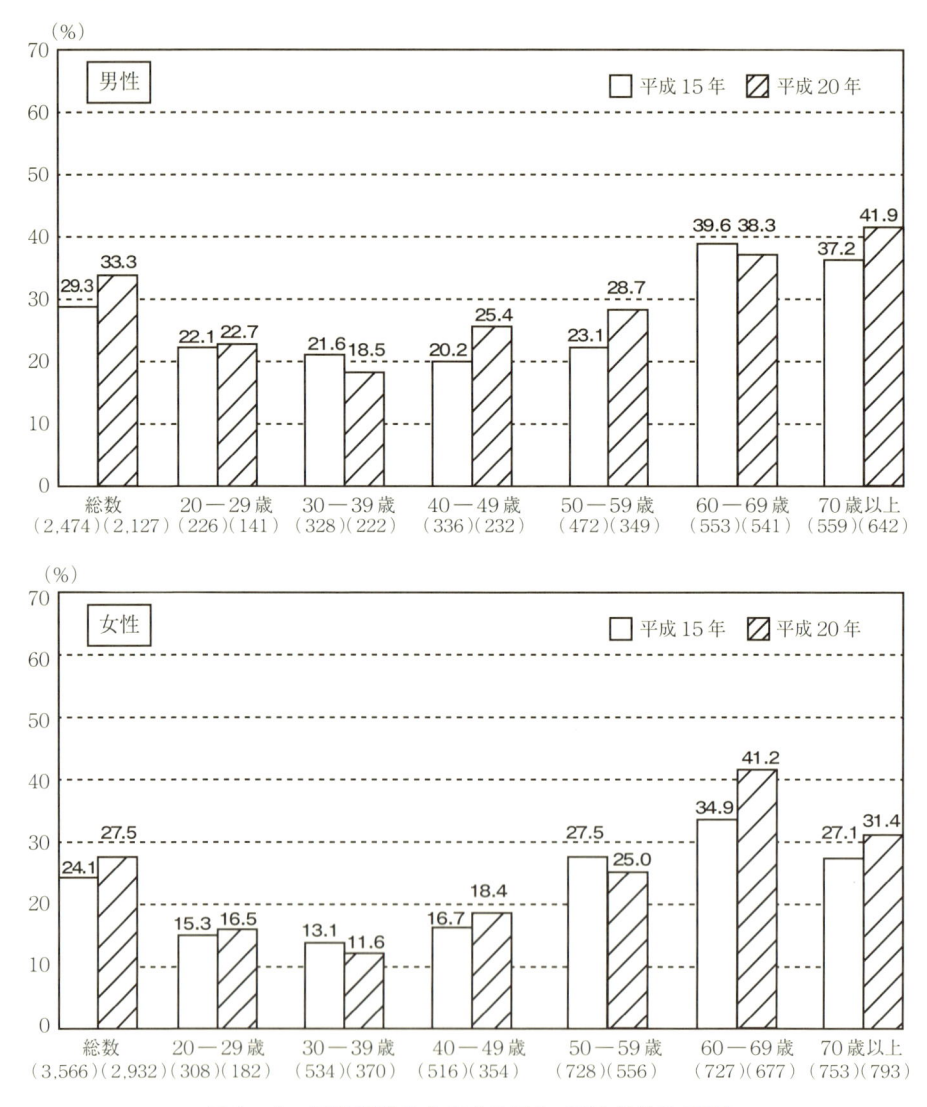

図1-1 運動習慣のある者の割合 (厚生労働省, 2009)

る。子どもを少なく産んで高い学歴をつけさせるという少子高学歴化傾向が顕著に進み，小さい頃から通信教育や塾など習い事をする子どもが大幅に増加した。首都圏の乳幼児をもつ保護者を対象とした調査によれば，6歳児で英会話など語学の教室に通っている幼児が25％強，通信教育を受けている幼児が25％弱

で，この2つだけでも子どもの約50％に達している（Benesse 教育開発センター，2006）。このような状況の下，子どもが戸外で活発に体を動かして，特に集団で遊ぶという経験が激減した。小学生を対象にした遊びの全国調査によれば，1970年代から1990年代にかけて遊び時間は4.8時間から2.6時間へとほぼ半減，特に外遊び時間は1.5時間から0.6時間へと約1／3に激減し，遊び仲間の人数が減って同年齢化し，室内遊びが主流になったことが指摘されている（仙田，1998）。近年指摘されている子どもの体力・運動能力の低下の主たる原因は，運動遊びの減少にある。それだけではない，子どもの生活は自分自身の興味・関心に基づいて行う自由で能動的な活動としての遊び中心の生活から，おとなの指導者によって管理され教え込まれる受動的な活動を中心とした生活へと変化した。このことは先にあげた調査で，運動についても6歳児の約60％がスイミングスクールやスポーツクラブ・体操教室に通っていることが示されていることからも裏付けられる。運動でさえも，もはや遊びではなくなっているのが現実である。子どもが社会性や規範意識を発達させる潜在カリキュラムとして働いていた運動遊びの減少は，不登校，いじめ，学級崩壊など最近の子どもに見られる心理的な問題とも決して無縁ではないと考えられている。

3節　生涯発達心理学の成立

　近年，発達心理学においても大きなパラダイムシフトが起こっている。以前は発達心理学といえば児童心理学，青年心理学のことを指していた。それは成人を人間の頂点・完成体と考え，そこに至る過程を発達とみなしていたからである。すなわち，伝統的な発達心理学では小さく未熟な子どもが完成体である成人に至るまでの量的増大や能力の進歩向上の過程を発達ととらえていたのである。この意味では発達は量的減少や能力の低下衰退の過程としての老化と対立する概念であった。しかし1960年代以降，発達を人生前半に限定することなく一生涯にわたる現象としてとらえる必要性が認識され研究が行われるようになってきた。その背景となった主な理由を簡単に説明しておこう。

　第1は，成人期以後の中高年期における進歩向上が注目されるようになったことである。生涯にわたって人間は発達し続けると主張した代表的な心理学者はエリクソン（Erikson, E. H.）である。彼は，一生の様々な時期に次々と出会う心理―

社会的危機を克服し続けることによって生涯にわたって自我が成長していくとして，有名な8つの発達段階を示した（エリクソン，1977：図15－1参照）。また，知的能力については，キャッテルとホーン（Cattell, R. B. & Horn, J. L.）の結晶性知能の理論が注目される。彼らは知能が流動性知能と結晶性知能という2つの因子で構成されているとした。流動性知能とは変化への素早い柔軟な対応を支える知能で，概念形成，推論，短期記憶，情報処理能力などが含まれ，青年期までに向上しその後低下していく。それに対して，結晶性知能は語彙，聞く能力，一般的理解（事典的な知識），判断力など文化や教育といった生活経験によって培われる知能であり，健康である限り高齢になっても生涯にわたって向上することを明らかにした。

第2は，このような事実から引き出される成人を完成体と見ることへの批判である。成人が人間としての頂点ではないという考え方は決して新しいものではない。孔子の『論語』にある「子曰く，吾れ十有五にして学に志す。三十にして立つ。四十にして惑わず。五十にして天命を知る。六十にして耳従う。七十にして心の欲する所に従って，矩を踰えず」という有名な言葉は，人間は高年になっても人格的に成長することを言い表している。事実，高齢になって高い業績をあげた人は少なくない。よく知られている例を2つあげておこう。世界的に有名なドイツの文豪であり哲学者でもあったゲーテは，彼の最高傑作である劇詩「ファウスト」を死ぬ前年の83歳で完成している。イタリアルネッサンス期の彫刻家・建築家として著名なミケランジェロは89歳で死ぬ直前まで自分が設計したサン・ピエトロ大聖堂の建築監督を務めていた。

第3には，子どもの時期からの低下衰退する現象の発見があげられる。近年，子どもの方がおとなより量や働きにおいて優れている，つまり子どもの時期からすでに低下し始めるものがあることが次々と明らかになってきた。いくつか例をあげておこう。大脳皮質の神経細胞の数は出生直後から減り始めシナプスの数も1～6歳がピークになること，外国語の音韻の弁別や顔の弁別はおとなより生後数カ月の赤ん坊の方が優れていること，音の聴こえる範囲や目の水晶体の弾力性も乳幼児期からすでに低下を始めることなどが明らかにされている。

さらに最近では，発達に進歩向上と低下衰退という対立する価値判断をもち込まないモデルも考えられている（無藤ほか，1995）。例えば，記憶力の低下は一般的にはマイナスの現象とされるが，忘れたい嫌な思い出が忘れられることはプ

ラスであり，忘れる能力の向上ととらえることもできるといった考え方である。
　以上のように，発達を人生前半の進歩向上の時期と後半の低下衰退の時期というようにはっきりと二分して前者を発達とする考え方から，人の一生の変化を全体としてとらえる生涯発達心理学へと移行したのである。村田（1989）は生涯発達心理学 life-span developmental psychology を次のように定義している。
「生涯発達心理学とは，人間の受胎から始まり，成人期・高齢期を含めた人間の全生涯に生起するすべての心理学的変化の記述と説明を目的とする学問である」

4節　生涯発達心理学とスポーツ

　伝統的な発達心理学と生涯発達心理学の発達のとらえ方の違いをわかりやすく示すと図1-2と図1-3のようになる。伝統的な発達心理学では，図1-2のように，小さい体が大きくなる，弱い力が強くなる，運動が上手にできるようになるというように，量的増大や能力の向上を発達ととらえ，これらは人生の前半に起こると考えていた。したがって，体が小さくなる，力が弱くなる，運動能力が低下する成人期以降の変化は老化として発達と明確に区別して考えていたのである。しかし，生涯発達心理学では図1-3のように，人間の能力や行動は一生の様々な時点で発生，向上，停滞，低下するという発達の複合性を強調する。つまり，伝統的な意味での発達と老化は生涯をとおして同時に起こっているため，人生の前半だけを発達とするのではなく，両者を含めて一生を発達と考えることが必要であると考える。
　人格や知的能力については発達の複合性は理解しやすい。しかし，スポー

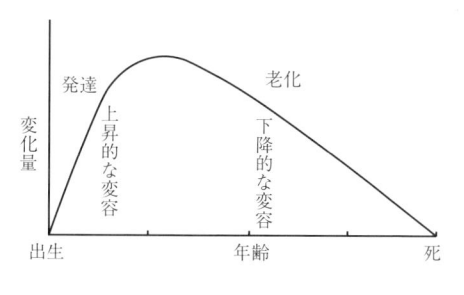

図1-2　伝統的な発達の捉え方の模式図
（杉原，2000）

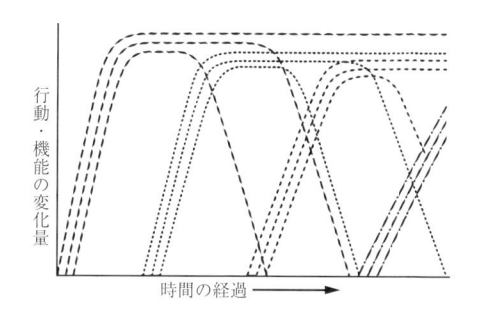

図1-3　生涯発達過程の複合性
（村田，1989）

ツの基盤である身体や運動については発達の複合性が当てはまるのか疑問をもつ人は多いと思う。確かにこの点については研究が極めて不十分で，明らかにされている事実は少ない。ただ，発達の複合性を支持する経験的根拠は少なくない。定年退職してからゴルフやゲートボールなどのスポーツを始めてどんどん上達していった人や学生時代泳げなかった人が水泳教室に通って泳げるようになった例など，年をとっても運動が向上するという事実は私たちの身の回りでもよく見られる。マスターズ水泳大会で92歳で自己新記録を出した女性や，98歳で砲丸，円盤，槍投げを始め102歳でマスターズ世界新記録を出して年を取るほど記録が伸びると豪語する男性が新聞で報道されたりしている。一方，幼稚園の時できた鉄棒の逆上がりや前回りが高校生になったらできなくなったという人は少なくない。また，スキーや一輪車や器械運動などの指導者のなかには，大学生より幼児や小学生の方が上達が早いことを指摘する人もいる。幼児期から児童期にかけては中枢神経系の急激な発達に支えられて運動コントロール能力が急増する時期である。したがって，幼児や児童がある種の運動においておとなより学習能力が高いことは十分考えられる。これらのことを考慮すると，運動の面でも発達の複合性は認められるといってよいだろう。

　さらに言えば，スポーツに対して発達心理学的なアプローチをするためには，運動面だけでなく，知的能力や人格など精神的な側面がスポーツ行動に大きくかかわってくるので，それらの発達の複合性も十分考慮しなければならない。スポーツとのかかわり方やスポーツから受ける影響は発達段階によって質的に異なるのである。

5節　生涯発達とスポーツ指導

　スポーツに限らず，指導は発達に応じて行う必要があることを否定する人はいない。しかし，発達に応じるためには具体的にどのようにすればよいのかについては，発達をどのようにとらえるかによって全く異なってくる。この点については残念なことに，スポーツ界では図１−２に示した古い伝統的な発達観に基づいた指導が行われることが少なくない。このことは特に幼少年に対するスポーツ指導で目立つ。すなわち，子どもとおとなは本質的には同じで違いは量的なものであり，子どもはおとなを量的に小型化した存在，能力の低い「小さなおとな」と

考える．したがって，そこから出てくる子どもに対する発達に応じた指導法は，大きなボールやコートは小さくする，重い用具は軽くする，多い人数は少なくする，複雑なルールは簡単にするというように，おとなのやっているスポーツを小型化するというやり方をとる．

　しかし，生涯発達心理学の視点に立つと大きく異なった方法をとることになる．というのは，一生の様々な時点で様々な資質が向上，停滞，低下するという発達過程の複合性から生じる発達的変化は，単線的な量的増大ではなく，複雑な質的変化であると考えられるからである．すなわち，人は質的に異なった特徴をもつ時期をたどって一生を送ると考える．したがって，発達に応じるということはそれぞれの発達段階の質的な特徴を明らかにしたうえで，質的な違いを考慮した指導を行うことになる．スポーツ指導に際して考慮すべき発達的側面としては，まず運動の発達がベースになることは言うまでもない．が，それだけではなく，スポーツ行動に関与する意欲などの動機づけ，ルールの理解などの知的能力，対人関係などの社会的能力，さらにはスポーツを行うことによって受ける心理的影響，それらから生じるスポーツのもつ意味や価値の質的な違いを十分考慮する必要がある．ただ，生涯発達心理学の視点は新しいために，それらの発達の質的特徴についての研究が少なく明らかにされていないことが多い．本書はこれまでの研究から得られた最新の知見に基づいて生涯発達心理学の視点からスポーツ行動について解説し，さらなる質的特徴の解明のための足がかりを提供することを意図している．

6節　生涯発達に関与する要因

　伝統的な心理学では，発達に関与する要因として年齢を重視し，年齢に伴う変化を明らかにすることに重点が置かれていた．運動発達においても，遺伝として受け継いだ資質が時間の経過とともに一定の順序で現れるというゲゼルの成熟優位説に代表されるように，何歳になるとどのようなことができるようになるかを記述し，年齢を基準とした運動発達の様子を明らかにする研究が中心であった．しかし，最近の研究から，発達は人間が育つ環境としての社会的，文化的，歴史的影響や個人が経験する生活事件（life event）から非常に大きな影響を受けることが明らかになってきた．人間が生活している環境的文脈が強調されるので，このような発達の考え方は文脈モデルと呼ばれる．生涯発達を主唱した心

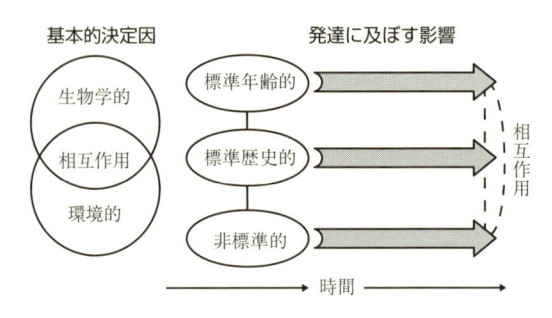

図1-4　生涯発達に及ぼす主要な影響
（村田，1989）

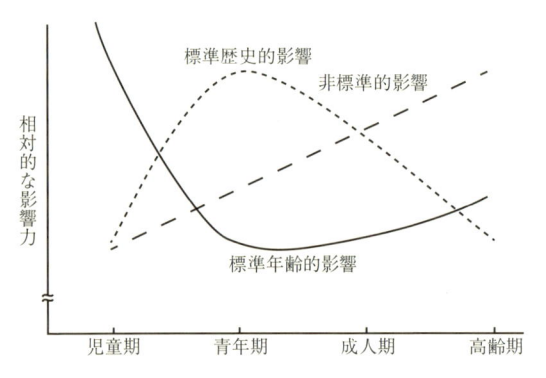

図1-5　相対的な影響力の発達的変化
（村田，1989）

理学者として著名なバルテス（Baltes, P. B.）は，発達に影響を与える基本的な決定要因として生物学的要因，環境的要因とこれら両者の相互作用を想定し，これらの決定要因が具体的に発達に働きかける系を標準年齢的影響，標準歴史的影響，非標準的影響の3つに分類した。そのうえで，それら3つの系が発達に及ぼす影響の相対的な強さが発達段階によって異なることを指摘している（村田，1989，図1-4，1-5）。

標準年齢的影響とは年齢と比較的密接なつながりをもつ影響のことで，生物学的影響と社会化による影響が含まれる。生物学的要因の代表は遺伝によるもので，新生児の反射，乳児期に見られる頭部から脚部へと中心から末梢へという運動発達の方向性，第二急進期に見られる体格や体力の急増，さらには高年期における体力の低下などに典型的に見られる。また，男性女性という性も思春期における第二次性徴をとおして運動発達に大きく関与する生物学的要因である。社会化による影響とは進学や就職や退職など年齢に密接に関係している社会習慣によるもので，体育の授業や運動部への所属，労働形態や余暇に行う運動，退職後の運動習慣などがある。これら標準年齢的影響が発達に与える影響の相対的な強さは，図1-5に見られるように人生の前半と後半に高くなるとされている。しかし，これはあくまでおおまかな推測であり，科学的に立証されているわけではない。特に運動面については，先にあげた第二急伸期に見られるように，青年期でもかなり大きい影響力をもつと考えられる。

標準歴史的影響とは戦争や経済不況や科学技術の発展など，大きな社会変動や歴史的な事件から受ける影響のことで，同世代の多くの人々に共通に関係する。日本でも第二次世界大戦は体格の発達や平均寿命に非常に大きな影響を与えた。昭和60年代から始まった高度経済成長は少子化や子どもの運動遊びの減少といったライフスタイルの変化をとおして運動参加や発達に大きく影響している。学習指導要領の改訂に伴う体育授業の変化，オリンピックやサッカーのワールドカップの開催なども子どもの運動に影響をもたらす。標準歴史的影響はその影響力が青年期にもっとも大きくなると考えられているが（図1－5），スポーツに関してこれが当てはまるかどうかは今後の研究課題である。

　標準的影響が多くの人々に共通に関与するのに対して，1人ひとりの個人によって異なる特有の要因のことを非標準的影響と呼んでいる。指導者やライバルや仲間との出会い，けがや事故，競技会での優勝や失敗などといった生活事件がその代表的なものである。生活事件以外にも，個人的特徴である体質的に病弱であるとか肥満などの体格・体型の変化といった生物学的な要因も含まれる。非標準的影響は年齢とともに大きくなっていくとされているが（図1－5），この点に関してのスポーツにおける研究はほとんど見られない。中高年になってそれまでスポーツを行っていた人が種目を変えたり，止めたり，やっていなかった人が始めたりといった個人による変化が大きくなる。また，競技として行う人，健康のために行う人，レクリエーションとして行う人，社交として行う人，ほとんどスポーツが生きがいになる人など，スポーツとのかかわり方が個性化する。これらの背後には非標準的影響が大きく関係していることが推察される。

　生涯発達心理学の視点からのスポーツに関する研究はまだ始まったばかりである。これら3つの影響は今後の研究の方法の方向性を示すという意味で注目しておく必要がある。

第2章　生涯スポーツ研究の心理学的方法

　この章では，生涯スポーツ研究の心理学的方法について，生涯発達心理学による基本的な研究方法にしたがって説明する。

　運動やスポーツの世界では，いまだに多くの予測不能な現象や説明が難しい状況が無数に存在しており，それが運動やスポーツの魅力ともなっている。運動やスポーツの経験が一生涯に及ぶとなれば，その魅力はなおさら深まり，より興味が向けられるのはごく自然である。事実，研究の始点はそのような経験が起点となる場合が多い。自分が実際に経験し，不可解な現象を認知することで問題意識となり，その問題意識を高めた時こそがまさに研究の始まりといえる。

　生涯スポーツを研究対象とすることは，運動・スポーツにかかわる人間の一生を時間軸に沿って追跡し，ある特性の発達的変化をとらえようとする試みである。その問題の多くは複雑であるので，私たちは研究目的に応じた具体的な研究方法を事前によく検討しなければならない。例えば，いくつかの研究方法を複合的に組み合わせ相互に補完させたり，時には新たな研究方法を構築するアイデアが必要となる場合もあろう。

　本章では，生涯発達の視点から見た心理学的な研究方法のなかから基本的な方法を概説し，特に生涯発達を科学するために重要なデータ収集法について解説する。

1節　基本的な研究法

1　実験法

　実験法（experimental method）とは，実験者が仮説に基づき条件を統制し，条件の差異によって生じる被験者の行動やその変化を測定することである（高橋，1992）。例えば，特定の認知的トレーニングが予測を伴う選択反応時間の短縮を促進すると仮定したならば，認知的トレーニングを与えるトレーニング群とトレーニングを与えない統制群に被験者を分類し，選択反応時間の結果を比較する。もしトレーニング群の選択反応時間がより短縮されていれば予測の能力が高まり，認知的トレーニングの有効性が明らかにされる。

　実験法は，実験室内で行われるだけではなく運動・スポーツのあらゆるフィー

ルドで行うことができる。当然のことながら，実験室内における研究は実験事態を厳密に統制することが可能であることから，条件間の違いを明確にしやすいメリットがある。しかし，実際の運動・スポーツ現場で実験を実施しようとすると実験事態を厳密に統制することは不可能に近いことから，因果関係を主張する根拠が乏しくなってしまうデメリットがある。したがって，研究者は運動・スポーツにおける真の現象を損なわない研究デザインを工夫して，計画するよう留意しなければならない。もし実験事態の統制が不完全となる場合には，できるだけ詳細な実験事態を記述するよう努めることが重要である。

さらに，特に心理学的な実験は人の行動を操作することが多いため，研究が倫理的に遂行されるよう細心の注意を払うべきである（仲，1995）。例えば，被験者が実験に参加するか否かの意志決定に影響を及ぼす内容（実験の目的や方法，被験者に与える危険性の有無，途中辞退する自由など）はすべて提示しなければならないし，また事前に承諾書を交わすことによってインフォームドコンセントを得なければならない。

2　自然観察法

観察法（observational method）は，生涯スポーツ研究の基本である。実際の運動・スポーツ現場で生じている現象をよく観察し，その現象の何を検討しようとするのか熟慮しておくことが大事である。とりわけ，観察は資料収集の第1段階であり，研究を始めるためには欠かすことはできない。

実験観察法は，研究目的にしたがって観察対象に人為的操作を加えその行動を観察する方法であるのに対し，自然観察法は，観察対象に何ら統制を加えず自発的に生起する行動を観察する方法をいい，参加観察法と組織的観察法に大別される。

参加観察法とは，観察者自身も観察対象となる人物や集団とかかわりながらその体験を観察する方法（高坂，2000）で，どのような目的でどのような現象を観察して記録するのか，その記録法（メモの取り方など）を含めて決めておく。この方法は，観察対象の全体像が把握でき，既存の理論にはない新たな視点で仮説をつくることができる反面，観察者の主観や技術に大きく影響を受け，数量化しにくい。

また，組織的観察法とは観察者の観察対象へのかかわりを最小にして観察に徹する方法をいい，事前に観察データから取り出す変数とカテゴリーを決めてお

く。あらかじめ調査項目が決まっていることから数量化することができ，観察者の主観があまり影響しないことが利点といえる。例外的な行動を見過ごすといった可能性を有しているが，特に仮説を検証する場合など，統計的手法を用いてデータ分析することができる。観察する際には，観察者の影響を極力避けるために，位置取りや記録方法を十分検討しておかなければならない。

3 心理検査法

　心理検査法は，人間の能力や特性における個人差を客観的に正確に測定する方法で，標準化された心理検査（psychological test）が使用される。その心理検査は，前提として信頼性と妥当性を有していることであるが，検査する時にも必ず正しい手続きで正確に行わなければ，その信頼性と妥当性は低下する。

　心理検査の種類は豊富で，教育現場や産業界をはじめ広く利用されている。例えば，全力で行った際の反応をみる検査として，知能検査や学力検査，適性検査があげられる。特に，フランスの心理学者ビネー（Binet, A.）と医師シモン（Simon, T.）が考案したビネー式知能検査は知的能力の発達的評価を可能とし，ターマン（Terman, L. M.）の知能指数（IQ）の概念が加わることで普及した。これは，1人の検査者が1人の被検査者を対象に検査するので個別式知能検査と呼び，多くの被検査者を一度に調査する集団式知能検査と区別している（大村，1992）。

　また，日常的な行動傾向をみる検査として人格検査や興味検査がある。例えば，人格検査には質問紙法や作業検査法，投影法があり，行動の観察や面接とあわせて人格を理解しようとする。質問紙法としてY-G性格検査などがあるが，比較的簡単に実施でき，数量的な扱いも単純で集計しやすいことから，結果の解釈が容易である。作業検査法では内田クレペリン精神検査，投影法ではロールシャッハ・テストやTAT（絵画統覚検査），P-Fスタディ（絵画欲求不満テスト），バウムテストが有名である。いずれも結果の解釈には，検査者の豊富な経験を必要とする。

4 質問紙調査法

　質問紙法（questionnaire）とは，外部からの観察では知ることのできない心的活動の内容を明らかにするために，質問紙を作成し，被験者に対して言語による回答を求める方法をいう。そのため，対象となる被験者はその言語を理解できる

ことが大前提となる。また，質問紙法は検査法と調査法に大別され，前者はある特定の個人を対象としているのに対し，後者は個人が所属する集団を対象としている。つまり，特定集団あるいは人間の行動における法則や原理などの一般的規則性を明らかにする場合には調査法を用いることから，検査法と区別して質問紙調査法と呼んでいる。質問紙調査法は，他の方法と併用することでその有効性がより高まるため，多くの研究で利用されている。

質問紙を回答方法から分類すると，自由回答法，評定尺度法，多肢選択法，複数選択法，一対比較法，順位法，組み合わせ法などがある。例えば，本調査を行う前には必ず予備調査（pilot survey）を行う必要がある。なぜなら，具体的な質問項目や評定尺度，選択肢をあらかじめ決定できるとは限らないし，質問文の構成によっては期待される回答が得られない場合もあるためである。そのため予備調査として自由回答法を用い，事前に様々な回答を得ておくことで本調査用の質問紙を作成する際の資料とするのである。あるいは，対象者数を相当数見込んでいる研究では，評定尺度法や多肢選択法によればデータ処理はより効果的となる。

また実施方法から分類すると，郵送調査，面接調査，電話調査，留置調査，集合調査などがあるが，それぞれ利点と欠点を十分理解して使用する必要がある。いずれにしても，対象となる被験者を考慮し研究目的や質問紙の内容に応じて回答方法や実施方法を検討し実施しなければならない。

一般的な質問紙は，調査の名称，調査主体の名称，お願い文・教示，質問文，フェース・シート（性別，年齢，職業，競技歴など），謝辞から構成されている。例えば，質問数が多い，文字が小さい，研究目的と関係ない質問や理解しにくい質問文が含まれている，選択肢が多い，回答欄が狭いなどの質問紙は相応しくなく，被験者に余分な負担をかけない配慮が大切である。

5　面接法

面接法（interviewing method）は，対象者と直接向き合いコミュニケーションをとることで研究目的に沿ったデータを収集する方法である。面接は言語を介して行われるため，言語的なやりとりが可能であれば子どもからおとなまで対象となり得る。特に，低年齢の子どもを対象とする場合には，事前に言語発達の程度を確認する必要がある。基本的には1対1による個人面接が行われるが，複数の対象者とグループ面接する場合もある。面接の形式は，質問などの条件が完全

に準備され統制されている構造化面接と，まったく統制されないで柔軟に行う非構造化面接，事前にある程度質問項目を考えて面接し，その後の状況に応じて質問を変えながら継続するといった半構造化面接に分類される。現実には，半構造化面接を用いた研究が多いようである。

面接法では，面接を行う面接者（interviewer）が面接を受ける対象者（interviewee）と積極的にかかわり合いながら事前に意図した情報を多様に得ることができることから，データとしての価値が高い。そのため，特に心理学的研究で用いる場合，面接者と対象者の間にラポール（互いの距離を適度に維持し信頼関係を保つこと）を設定することが重要となる。事実，面接者のコミュニケーション能力が低く，面接の技術や訓練が不足していると，面接の内容や結果にひずみが生じる。この面接者バイアス（interviewer bias）を引き起こす原因は，面接者が対象者に抱く偏見や対象者が多分こう答えるだろうという面接者の期待効果，あるいは面接者が誘導的な質問をするため（堀川，1995）と考えられていることから，面接者には注意が必要で熟練が求められる。

2節　横断法と縦断法

1　データの収集

生涯スポーツ研究で用いられる心理学的方法は，1節で述べたように多種多様で実際には心理学研究で用いられる方法が研究目的に即して応用され，量的データあるいは質的データが収集される。

こうして収集されたある特性を示すデータは，年齢との関係性を見出すために$R=f(A)$というパラダイムをとる。Rは反応（response），fは関数（function），Aは年齢（age）を示し，この関係は年齢を横軸とした発達曲線で表すことができる。つまり，生涯発達によるアプローチから研究を行う場合，こうした発達曲線を得るための代表的な研究法が横断法（cross-sectional method）と縦断法（longitudinal method）である（守屋，2005）。そして，これらの記述から生涯発達に伴うスポーツ運動の変化を詳細に検討していくことになる。

通常，横断法による発達研究を横断的発達研究，縦断法による発達研究を縦断的発達研究と呼び，それぞれを横断的研究（cross-sectional study）と縦断的研究（longitudinal study）と略して呼んでいる。いずれも他方にない長所を有して

いるが短所もあることから，実際に用いる場合，各研究法の特長や限界を理解し，研究目的や研究の規模などをよく考慮する必要がある。

2　横断法

横断法とは，発達を時間軸に沿って断面的に区切り，同一時点で年齢の異なる標本を測定し，性別や社会階層などの年齢以外の要因をできる限り統制して年齢間の比較を行う方法である。つまり，同一年齢集団ごとにその標本の平均値を算出し，その平均値をつないで経年変化を推測する。

例えば，1964年から文部科学省（旧文部省）が体力・運動能力調査を継続して実施しているが，青少年における50 m走や持久走，立ち幅跳び，ソフトボール投げ，ハンドボール投げ，握力などの測定項目ごとに年齢間を比較することができる。ただし，実際にはそれらの平均値が同一年齢集団の経年変化を直接的に示しているわけではない。厳密にいうと，この横断法の使用は現時点における年齢差や世代差を明らかにすること自体が研究目的の場合に最適と言える。

1）横断法の特長

横断法は，1回の調査や測定で幅広い年齢から多くのデータを収集することができる。縦断法のように複数回にわたりデータ収集する必要がないことから，標本の確保も容易でコストパフォーマンスに優れている。また単発的なデータ収集は対象者への負担が少なく，多くの質問や長時間の観察も受け入れてもらいやすい。そのため，多くの要因を検討することや，測定する変数を変更しながら探索的に研究を進めることもできる。

さらに，明らかにしたい発達的変化が広範にわたるような長期発達を扱う場合でも，一度に多くのデータ収集が可能で，縦断法に比べ比較的短期間内に結論を導き出すことができる。このように，ある時点において各年齢の平均的状況を求め発達曲線を記述することは，着目する特性の発達基準を概観する上で有効であり，価値あるモデルや仮説を抽出することに役立つ。

2）横断法の限界

横断法によって得られた横断データ（cross-sectional data）は，発達における個人差や個人の内的変化を示す発達の軌跡を記述できないため，時間の経過を含む本当の意味での発達プロセスを示していない。このことは，対象とする発達現象が非線型性を示すことを仮定した場合に問題となり，平均値にもとづく横断

データではその非線型性を打ち消してしまう。つまり，横断データはあたかも同一個人あるいは集団の発達パターンやその経過を表すかのようであるが，実際には正確に捉えていない。

また，その時代における特有の出来事や環境の影響を受けているため，純粋な発達的変化だけでなく，世代の違いが含まれており，それらの影響の関与が異なる標本によって構成される点も問題となる。特に，この影響は年齢差が広範にわたる場合には注意が必要である（石田，2000）。

3　縦断法

縦断法とは，同一個人または集団を経時的に追跡し，ある特定の間隔で繰り返し測定した縦断データ（longitudinal data）の変化を検討しようとする方法である。この縦断データは発育発達現象を直接的に表すことができ，その事象の考察には適切なデータと言える。

例えば，被験者45名を対象とし，7歳から14歳になるまでの7年間（1984年から1991年まで）を継続的に追跡し，全身選択反応時間や全身反応時間，タイミング反応，ステッピング，ジグザグドリブル，握力，垂直跳び，身長，体重を毎年1回継続して測定することによって調整機能の発達パターンを検討した研究（藤田ら，1993）がある。これにより，調整機能の顕著な発達（全身選択反応時間の短縮）が他の体力要素による機能に先行して生じた者が，児童前期から思春期にかけて高いレベルの調整機能を保持していることが明らかにされた。

1）縦断法の特長

実際の発達的変化は，必ずしも直線的に進行しない。そこで，縦断法は直接的に発達曲線を記述できることから，その発達プロセスを具体的に理解することができる。また，特定の発達的変化とそれに影響する環境要因との関係を明らかにすることができ，時間経過のなかで複数の要因が相互に関連しあう現象もつかみやすい。そのため，縦断法は横断法など他の方法から導き出された仮説や考えを検証する際にも利用することができる。

ただし，近年，少人数を対象とした短期間の縦断的研究が増えているが，これらは事例研究（case study）として扱われる場合が多い。

2）縦断法の限界

縦断法は発達的変化を追跡するのに適しているが，長期にわたることから，横

断法よりもデータ収集に多くの時間や労力，費用がかかり，組織的な支援も継続的に必要となる．また，追跡期間が長ければ長いほど，集団が大きければ大きいほどデータの不揃いが不可避的に起こる．なぜなら，継続参加の取り止めや引っ越しによる対象集団の移動が生じ，時には死亡によって標本が脱落してしまうからである．特に，標本を失うことで標本集団が性格が変わってしまい，あるいは，少ない標本しかとれない場合にはその後の研究継続が危ぶまれてしまう．一般に，横断法に比べ縦断法で用いられる標本が母集団を代表しない可能性が高いのは，継続的に協力してもらう過程で，はじめから特殊な人々だけが選択されやすいからと言える．さらに，同一の対象者に繰り返し測定することでしだいに慣れや練習効果，あるいは飽きなどの影響を引き起こす場合や，測定条件を一定にした測定が同一環境で繰り返すことができない場合もあることに注意しなければならない．

このように，単発の縦断法がもたらした結果は，ある社会で特定の時代に生まれ育った群（コホート）のもので，そのコホートに特有な条件の組み合わせの影響を受けている．そのため，結果の解釈は時代の変化から切り離すことが特に困難であり，その発達の意味の理解については慎重でなければならない．したがって，同じ結果が他のコホートにも当てはまるかどうか普遍的変化の存在を確認する必要がある．

以上のように，横断法と縦断法の特長と限界を十分理解して，いずれの研究法を用いるか決定しなければならないが，両者を併用して相互に補完し合うこともできる．しかし，いずれにしても発達的変化を完全に分析できるわけではない．

3節　コホート分析と系列法

1　コホート分析

コホート（cohort）とは，同年代に生まれ特定の時代経験を共有する集団をさし，出生コホート（birth cohort）とも言う．そして1つ以上のコホートのある特性について2時点以上の測定が行われる方法をコホート分析（cohort analysis）と呼び，特に2つ以上のコホートについて3時点以上のデータがある場合，この分析の有用性は大きい．したがって，一般的にコホート分析は複数のコホートを対象とし同一コホート内での年齢的変化を相互に比較することによっ

て，共通する普遍的変化とあるコホートに特有な偶然的変化とを判別する方法を言う。このように，コホートを固定して年齢や環境による変化を捉えようとする追跡調査をコホート研究（cohort study）と呼んでいる。ちなみに，同一コホートのある特性を経時的に比較する場合をコホート内趨勢研究（intracohort trend study），特定の個々人を経時的に比較する場合をパネル研究（panel study）と呼んでいる。

　前述した横断法では，同一時点で異なる年齢の標本から得られた横断データより年齢的変化を推測するが，年齢差とコホート差とが交絡している問題が指摘される。つまり，その結果は，当然年齢による違いだけでなく生まれ育った時代による違い（コホート差）も反映している可能性がある。また，縦断法では特定のコホートを追跡し複数時点で縦断データを得るが，その年齢的変化は，純粋な年齢差に加え必然的に各測定時期における特有の影響を受けており，なおかつ対象となった特定のコホートのみに生じた結果かもしれないことから，一般性を欠く可能性がある。

　さらに，両研究法の結果が必ずしも一致するとは限らない。例えば，横断法では30歳頃までに知能の発達はピークを迎えるという知見に対し，縦断法では40～50歳代まで上昇するといった報告があり，両者は矛盾している（Kimmel, 1980）。

　このように，観測される発達的変化には，①年齢効果（加齢や老化によって成員に共通して生起する影響要因），②コホート効果（各コホートに属する人々に共通に見られる影響要因），③測定時期における時代効果（自然環境や社会環境によって社会全体に及ぶ影響要因）の3つの効果が含まれている。そのため横断法にせよ縦断法にせよ，これらの効果を分離して考察できないといった問題があり，純粋な年齢的変化，いわゆる加齢に伴った発達的変化を十分に分析することは難しいのである。

　そこで，アメリカのシャイエ（Schaie, K. W.）やドイツのバルテス（Baltes, P. B.）は，連続的データからこれらの3つの効果を分離することによって発達変化をとらえようと，コホート分析の理論的基礎を構築したのである。

2　系列法

　シャイエ（Schaie, 1965）は，横断法と縦断法の両方の特長を活かし，両者の欠点や限界を軽減させるための新しい発達研究デザインとして系列的デザイン（sequential

表2-1 シャイエの一般発達モデル
(Schaie, 1965 の Tab.1 を守屋, 2005 にしたがって改変)

				年齢						
コホート	1860年	0 (LO)	20	40	60	80	100	–	–	–	–
	1880年	–	0	20	40	60	80	100	–	–	–
	1900年	–	–	0	20	40	60	80	100	–	–
	1920年	–	–	–	0	20	40	60	80	100	–
	1940年	–	–	–	–	0	20	40	60	80	100
	1960年	–	–	–	–	–	0 (CS)	20	40 (TL)	60	80	100
測定時点	1860年	1880年	1900年	1920年	1940年	1960年	1980年	2000年	2020年	2040年	2060年

design)を提唱した.これは一般発達モデル (general developmental model) と呼ばれ,全生涯を一貫して研究するための方法として注目されている.近年ではスポーツ運動を生涯発達の視点から研究する上でその重要性を増している.

このモデルは,年齢,コホート,測定時点の3つの成分からなっており,発達的変化は年齢差,コホート差,測定時点差が複合的に影響するため,横断法 (cross-sectional method : CS) による横断差は年齢差にコホート差が加わったもの,縦断法 (longitudinal method : LO) による縦断差は年齢差に測定時点差が加わったもの,時間遅延法 (time-log method : TL) による時間遅延差は測定時点差にコホート差が加わったものとして説明されている.表2-1は,コホートを同定するための標準コホート表と呼んでおり,測定時点の間隔とコホート区分の幅とが一致している.

そして,これに基づいて3成分のなかの2つの成分を抽出し分離するための3種類の基本的な研究デザインが提案されている.つまり,横断的および縦断的アプローチの手法を合せることによって,年齢・コホート・測定時点の相対的寄与を分離して評価し,グループ間のどのような差が年齢/コホート/測定時点の違いによるものなのか明らかにしようとしている.その具体的方法は系列法 (sequential method) と呼び,コホート系列法 (cohort-sequential method : CS),時間系列法 (time-sequential method : TS),横断系列法 (cross-sequential method : XS) からなっている.表2-2に示したように,系列によって使われるデータが異なることから,当然,各効果の推定値はどの系列を用いるかによって異なっ

表2−2 シャイエによる系列法
(Schaie, 1965 の Tab.1 を守屋, 2005 にしたがって改変)

					年齢					
1860年	0	20	40	60	80	100 XS	−	−	−	−
1880年		0	20	40	60	80	100	−	−	−
コ 1900年		−	0	20	40	60	80	100	−	−
ホ 1920年		−	−	0	20	40	60	80	100 CS	−
ト 1940年		−	−	TS −	0	20	40	60	80	100
1960年		−	−	−	−	0	20	40	60	80	100
測定時点	1860年	1880年	1900年	1920年	1940年	1960年	1980年	2000年	2020年	2040年	2060年

てくる。そこで、シャイエは、各効果は線型であると仮定した上で、2つの系列を併用し、様々な条件を順次検討しながら各効果を考察するよう提案している。

3 系列法の手順

それではコホート分析とはどのように行うのか。まず複数のコホートを対象に、複数の年齢段階あるいは複数の測定時期で縦断的にデータを収集する。このデータは、縦断データのように同一人で構成されておらず、出生年が同じといった同一世代の標本から抽出されたもので、コホート・データ (cohort data) と呼んでいる。次に、前述した標準コホート表を作成し、研究目的に応じて様々な仮説を立てながら多面的分析を行う。例えば、複数のコホートの経時的変化を比較・分析するといったコホート間比較研究や、1つのコホートを下位集団に分け比較するコホート内比較研究などがあり、年齢効果や時代効果を分離しながら双方の関連を明確にすることができる。

系列法では、標準コホート表（表2−2）から以下の3つの分析が行われる。まず、コホート系列法は縦断法を複数のコホートを対象に行う方法で、CS部分のデータからコホートと年齢の2要因分散分析を施すことができる。しかし、測定時点の効果を分離することはできない。また、時間系列法は時間遅延法を複数の年齢を対象に測定する方法で、TS部分のデータから年齢と測定時点の2要因分散分析を施すことができる。しかし、コホートの効果を分離することはできない。さらに、横断的系列法は横断法を複数の測定時点で行う方法で、XS部分の

データからコホートと測定時点の2要因分散分析を施すことができる。しかし，年齢の効果を分離することはできない。

図2-1は，青年期におけるパーソナリティ特性の発達に関する研究結果である（Nesselroade & Baltes, 1974）。ここでは，達成動機づけについて年齢／コホート，測定時期の主効果と交互作用が分析され，測定時期における主効果と，コホートと測定時期における交互作用が検出された。コホート・データを具体的に見ると，1970年に14歳であった1955年生まれのコホートは最も高い達成動機づけを示していたが，1972年に14歳であった1957年生まれのコホートは逆に最も低かった。また，1954年と1955年生まれのコホートはあまり変化がないのに対して，1956年と1957年生まれのコホートは年とともに低下していた。つまり，この研究は，達成動機づけが1955年と1956年を境にコホート間の差異が生じていることを明らかにしたのである。

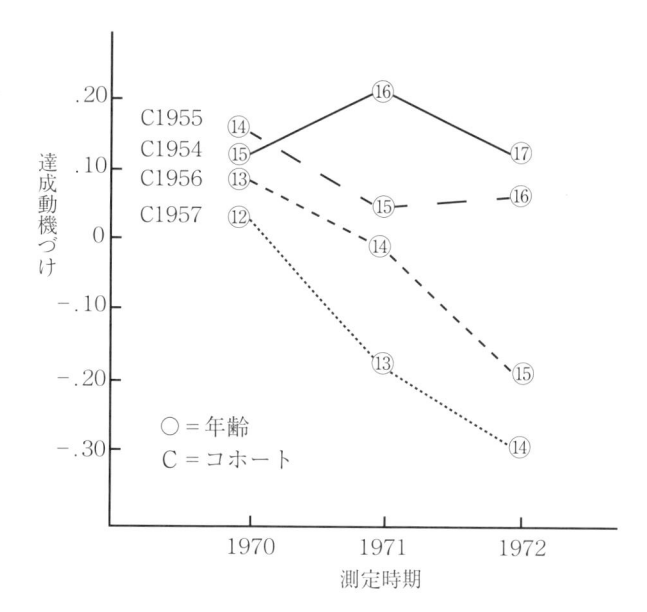

図2-1　コホート別にみたパーソナリティ特性（達成動機づけ）の変化
（Nesselroade, J. R. & Baltes, P. B., 1974）

このように，コホート分析の有用性が多くの研究から明らかになってきた。しかしながら，年齢効果や時代効果，コホート効果はある部分で相互依存的で，統計的分析だけではコホート効果を十分説明することはできない可能性がある（Glenn, 1977）。したがって，コホート分析の結果を理解する場合，統計的解釈のみに頼らないことが重要と言える。

Ⅱ部
乳幼児・児童期

第3章　乳幼児・児童期の運動発達の特徴

　生涯をとおしての運動発達の特徴を概観すると，乳幼児から児童期は，成長や発達に伴い，反射運動のような不随意的な運動から自分の意図どおりに体を動かす随意的な運動へと移行するなか，生涯をとおして必要とする主な動きを獲得していく重要な時期である。具体的には，新生児期の不随意運動が乳児期には消失し，姿勢コントロールを土台に移動運動や操作運動などの初歩的な運動が発達してくる。幼児期に入ると協応動作の獲得に伴い，人の運動の基礎である基礎的運動パターンが習得され，児童期にかけてこれらの基礎的運動パターンが洗練・向上されていく。このような発達の過程をとおして，この時期までに自分の体をよりよく環境に適応させることができるようになっていくための土台が形成されていくのである。この章では，運動発達の土台を形成していく，乳児期，幼児期，児童期の3つの時期の運動発達の特徴に関して概観していく。

1節　乳児期（生後1カ月～1歳まで）の運動発達の特徴

1　乳児期の運動発達

　誕生後，生後1カ月を過ぎ，乳児期に入ると，新生児期からの歩行反射（自動歩行）や非対称性緊張性頸反射，把握反射などの不随意的，反射的な運動が6カ月ぐらいまでに徐々に消失していき，4カ月頃より随意運動が中心になり，1歳までには反射運動はほとんど見られなくなる。このような大きな変化が生じるのは，乳児期になると，目的性や方向性をもった自己の意志による運動コントロールが急速に発達してくるためである。また，この変化は，環境との間に自分から相互交渉をもつことができるようになり始めたことを意味しており，そのため，この時期から姿勢コントロールの獲得を土台に，自己の身体を環境中の対象物に近づけたり遠ざけたりする移動運動（locomotion）と身体で直接あるいは間接に対象物に働きかける操作運動（manipulation）の2つの身体運動が生じ始めてくるのである。このように，移動運動と操作運動の発達には比較的はっきりとした発達の系列として，頭部から脚部へ，中心から末梢へという方向性が認められている。

2 姿勢運動の発達

　体幹の安定なしには，人は立ったり，歩いたりはできないし，体の安定が保たれないと，腕や手を使ったリーチングや把握動作はできない。このように，移動運動や操作運動のような乳幼児期の初期の運動発達の土台になるのが姿勢コントロールである。姿勢コントロールは，最初に頭部のコントロールから次に，座位のコントロール，そして，立位のコントロールへと発達していく。具体的には，うつ伏せから2～3カ月になると頭と胸を持ち上げ，腕を伸ばし始める。頭を自分でコントロールできるようになっていくことは，発達上重要であり一般に首が座ると言われる時期がこの時期である。3カ月を超えると支えてもらえば座位の形がとれるようになり，5カ月ぐらいまでに支持なしでも座っていられ，7カ月になると自力で座っていられるようになる。また，5～6カ月までは支えなしでは立っていることができないが，7～8カ月になるとつかまり立ちができるようになり，11カ月を過ぎると独り立ちできるようになる。

3　移動運動

　人の発達上，最も重要な移動運動である直立歩行は，平均生後15カ月頃までに獲得される。歩行運動が成立するためには，単に骨格や筋肉の発達だけでなく，不随意運動系の統合器官である小脳や，随意運動系の統合をつかさどる大脳などの中枢神経系の発達も必要である。図3-1は歩行に至る姿勢運動の発達と移動運動の発達を示しており，前述したように，姿勢運動の変化が移動運動の前提条件になっていることを

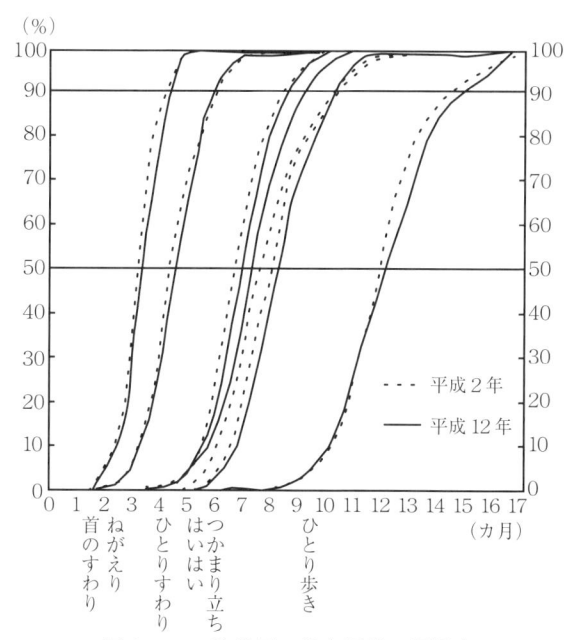

図3-1　乳幼児の粗大運動の通過率
（加藤他，2001）

示している。また，歩行運動の獲得過程は，最初は片足，次に2つの足を別々に，そして最後にはタイミングと空間に合わせて交互に足を動かすことができるようになっていくが，この過程は局所的な運動の分化が，しだいに分化した運動間で動きの統合が見られ始め，より協応的で適応的な運動へと変化していく過程を示している。

　具体的には，この移動運動は，「寝返り」から「はいはい」までの歩行前期（prewalking）を経て歩行期（walking）へと発達していくのである（Keogh & Sugden, 1985）。歩行前期に，誕生後1～2カ月では移動はしないが，2～3カ月でわずかに動き出し，6カ月で寝返りができるようになる。また7カ月頃になると腹這い（crawl）して前に進むようになり，しだいに「はいはい」（creep）へと移行し，最終的には12カ月ぐらいまでにはほぼひとり歩きを始めていく。

4　操作運動

　操作運動のなかのものをつかむという運動は，把握反射という形で胎児期からすでに準備されている運動である。この不随意運動である把握反射のうち，屈指運動の場合は4～6カ月で，把握運動の場合は約6カ月で消失するといわれている。その反面，発育に伴い，把握運動は不随意的な運動でなく，随意的な運動として習得されてくる。

　目に入ったものに手を伸ばしつかもうとする把握運動の前提には，ものに手を伸ばすという運動が必要である。対象物へ手を伸ばすという運動は，基本的には目と手の協応関係によって形成されるものであり，最初は対象物に手を触れるという触覚刺激に伴い誘発されるが，しだいに視覚的刺激によって誘発されるようになり，より目と手の協応への依存が強くなっていくのである。この運動の発達を見ると，はじめは対象物が見えても手の運動が誘発されない「視覚的段階」であるが，20週前後になると視覚刺激によって腕や指の動きが反射的に起こる「視覚・運動段階」を経て，随意的な把握運動に発達していく（白井，1968）。

　また，対象物に向けて手を伸ばす運動と同時にこの時期は対象物をつかむ運動も発達してくる時期である。つかむ運動は最初，拇指対位でなく手のひら全体を使って囲むように握るためつかむものが手のひらの中央で把握されるが，32週頃から拇指が対の指と対立して動くようになり，最終的には拇指と食指でつまむ運動へと発達していくのである。さらに，9～10カ月では，小さな対象物を拇

指と食指でつまめるようになっていくのである（Gabbard, 2008）。このような発達のなか，つかまれる対象物は手のひらから指先へと移動していき，この変化は中心から末梢へという発達の方向性を示している。

5 運動発達におけるU字型の変化

発達過程のなかには，原始反射のようにある時期で消失してしまう運動以外に，一度消失した後でふたたび現れる変化をするものがあり，この変化はU字型の変化と呼ばれている（多賀，2002）。U字型の運動発達の多くは，胎児期に現れた運動が新生児にそのまま見られ，生後数カ月で一度消失したあとで，随意的な運動として再び現れるのである。この現象についてはまだ解明されていないが，生後2カ月頃に多く認められる。

2節　幼児期（2歳から就学前まで）の運動発達の特徴

1　幼児期の運動発達

乳児期で獲得された姿勢のコントロールや移動運動，操作運動などの初歩的な運動の段階を過ぎると，次に走・投・跳をはじめとする基礎的運動パターンの獲得を行う幼児期にはいる。この時期の人間の運動はほとんど随意的な運動であり，基礎的運動パターン（図3-2）が随意的で自発的な運動をとおして習得されていくのである。これらの基礎的運動パターンでの動作は身体のいろいろな場所を協応させて行う協応動作であり，その動きの形成には，身体各部分の協応を作り出す脳（中枢神経系）との関連が重要である。また，この時期は，ガラヒュー（Gallahue, D. L., 1999）の「砂時計モデル（図3-3）」の運動発達の段階に基づくと，基礎的運動パターンが獲得され，洗練されていく「基礎的な運動の段階」にあたる。

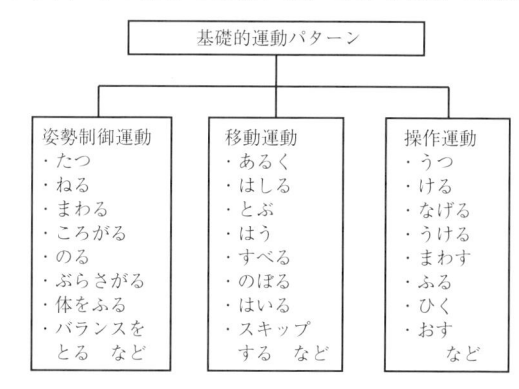

```
                基礎的運動パターン
    ┌───────────────┼───────────────┐
  姿勢制御運動         移動運動           操作運動
  ・たつ              ・あるく          ・うつ
  ・ねる              ・はしる          ・ける
  ・まわる            ・とぶ            ・なげる
  ・ころがる          ・はう            ・うける
  ・のる              ・すべる          ・まわす
  ・ぶらさがる        ・のぼる          ・ふる
  ・体をふる          ・はいる          ・ひく
  ・バランスを        ・スキップ        ・おす
    とる　など          する　など        　　など
```

図3-2　基礎的運動パターンの例（杉原, 2000）

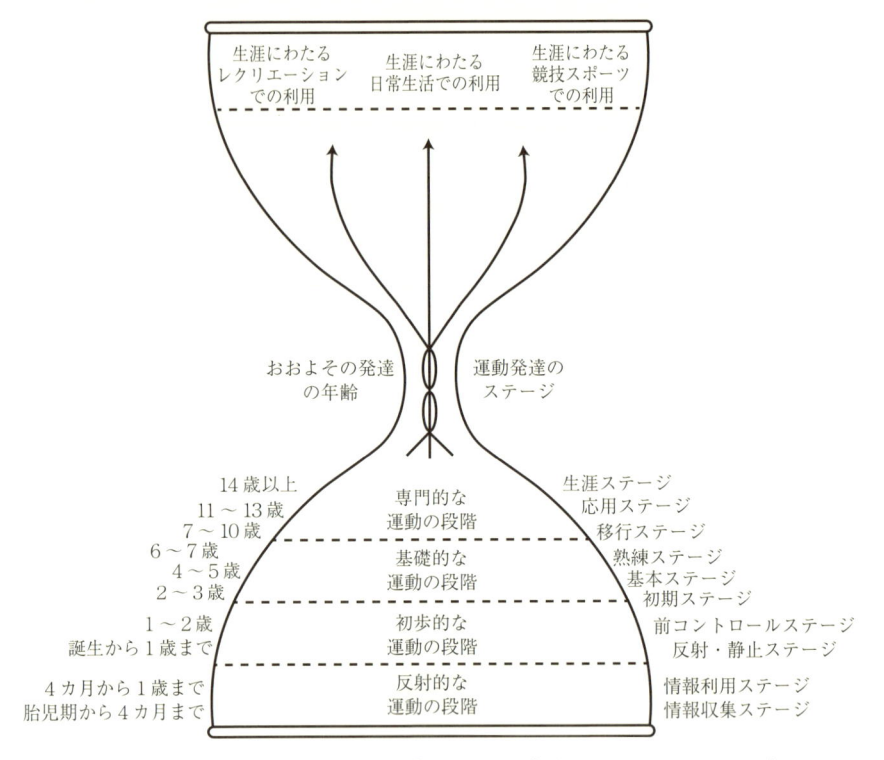

図3-3 運動発達の段階とステージ (ガラヒュー, D. L., 1999)

2 運動能力の質的側面からのアプローチ

昨今，幼児の運動能力の低下が話題になっている。運動能力をとらえる視点としてはどのくらい速く走れたかとか，遠くへ投げられたか，跳べたかなどの量的な視点から運動能力がとらえられている。しかしながら，量的な視点から見た運動能力では，どうしてもその基準がおとなのもつ運動能力の量が中心になり，運動能力が高いということをよりおとなに近い子どもという視点でとらえてしまうことになる。この点に関して，杉原（2000）は運動を質的な視点からとらえることを指摘している。杉原は質的な視点から運動能力をとらえた場合，運動能力は「運動コントロール能力」と「運動体力」という2つの要因から構成されていることを示している（図3-4）。ここでいう「運動体力」は運動の実行に必要な力をどの程度生み出すことができるかというエネルギーの生産力と考えられ，この生産力を生み出す場所である筋肉や心肺機能などの発達や成熟が認められる

児童期の後半から発達してくると考えられる。一方,「運動コントロール能力」とは,以前は運動調整力とも呼ばれていたものと類似する概念で,人間の動き（協応動作）そのものにかかわっている。運動コントロール能力の形成にかかわる領域とし

```
                    運動能力
                 ┌─────┴─────┐
         運動体力              運動コントロール能力
・エネルギーの生産力         ・知覚―運動協応
  筋力 持久力 瞬発力           基礎的運動パターンと
                                そのヴァリエーション
・末梢の器官の機能           ・中枢神経系の機能
・発達の急増期・敏感期       ・発達の急増期・敏感期
  青年期                       幼児・児童期
```

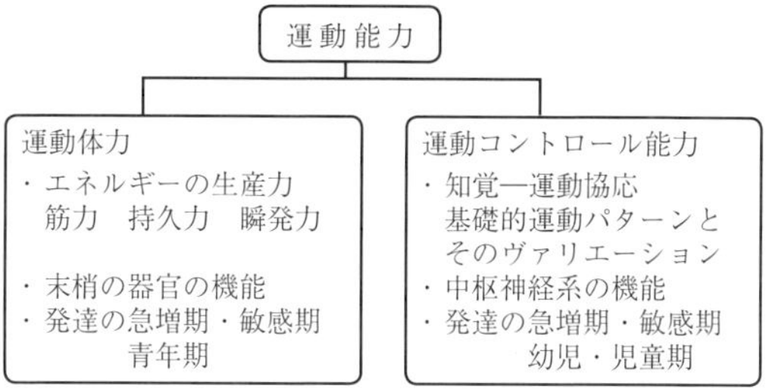

図3－4　運動能力の構成（杉原,2010）

ては,動きを作り出す中枢神経が重要な役割をしており,幼児期は中枢神経系が急速に発達する時期であり,この中枢神経系の発達が運動コントロール能力の発達と連動していると考えられる。

　このように,幼児期は運動コントロール能力の発達にとって重要な時期である。例えば,私たちはいつ頃補助輪を外して自転車に乗れるようになったであろうか。たいていは,就学前後では補助輪をはずすことができるようになっている。しかしながら,この時期に,補助輪を外す経験のないまま成人になってしまい,成人になってから補助輪のない自転車に乗ろうとすると非常に苦労するのである。同様に箸に関しても日本で育った人は,幼児期から箸をもっているため,容易に箸を使って食事をすることができるが,欧米で育った人はこの時期に箸をもって食事をするという経験をもたないため,成人になって箸をもって食事するのが難しい様子をよく目にする。この理由に発達の敏感期との関連が考えられる。発達には,環境の刺激を特別に受けやすいあるいは,ある行動を最も容易に習得・獲得することができるが,一方で,この時期の習得や獲得を逃すと後での学習が困難になる発達の敏感期や臨界期と呼ばれる時期がある。幼児期の中枢神経系の発達から考えた場合,この時期は動きの獲得（運動コントロールの能力）の敏感期であり,この時期の運動経験が運動コントロール能力の発達にとって重要なことになってくるのである。

3　基礎的運動パターンの習得と洗練

　以上の観点からとらえたように幼児期は「運動コントロール能力」の発達の敏感期であり,基礎的運動パターンの習得と基礎的運動パターンの洗練という大きく2つの運動発達の特徴を有している。

この時期は乳児期から幼児期に入った頃の移動運動，操作運動，姿勢運動が中心から末梢へ，頭部から尾部へと，発達が中枢神経系の発達に伴い広がりながら，それぞれの動きが感覚と運動の協応に支えられた協応動作としてお互いが結び付き，結果として基礎的な運動パターンを形成しているのである。基礎的運動パターンは基礎的動作や基本運動の技能とも呼ばれ，走・投・跳の初歩的な運動の形態を基本に移動運動，操作運動，姿勢制御運動の3つの下位カテゴリーに分類される（図3−2）。体育科学センターの行った調査では，小学校に入学するぐらいになると，おとなの日常生活のなかで見られる動きのほとんど（84種類）が，子どもたちの自由な遊びのなかに見られたことが（石河ら，1985）報告されている。幼児期はさらに，この基礎的運動パターンの急速な習得とともに，習得された運動パターンそのもの自体が洗練されていく時期でもある。最初に習得された運動パターンはその時点ではまだ不安定で無駄の多い未熟なものであるが，幼児期をとおしての運動経験を繰り返すなかで，遂行する運動の時空間的な正確性や省力化，再現性を習得しながら洗練されていくことで，この時期でおとなとほぼ同じ成熟したレベルの運動パターンに到達していくのである。ただし，このような運動パターン習得と洗練に関しても乳児期の運動発達の逆U字型の変化のように，不規則な発達傾向が生じることもある。

4　ラテラリティの発達

幼児期に入ると，日常生活のなかでボタンかけや箸の使用などのような目と手の協応関係を要求する動作ができるようになっていく。この背景には両手を使っての運動などのような両手協応動作（Bimanual control）の熟達がある。両方の手を一緒に動かしてしまう同調させて行う両手協応動作は誕生時からもっている（例えば，モロー反射）が，左右の手をそれぞれの役割で別々に動かすような非同調的な両手協応動作は，大脳半球の機能的非対称性の確立や利き手の確立と関連があるといわれている。実際，基本的な非同調的，同調的両方の両手協応動作が習得される時期としては，利き手が確立安定してくるのが6歳頃からだといわれており，遅くとも11歳頃までには確立し終える（Gentry & Gabbard, 1995）。このような利き手の一側優位性，個性化のことを「ラテラリティ」とも呼んでおり，この現象は手だけでなく，足や目に関しても同様な利きが存在している。ラテラリティの発達は左右の大脳間の脳梁の発達と関連しており，「大脳半球優位

性」と深い関連がある。このことは，幼児期が中枢神経系の発達を基盤にした動きの獲得の重要な時期であることともつながっており，この時期に行う運動の経験はこのラテラリティの発達にとって重要な経験といえる。

5 幼児の運動発達と遊び

運動コントロール能力が発達し，それに伴い，基礎的運動パターンが習得・洗練されていくためには，幼児期にはどのような運動経験が必要なのであろうか。杉原ら（2010）は，幼児期の運動指導の方法が運動能力の発達に与える影響について2つの観点から調査している。1つは保育時間内に行われる運動指導の頻度と運動能力との関連である（図3－5）。この報告では，運動指導をしている園がしていない園よりも運動能力が有意に低く，女児では指導頻度の高い園が最も低くなっている。この結果は，運動指導をとおして，低下している子どもたちの運動能力を向上させようとする取り組みが効果的な役割をせず，むしろ，発達に抑制をかけてしまっていることを示している。では，なぜ運動能力の向上のために取り組まれたはずの運動指導が効果を示さなかったのであろうか。幼児期は，前述してきたように，多様な基礎的運動パターンとそのバリエーションを経験することによって運動コントロール能力を中心とした運動能力が発達する時期である。しかし，今回の調査では，保育時間内に運動指導が行われている園の多くは，体育を専門とする指導者によって体操や器械運動や球技などが指導されていることが報告されている。この点については，杉原らも指摘するように，ここで行われている運動指導での運動経験は基礎的運動パターンとそのバリエーションを引き出す多様な経験ではなく，この時期の幼児の運動能力の発達にほとんど貢献しない同じような運動の繰り返しが中心の運動指導になっていたと考えられる。

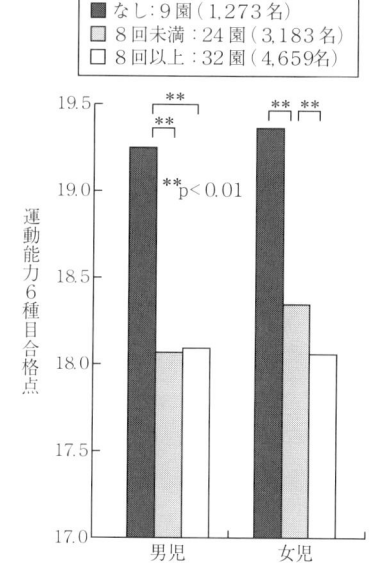

図3－5 幼稚園での1カ月当たりの運動指導頻度による運動能力の比較 （杉原ら，2010）

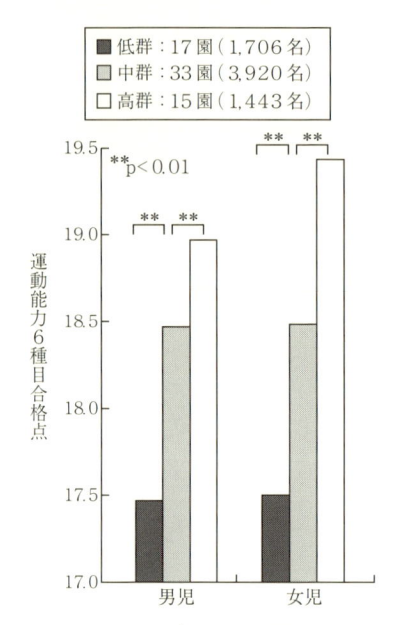

図3-6 遊び志向得点別にみた運動能力の比較（杉原ら, 2010）

では，幼児期の運動発達に貢献できるような運動経験とはどのような経験なのであろうか．杉原ら（2010）は，幼稚園で行われている運動指導がどの程度遊び要素をもっているかを調べ，指導に含まれる遊び要素の程度と運動能力の関係を調べた結果，遊び要素の高い運動指導を行っている幼稚園ほど運動能力が高いことを報告している（図3-6）．この結果は，運動指導のなかに指導者が一方的に教えるのではなく，幼児ができるだけ自己決定性を多くもち，自分らしく個性的に能力を向上させようとする，より遊び要素を多く含んだ運動指導のほうが幼児の運動発達にとって効果的であることを示している．このことは，遊び要素のない一方的に教えるという運動指導は多様な基礎的な運動パターンやバリエーションを獲得するために経験するべき運動経験ではなく，むしろ，運動発達を阻害してしまうような経験になってしまうことを示している．

以上のことより，幼児期の運動発達を促進させていくために必要な運動経験は，杉原ら（2010）も指摘するように主として遊び要素の少ない一方的な指導者からの運動指導というかたちよりも自己決定を尊重した遊びのかたちでの運動経験がこの時期に相応しい経験であることを示している．このことから，幼児期には多様な基礎的運動パターンとそのバリエーションを，幼児の興味・関心に基づいた自発的な活動である運動遊びの形で経験することが運動発達にとって重要なことがわかる．

3節　児童期（就学後）の運動発達の特徴

1　児童期の運動発達

幼児期に習得され，洗練されてきた基礎的運動パターンは，児童期にはいると運動経験の広がり，同時に身体的な発育の促進も相まって，投げるという基礎的

な運動パターンだったものが野球のピッチングへ，また，跳ねるという運動パターンがハードルを跳び越すなどというようなより特殊化されたスポーツのスキルに関連した動作パターンへとさらに洗練・向上されていく。このように，児童期に入ると，運動遊びやスポーツへの参加をとおして，体の動かし方や動きなどの質的な面で大きく変化してくる時期である。この時期は，ガラヒューの運動発達の段階に基づくと，幼児期から習得されてきた基礎的運動パターンが獲得され，洗練されていく「基礎的な運動の段階」から，いろいろなスポーツに必要な専門的スキルを習得し，向上させていく「専門的な運動の段階」へと移行していく時期でもある。

2 基礎的運動パターンの洗練・向上と運動コントロール能力

　児童期は幼児期同様，まだ大脳皮質を中心とした中枢神経系の発達が著しい時期であり，それに伴い運動コントロール能力が急激に発達している時期である。運動コントロール能力は，手掛かりとなる感覚刺激となる感覚系と協応する運動系の協応関係の高次化によって，より洗練された運動パターンを形成していくのである。この過程では，投げる，跳ぶ，走るなどの1つひとつの運動パターンが走りながら跳ぶとか，捕って投げるなどのいくつかの運動の連続性が生じるようになり，より複雑なスポーツ的な運動（運動技能）ができるようになっていくのである。このように獲得されていく運動技能は運動学習や練習をすることによって獲得されていくものであり，この時期により中枢神経系の急激な発達に適応した運動の練習や学習の機会がどの程度得られるかということが，その後の運動能力の発達にも重要なことになってくる。

　このような複雑な運動が児童期で可能になっていく背景には，この時期中枢神経系の機能である情報処理能力の発達が年齢の増加に伴い促進し，その結果，運動場面で多くの感覚情報を処理できるようになっていくことが考えられる。例えば，情報処理能力のなかでも運動技能にとって重要な能力として，「タイミングコントロール能力」がある。このタイミングコントロール能力とは，外的事象に対して自己の動作を時間的に一致させるものである。動いているものをインターセプトしたり，反応を選択したりするタイミングコントロール能力は幼児期から発達し，児童期に入ってほとんどおとなと同じレベルになる。コーとスージェン（Keough, J. & Sugden, D., 1985）は外的な刺激に対してタイミングを調整する能

力は6歳までに大幅に改善されることを報告している。このように児童期は，急激に発達する情報処理能力の発達を支えに，より運動コントロール能力が発達していく時期である。

3　運動体力の構造の変化

　児童期の運動発達の特徴をとらえる視点として，運動体力の構造の視点がある。前述したように，主に動きが獲得されていく運動コントロール能力は幼児期から児童期にかけて発達の敏感期であるが，運動体力に関しては思春期以降が発達の敏感期である。この根拠の1つに，運動体力の構造の発達的な違いが考えられる。幼児期から児童期にかけてはこの運動体力は，まだ未分化な状態である。この未分化とは，発達が未熟というのではなく，運動を実施する時，筋力や持久力などの能力要因がそれぞれ独立した状態ではなく，一体のものとして機能し，その結果，1つの運動が体力の向上に共通的・総合的に作用することを意味している。言い換えると，この時期の運動体力が未分化であるために，筋力を高める運動が同時に持久力や瞬発力を高める働きをする運動にもなっており，つまり，ある要因に優れていることは他の要因でも優れている傾向にあることを意味している。一方，児童期後期から体力や運動能力の構造は協応性や平衡性などへと分化し，安定した構造をもつようになっていく。市村・海野（1975）は，高校1年生と小学校3年生の男子で運動能力の因子構造を比較した結果，小学校3年生では，包括的だった因子が高校生になると分化独立していることを示している。このことは児童期に入り，それまで包括的で未分化な運動能力の構造が分化し，能力要因が特殊化してくるようになってくることを意味している。

　このように，児童期という時期は，運動能力の構造的な面から見ると，構造的に未分化な状態から，分化し，安定した構造に入っていくという2つの面の移行期であるという特徴を有する時期である。そのため，児童前期の子どもたちには，包括的で総合的な身体活動が運動発達にとって効果的であるが，児童期の後期からは，運動能力の構造が分化し，安定してくるので，個々の能力要素の向上を目指した身体活動が運動発達にとって効果的になってくる。しかしながら，児童期に青年期で行うようなエネルギー生産能力を高めるための体力トレーニングの導入は，児童にとって過大な負荷を与えてしまわないように配慮を行っていくことが必要である。

第4章　運動の知覚と情報処理能力の発達

　運動遂行にかかわる知覚と情報処理能力の発達には，情報処理システムのハードウェアの変化とソフトウェアの変化の両方が関与している。このうち，発達の初期にあたる乳幼児期においてはハードウェアの発達が，それ以降の児童期においてはソフトウェアの発達がより深く関わってくる。このことは，特に児童期においては，外部からの働きかけに伴うソフトウェアの変化が，この時期の情報処理能力の発達に極めて重要な役割を担っているということを意味している。この章では，特に幼児期から児童期にかけてのソフトウェアの発達を中心に説明するとともに，情報処理能力の発達を促す運動経験のあり方についても考察する。

1節　情報処理システムのハードウェアとソフトウェア

1　ハードウェアの発達

　人間における情報処理システムは，感覚器官の鋭敏さや，情報の伝達と処理の速さ（反応時間）など，情報処理を支える構造的性能に相当するハードウェアと，入力された情報の処理の仕方を決めるプログラムに相当するソフトウェアとによって構成されている。ここでは，運動遂行にかかわる代表的なハードウェアの発達様相を見ていく。

　運動は様々な感覚情報に基づいて遂行されるが，そのなかで中心的役割を果たしているのが視覚と筋運動感覚情報である。図4-1は，視覚の代表的な指標の1つである視力の発達的変化を，図4-2は，前腕の屈曲角度の知覚の正確さをキネマトメータという計測器で測ったときの筋運動感覚の鋭敏さの発達的変化を示したものである。また，図4-3は，音刺激に対する反応時間の発達様相を示したものである。

　代表的な3つのハードウェアの発

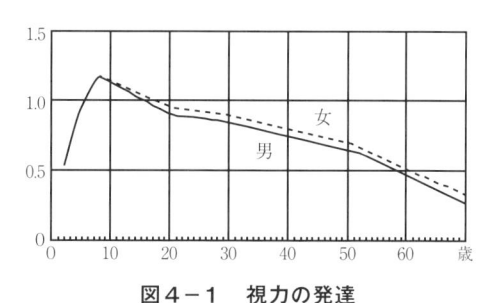

図4-1　視力の発達
（東京都立大学体育学研究室，1989）

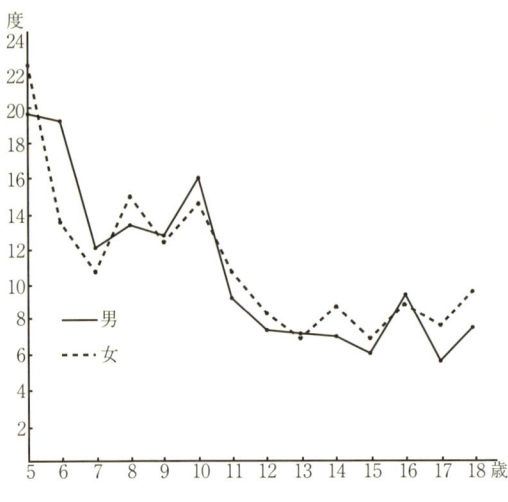

達様相を示したが，これらを見ると，人間の情報処理システムにおけるハードウェアの発達は，乳幼児期に急激に発達することがわかる。これらの事実は，乳幼児期の情報処理能力の向上の多くは，ハードウェアの発達に負う所が大きいことを意味している。それに対して，幼児期から児童期を経て成人期に至る段階では，これらのハードウェアの発達的変化は徐々にゆるやかになる。このことは，この時期の情報処理能力に対するハードウェアの関与は相対的に減少し，それに代わってソフトウェアの関与が強まっていくことを示唆している。そのことを，タイミングコントロールの発達的変化を通じて見ていくことにする。

図4−2 筋運動感覚（前腕屈曲角度の知覚の正確さ）の発達
（末利，1984）

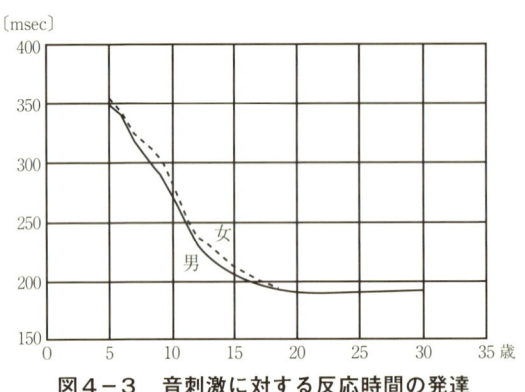

図4−3 音刺激に対する反応時間の発達
（首都大学東京体力標準値研究会，2007）

2 タイミングコントロールの発達

タイミングコントロールとは，外界の変化のある時点に対して，自己の反応を時間的・空間的に同調させることである。この課題を達成するには，外界の時間的・空間的経過を正確に予測する能力が求められる。このようなことから，タイミング課題は，運動遂行に関わる情報処理能力の発達に関する研究のなかで，頻繁に用いられてきた。

図4−4は，移動指標がタイミング点に到達するのに合わせてボタンを押すと

いう課題を，7歳から20歳までの被験者に対して行わせた時の，タイミング反応の正確性を示したものである（Thomas, J. R. et al., 1981）。この実験では，反応時間も測定しており，その結果も併せて示してある。この図から，11歳までは両者は同じような発達的変化を示しているのに対し，13歳以降，その発達の様相が明らかに異なっていることがわかる。また，反応時間とタイミングの正確性との相関が，7歳と11歳では見られ，13歳と20歳で消失することも報告されている。このことは，発達段階初期の情報処理能力には，反応時間に代表されるハードウェアの発達が強く関与しているのに対し，児童期以降においては，ハードウェア以外の要因の方が強く関与してくることを示唆している。

これらの現象を考察する上で，シェイたち（Shea, C. H. et al., 1982）やウィリアムズ（Williams, K., 1985）が行った研究は示唆に富んでいる。シェイたち（1982）は，様々な速度で移動する刺激がタイミング点に到達するのに合わせてボタンを押すという課題を用いて，5歳，9歳，18歳の被験者のタイミング反応を比較した。この研究のユニークな点は，タイミングの成績を，尚早反応と遅延反応の観点から分析している点である（図4-5）。図から，年少の被験者においては，遅い移動刺激に対する尚早反応と速い移動刺激に対する遅延反応とが見られ，発達とともにこのような傾向が消失していくことを読み

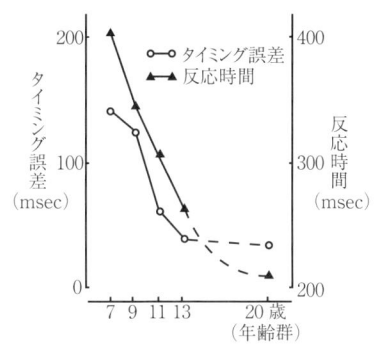

図4-4 発達に伴うタイミング反応の正確さと反応時間の長さ
（Thomas, Gallagher, & Purvis, 1981 より作成）

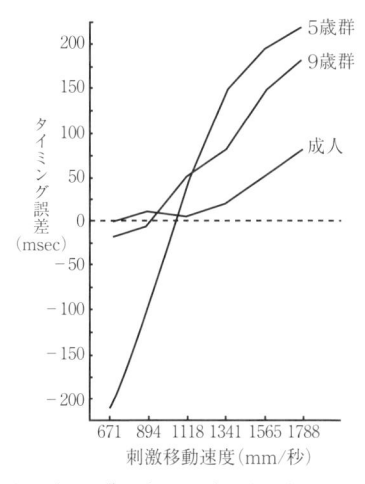

図4-5 タイミングの尚早反応・遅延反応と年齢との関係（－は尚早反応，＋は遅延反応を示している）
（Shea et al., 1982）

取ることができる。幼児期におけるこのような尚早・遅延反応はなぜ生じるのであろうか。

ウィリアムズ（1985）は，5歳，7歳，9歳，それに成人の被験者に対し，タイミング反応として腕の伸展動作を用いることによって，タイミングの発達的変化を調べた。刺激の移動速度の設定にあたり，この実験では，被験者にとって最もやりやすい伸展動作の速度をあらかじめ測定し，その速度を中心として前後2水準を加えた5条件を設定した。その結果，5歳児では，やりやすい腕の伸展速度と同じ刺激移動速度条件で最も正確であり，それ以外の速度条件では，前述したとおりの尚早・遅延反応がみられた。これに対して，年長群では，このような反応傾向は見られなかったのである。

タイミングコントロールに関するこれらの研究が示しているのは，年少の子どもは外界の変化に合わせて自分の動きを調整することが困難であり，どのような状況に対しても自分固有の動きで反応しているということである。では，このような自己中心的な反応傾向が，発達とともに環境からの要求に応じた柔軟な動作に変化していく背景には，どのような仕組みが働いているのだろうか。

2節　運動の遂行に関わるソフトウェアの発達

1　運動技術の分類

運動技術は様々な観点から分類することができるが，技術修得のメカニズムを考えていく上で重要な手がかりを提供している分類法を2つ紹介する。1つは，ボールゲームや対人競技など，目まぐるしく変化する環境のなかで，外界からの情報をもとに適切な判断が求められるオープンスキルと，陸上競技や器械体操などのように，比較的安定した環境のもとで，正確な動きの再現が求められるクローズドスキルとに分ける考え方である。もう1つの分類は，バッティングやピッチングなどのように，ひとまとまりの動きが短時間のうちに完結する分離技術と，ダンスや器械体操などのように，いくつかの分離運動が系列的につながった系列技術とに分ける考え方である。以下では，これらの技術分類を1つの切り口として，情報処理能力を左右するソフトウェアの発達を見ていく。

2 スキーマの発達

分離技能の修得の仕組みについては，シュミット（Schmidt, R. A., 1875）のスキーマ理論が今日では最も広く受け入れられている。この理論では，運動の記憶は，個々の動作が個別に記憶されるのではなく，一定の範囲の動きに共通する汎用性をもった運動プログラムとして記憶されていると考えている。汎用プログラムが具体的な場面で作動するためには，その時の状況や目的に応じた適切なパラメータが汎用プログラムに入力される必要がある。このパラメータを割り出すための機構が再生スキーマである。これは，個々の動作を行った時に入力したパラメータと，その時の動作結果との関係に関する記憶であり，両者の関数関係として表現することができる（図4－6）。

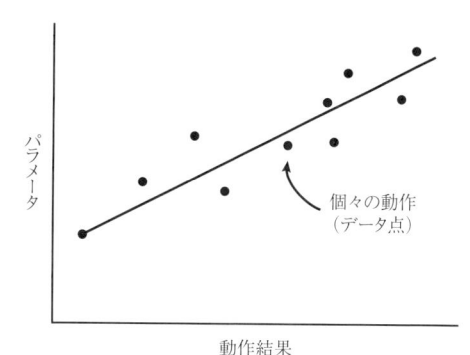

図4－6　再生スキーマの形成
（Schmidt, R. A., 1982）

スキーマをより精緻なものにするには，変化に富んだ動きを経験することによって，図中のデータ点の数と範囲を広げることが大切である（変動練習仮説）。この仮説の妥当性をめぐって，その後，多くの実験が試みられてきたが，それらによれば，成人を対象とした実験より子どもを対象にした実験の方が，仮説に沿った結果が得られやすいという傾向が見られる（Miller, S. E. & Krantz, M., 1981；Shapiro, D. C. & Schmidt, R. A., 1982）。表現を変えれば，変動練習によるメリットは，おとなより子どもの方が大きいということである。おとなでは，長年にわたる運動経験を通じてある程度スキーマが形成されているのに対し，子どもはまさにスキーマ形成の途上にある。このため，変動練習によるメリットは，おとなより子どもの方が大きいと考えられる。先に示したタイミングコントロールの能力も，幼児期ではスキーマの形成が未発達であるため，状況に合わせた反応ができなかったことによると考えられる。

3 運動の学習方略の発達

複数の動きが系列的に組み合わされている系列技術においては，なるべく多くの動きの要素を覚えておくことが技術遂行の成否の鍵をにぎっている。一度

に記憶することのできる項目数(記憶範囲)は，幼児期では4～5個程度であるが，児童期を通じて発達し，成人においては7個程度になる(Dempster, F. N., 1981)。このような，発達に伴う記憶範囲の増大の原因の1つとして，ハードウェアの発達が関与していることを否定することはできないが，これまでの運動の記憶に関する研究では，記憶の仕方，すなわちソフトウェアが強く関与していることが明らかにされている。

ギャラハとトーマス(Gallagher, J. D. & Thomas, J. R., 1984)は，5歳，7歳，11歳，19歳の被験者に対し，8つの腕の移動位置を覚えるという運動記憶課題を課し，その時のリハーサルの効果を調べた。リハーサル方略として，①1つの動作を練習するたびにその動作をリハーサルする(未熟なリハーサル)，②1つの動きを行うたびに直前の動きとの違いを確かめさせる(成熟したリハーサル)，③特別の教示をせず被験者のやり方に任せる，という3条件を設定した。その結果，5歳児と7歳児では，自由にリハーサルを行った条件より成熟したリハーサルを行わせ条件の方が優れていたのに対し，それ以上の年齢では，自由にリハーサルした条件の成績が最も優れていた。工藤と片平(2007)は，このような記憶範囲に関する研究で得られた結果を，7つの動きで構成される系列技術を練習する時の学習方略の分析によって確かめている。彼らは，系列技術を学習するときに自発的に採用される学習方略を，小学5・6年生と大学生で比較した。その結果，小学生は，大学生に比べて稚拙な学習方略を用いていること，外部から適切な学習方略を教示した場合の効果は，小学生においてのみ見られ，大学生においては見られないということを報告している。

これらの研究が共通に示しているのは，年少児の成績の低さの主たる原因は，記憶や学習の方略の拙さであり，外部から方略を教示することによって成績を引き上げることができるということである。

4 状況判断能力の発達

人間が一度に処理できる情報量は，無限ではない。一方で，オープンスキルでは，外界から膨大な情報が次々と入ってくる。このような状態のなかでは，状況判断に必要な情報のみを峻別する選択的注意の能力が求められる。選択的注意は，スポーツ場面に限らず，日常のあらゆる場面で働いているメカニズムであるが，特に時間的に切迫するなかで正確な状況の認知と判断が求められるオープンスキル

においては極めて重要な能力であり，このことに関しては，これまでに多くの研究が行われてきた。

チェイスとサイモン（Chase, W. G. & Simon, H. A., 1973）は，その領域に固有の知識や経験が，ゲーム場面の認知の仕方に大きく影響していることを，次のような実験によって示している。彼らは，競技レベルの異なるチェスプレーヤーに対して，チェスのコマが配置されている盤面を短時間観察させた後，そこにあったコマの位置を再生するという課題を行わせた。その結果，観察した盤面が実際のゲーム場面である場合は，競技レベルの違いによる再生成績の差が見られたのに対して，コマがランダムに置かれた盤面については，競技レベルの差が検出されなかったのである。この研究をきっかけとして，その後，様々なボールゲームについても調べられ（Allard, F. et al., 1980）; Starks, J. L., 1987; Borgeaud, P. & Abernethy, B., 1987 など），ほぼ同様の結果が得られている。

意味のない場面の再生成績で競技レベル間に差が見られなかったということは，情報処理の速さや記憶容量の大きさといったハードウェアの性能は，基本的に競技レベルとは無関係であることを示している。では，なぜ競技場面についての再生成績で競技レベルの違いによる差が見られたのだろうか。それは，その場面の意味をどの程度明確に認識することができるかという能力の違いである。場面の意味がわからなければ，プレーヤーやボールの位置といった個々の情報は1つひとつ丹念に覚えるしかなく，したがって時間を要しその再現も不正確になる。しかし，その場面の意味がわかれば，個々の情報は1つの構造として捉えることが可能となり，情報処理の効率は格段に向上する。

では，このような場面の見方の違いは，発達のどの段階でみられるようになるのだろうか。この事を調べるため，工藤と深倉（1994）は，小学5年生から中学2年生のサッカー選手を対象として，サッカーゲームの一場面を

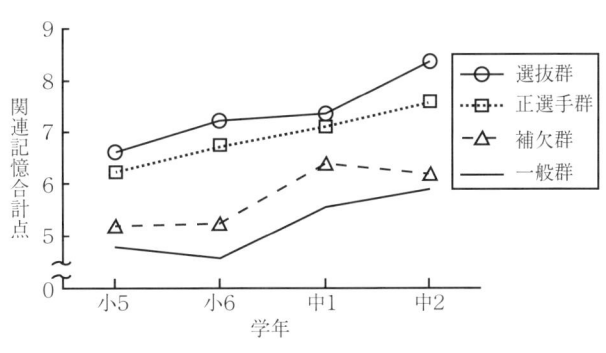

図4-7　サッカーゲーム場面の関連記憶成績と競技レベル及び発達との関係（工藤・深倉，1994）

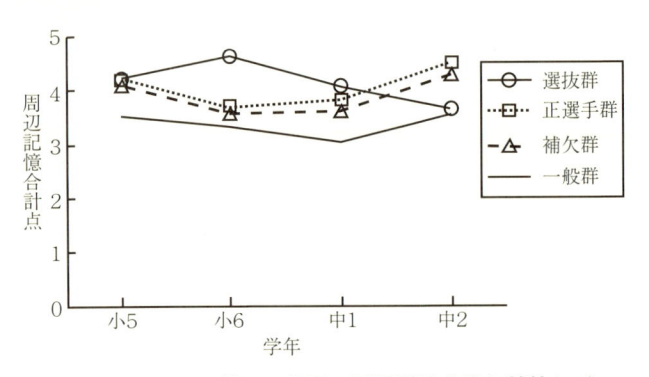

図4-8 サッカーゲーム場面の周辺記憶成績と競技レベル及び発達との関係（工藤・深倉，1994）

収録したVTRを観察させ，そこに含まれているプレー内容（関連記憶）やプレーとは関係のない出来事（周辺記憶）について，再生成績の比較を行った。その結果，周辺記憶の再生においては，学年や競技レベルの違いによる記憶成績の差が見られないのに対し，関連項目においては明確な差が見られた（図4-7，図4-8）。このことは，小学校高学年の段階ですでに，経験や知識に伴う場面の見方の違いが生じていることを示している。

3節　情報処理能力の発達と指導

1　発達に応じた認知的負荷

前節では，特に幼児期から児童期にかけての情報処理能力の発達には，ソフトウェアの変化が大きく関与していることを紹介してきた。このことは，ソフトウェアに対する外部からの働きかけが，情報処理能力の発達に大きな影響力をもっていることを意味している。ここでは，外部から働きかける際の留意点の1つとして，認知的負荷の問題について述べる。

シェイとモーガン（Shea, J. B. & Morgan, R. L., 1979）は，複数の動きを同時に練習する時の練習の仕方として，同じ動きを連続して練習するやり方（ブロック練習）と，1回ごとに異なる動きをランダム順に練習するやり方（ランダム練習）とを比較し，練習段階ではブロック練習の方が優れているのに，テストではランダム練習の方が優れているという結果を報告している。この現象は，練習順序（文脈）の違いがもたらす試行間の混乱（干渉）の差が，練習成績と学習成績とに異なる効果を及ぼすという意味で，文脈干渉効果と呼ばれている。このような結果をもたらす原因としては，①毎回動きを変えることによって互いの動きの

違いを意識することができるようになる（精緻化説），②1回ごとに運動プログラムをつくり直すことによって強固な運動の記憶が形成される（再構成仮説）など，ランダムな練習順序に伴う入念な情報処理活動が高い学習成績を生む原因であると考えられている。

ブレイディ（Brady, F., 2008）は，その後に行われた文脈干渉効果に関する研究を概観するなかで，成人を対象とした実験では効果が検証され易いのに対し，子どもを対象とした実験では効果が検証されにくいという傾向を見出している。また，ピゲットとシャピエロ（Pigotto, R. E. & Shapiro, D. C., 1984）は，子どもの場合，典型的なランダム練習より，ランダムとブロックの中間型の練習条件の方が優れていることを報告している。

グワダノリとリー（Guadagnoli, M. A. & Lee, T. D., 2004）は，学習が生起するには，その課題が要求している情報処理のレベルと学習者側の情報処理能力との適切な関係（Challenging Point）が必要であると指摘しているが，成人と子どもとで文脈干渉に伴う効果に違いが見られるという事実は，彼らの指摘が，児童期における運動指導のあり方を考えるうえで重要な意味を持っていることを端的に示している。児童期の運動指導にあたっては，指導しようとしている子どもがどのような情報処理能力の発達水準に達しているのかを見極め，練習課題を遂行するための情報処理の要求度を最適化するような配慮が求められるのである。例えば，日本サッカー協会が示している指導ガイドラインでは，発達段階を細かく区切り，それぞれの段階に応じたゲームの人数をきめ細かく設定している。その背景には，情報処理能力の発達水準に応じて，ゲーム場面の複雑さを最適化しようとする配慮がある。

2　メタ認知の発達

情報処理能力の発達を促すための指導におけるもう1つの留意点は，学習方略に対する外部からの強制的介入の問題である。前節では，記憶や学習の方略を教示することによって，学習成績の発達差が消失することを示した。このように，幼児期から児童期にかけては，方略は外部から教示することが可能であり，それによって学習成績は格段に向上する。では，情報処理能力の発達を促すために，それぞれの課題で必要とされる方略を1つひとつ外部から教えこめばよいのであろうか。この時期の指導に求められるのは，決してそのような指導の仕方ではな

い。重要なのは，その課題に必要な方略を覚えることではなく，その方略を他の課題や状況に適用することができるかということである。そのためには，なぜその方略が有効であったのかについての理解が重要である。

　人間の認知活動（情報処理活動）についての理解や知識のことを，メタ認知という。メタ認知は，私たちの認知活動を一段高いレベルで監視し，より効率的な認知活動へと導く極めて重要な役割を果たしている。方略を他の場面に適用することができるのは，このメタ認知の働きによる。メタ認知は，様々な機会を通じて獲得されるが，特に運動遂行に関わるメタ認知の多くは，幼児期から児童期の運動経験や練習を通じて獲得される。ここで気をつけなければならないのは，個人的体験のみに基づいて獲得されたメタ認知は，必ずしも人間の，あるいは自分自身の真の認知活動の姿をとらえているとは限らないという点である。したがって，この時期の運動指導においては，子どもが，適切な遂行や学習の方略に気づき，それらの方略を自発的に採用することができるような練習環境を提供することが重要である。指導者には，そのための高度な知識と指導技術を身につけておくことが強く求められている。

第5章　運動遊びの発達

　人が人として生きていく限り運動行動は欠かせない。人はスポーツ・運動場面に限らず日常生活のなかで様々な身体活動を行っている。乳幼児期の運動は遊びとしての活動が中心であり、健康のためやトレーニングとして運動を行うことはなく、そのほとんどが個々の興味に基づいて行われている。乳幼児とおとなとは身体的、機能的、認知的、社会的などの発達が異なり、それぞれに特有の特徴がある。したがって、おとなの活動、おとなの文化として発展してきたスポーツの方法や指導をそのまま乳幼児にあてはめることはできない。乳幼児期の運動のあり方は心理的な発達にも影響を及ぼしており、その後のスポーツへの取り組みとも大きく関連している。

1節　遊びとは

　子どもの遊びについて発達心理学用語辞典では次のように説明している。「1）自由で自発的に行われ、2）おもしろさ、楽しさを追求し、喜びの感情を伴い、3）積極的に関与され、4）それ自体が目的であるような活動である。さらに遊びは、5）現実生活に拘束されず創造的であると同時に、6）現実生活を再現したり、遊びのなかで探索したことが他の機能の発達に影響を及ぼすなど現実生活における遊び以外の活動と相互的な関係がある（鹿島、1991：p.3）」。つまり、何をしているかという活動をとらえて遊びとするのではなく、なぜその行為をしているかという動機づけによって遊びは判断される。

　杉原（2000）も内発的に動機づけられた活動こそが遊びであるとし、遊びを連続体としてとらえることを提言している（図5-1）。人間は1つの動機だけで活動することは少ない。すなわち、遊びを内発的動機かそうでないか（外発的動機）という二分法でとらえることは困難になる。そこで、内発的動機づけを遊び要素、外発的動機づけを非遊び要素と考え、内発的動機づけが強いほど遊び的な活動であり、逆に外発的動機づけが強くなるほど遊びではなくなるとした。例えば、友だちと一緒にやりたい（親和動機）、先生に褒められたい（承認動機）、その活動の面白さにひかれている（内発的動機）などのように同時に複数の動機を

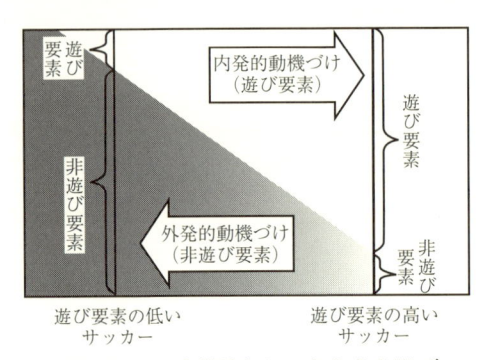

図5-1 連続体としてとらえた遊び
(杉原,2000を改変)

もっている場合,友だちと一緒にやりたいとか先生に褒められたいとの思いが強い場合は非遊び要素が高く,その活動の魅力や面白さにひきつけられている場合は遊び要素が高いということになる。このように同じ活動をしていても,遊びとしての活動という場合もあれば,まったく遊びとはいえない活動もあることになる。

遊びとして行われる活動には様々なものがあるが,運動遊びは主に身体全体を使ったり手足の操作や協応を必要とする遊び(井上,1996)である。運動遊びは乳児期の感覚遊び以降に現れ,集団遊びやルールのあるゲームが多く行われるようになる児童前期にかけての中心的な活動であり,それ以降は構造化された集団ゲーム(スポーツ)や趣味へと分化する。

2節 遊びの分類と発達段階

幼児から児童前期までの遊びに関して様々な分類と発達段階が提唱されてきた。
ビューラー(Bühler, C.)は,積み木やブロックなど素材的な対象への体験形式から,①機能遊び(感覚遊びと運動遊びが含まれる),②虚構(想像)遊び,③構成遊び,④課題活動に分類した。乳児期は感覚遊びがもっとも盛んな時期であり,その後,想像遊びや構成遊びが変わって盛んになる。構成遊びはものを使って何かを作ることを中心とした遊びで,3歳頃から多くなり,児童期になっても続く。創造性や想像力の表現であり,5歳位までの間に構成遊びをすることによって自発的な課題意識を発達させる(矢野,1996)。

パーテン(Parten, M.)は,社会的なかかわり合いの程度から,①ぶらぶらした行動,②ひとり遊び,③傍観的行動,④並行遊び,⑤連合遊び,⑥協同遊びに分類した。並行遊びは他の子どものそばで類似したおもちゃで遊ぶが,直接的な交渉は見られない遊びである。2〜3歳頃に多く見られ,その後も継続する。並行遊びの時期はその後の集団遊びのための準備期と位置づけられる。連合遊びは

集団が組織化されていない遊びをいい、2歳頃から見られ年齢とともに増加する。協同遊びは仲間とのかかわり合いの程度が高く、グループへの所属感、協力、リーダー、仕事の分業、役割分担がみられ、グループを形成しルールのあるゲームを行う遊びである。3歳頃から現れ、年齢とともに増加する。

ピアジェ（Piaget, J.）は、認知発達と関連づけ、①感覚運動的遊び、②象徴遊び、③構成遊び、④操作的知能（適応）活動と遊びの発達段階を設けた。

3節　乳幼児期の運動遊び

遊びは感覚運動期に始まる。感覚運動期とは、ピアジェの提唱した乳児期から思春期にかけての認知機能発達段階で、4つに大別される最初の段階である。ピアジェは2歳頃までは認知的な発達が行動・行為の繰り返し、すなわち運動行動をとおしてなされることを示したが、言い換えれば乳幼児が積極的に環境へ働きかけるための運動行動こそが知的活動であると言える。そして2歳頃より抽象的な概念の発達が見られ始めるが、運動行動にはまだ知的活動が随伴している。高次の知的能力が発達し、運動との直接的な関係が見られなくなるのは児童期後期になる（杉原、2008）。

1　0〜2歳頃の運動遊び

運動遊びは、全身的あるいは手足の操作や協応を必要とする遊びである。初歩的な運動段階であるこの時期の運動機能の発達とも大きく関連している。

出生後間もない新生児（生後約1カ月）は、肘や膝を軽く曲げ（生理的屈曲）、強い把握反射のため手も握った状態である。この時期の運動は、新生児反射と自発的運動（ジェネラルムーブメント）が中心で、本当の意味での随意運動はほとんど見られない。ピアジェは新生児でも見られる空吸い（食べ物なしに行われる吸い）や指吸いのような繰り返しの活動が遊びの前兆とした（表5−1）。

乳児期（生後約1年）にわたってみられるのが感覚運動的な「機能遊び」であり、ひとり遊び的なところが多いのがその特徴である。反射が徐々に消失し随意運動が見られるようになると、自分の手足をもて遊んだり手足を動かして楽しんだり、音のする方向へ関心を集めるなどが見られてくる。自分の手や足を動かしなめたりかじったりする運動は、自己刺激的運動と呼ばれ、感覚運動的なフィー

表５−１　ピアジェの感覚運動遊びの発達段階
(矢野，1996・ヒューズ，1991・ゴスワミ，1998より作成)

段階(時期)		適応行動の発達	遊びの発達	対象操作の遊び ヒューズ (Hughes, F. P., 1991) 菅野（2003）	モノの永続性の概念の発達 (モノは視界から隠されても存続し続けるということを理解すること) ゴスワミ (Goswami, U., 1998) 古池（2003）
感覚運動期(0〜18ヵ月)	Ⅰ(0ヵ月〜)	○反射行動の修整	空の機能行使（再生的同化） [例：空吸い] 母親の乳首の外形に合うように吸う反射を学ぶ（調節）。同時に吸う反応を様々なモノへと「同化」し、飢えを満たすモノとそうでないモノとをしだいに区別できるようになる。		最初の２段階（0〜4ヵ月）探索行動は全く示さない
	Ⅱ(1,2ヵ月〜)	○第1次循環反応 (自分自身に関わる繰り返し行動) ○習慣の獲得	楽しむための行動の再生（自己目的的な純粋の同化，機能の快） [例：発声や遊び，笑いを伴う手や頭の運動，指しゃぶり]	注意の焦点が自己身体から外界の事象に移ること，遊び材料をつかみ，いじるための運動技能の獲得が十分でないため3ヵ月頃までは出現しない	
	Ⅲ(3-6ヵ月〜)	○第2次循環反応 (外界に関わる繰り返し行動) ○目と手の協応 ○興味ある光景を持続させる手法	新しい現象の理解から遊びへの移行，**対象操作の遊び**（真剣な知的同化からの遊びの分化，原因であることの喜び） [例：ひもを引いてものを揺らす遊び，モノを繰り返し落とす] 自分の行為が対象物に偶然及ぼした結果に気づき、それを反復する。例えば、たまたま手に触れたものはゆれたり音が鳴ると自分の行為が原因で対象物にある現象が行ったことに気づく。はじめは知的同化と言われる新しい現象の理解であるが、すぐに反復されて自己の行為の結果を楽しむ遊びに転化する。	4ヵ月半頃：目と手を協応したものに手を伸ばすことができ始める（膝の上に座ると手でテーブルの端をいじり始める） 5ヵ月頃：物での遊びに熱心になる（積木，ひも，紙切れ，スプーン等を叩いたりする） 6ヵ月頃：指でつまんだり，物と物を一緒にするようになる。 （〜8ヵ月頃：遊ぶモノ自体にあまり興味がなく，モノはそのとき好む活動を実行するための支えという性格が強い）	第3段階（〜6ヵ月）部分的に隠されたモノを探し始める（モノは存続する存在であることを認識し始める）
	Ⅳ(8,9ヵ月〜)	○第2次シェマの協応（手段と目的の協応） ○既存シェマの新しい場面への適応 ○目的志向的な行動（「手段−目的」行動）	集団的行為自体への興味による遊び，遊びの儀式（シェマの遊び的発達，遊び的組み合わせ，シェマの儀式化） [例：邪魔ものを取り除く遊び。机で遊んでいるうちに寝るときのしぐさを思い出してそのまねをする] 意図的な手段と目的の協応を達成するが、しばしば、その行為自体に興味を持ち、それが遊びに転化する。それが達成されたあとで、今度は集団的行為それ自体が興味の対象となって目的化し、もはや目的を達成することによる動機づけによるのではなく、それを行為自体への興味による遊びが始まる。いわゆる随伴性行動，オペラント行動を反復する遊び。	9ヵ月頃〜：ものの特性に注意深くなり，熟知した物より新規な物に興味が強まる。いじるときに物の特徴に応じるようになる（形に特徴があるものは回転させ，肌理に特徴があるものは指でなでる等）	第4段階（8〜12ヵ月）完全に隠されたモノを探すことができる。ただし，空間上隠れ行為を観察していても，同じ場所を探索し，他の場所を探すことはしない（「A-not-B」エラー）
	Ⅴ(10-12ヵ月〜)	○第3次循環反応 ○結果をみるための実験（仮説検証的な実験） ○試行錯誤による探索，新しい集団の発見	発見した新しい集団に変化をつけて反復する遊び，遊びの儀式的反復（シェマの組み合わせの多様化，シェマの遊び的儀式化，動作的象徴） [例：入浴のとき必ず様々に湯水をたたいて遊ぶ] 積極的に自分の行為の結果を見るために、対象物が自分の働きかけにどのような反応をするかという対象物の性質への知的興味から、実験的行動をするようになる。その行動はすぐに反復化され、ものへ働きかける行為を様々に変化させ、いわば変奏の結果を見ることを楽しむ。こうして集団の自己目的化によって、現実的適応行動のなかから遊びが派生する。	10ヵ月：本の中の絵を見るようになる。 12ヵ月〜：遊具の機能に適切な使い方が増える（受話器を耳に当てる等）。	
	Ⅵ(1歳1ヵ月〜1歳6ヵ月〜)	○表象（シェマの内化）（行為と結果の認知的表象を持つこと）→概念的思考の始まり ○心的結合による新しい集団の発明，洞察 ○心的実験，予測	ふりをする遊び，物を何かに見立てる（遊びの象徴，象徴的シェマ） [例：布を見て枕を思い出しそれをもって寝るふりをする。素手で食べるふりをする。箱から飲むふりをする。棒を使ってくすろうとする] 対象の存在しない時の活動，それに伴う象徴化，ふり，ごっこといったことが可能になる。 行動の結果予測		第5段階（12〜15ヵ月）「A-not-B」エラーの消失。隠し場所がAからBに代わってもみつけることができる。ただし，隠し行為を観察していない「目に見えない置き換え」の条件では探索は難しい 第6段階（15〜18ヵ月）モノの隠し場所の置き換えをみていなくてもモノを見つけ出すまでに系統立てて探索する。モノの永続性の理解→モノの認知的表象が形成
前操作期／表象期(2歳頃〜7-8歳)			象徴や言葉の平面で繰り返される。 自己中心性	象徴遊び／ごっこ遊びはこの時期の表象的知能期を特徴づけるもの	
具体的操作期(7-11歳)			推理や象徴の使用が，より論理的で客観的なものになる。遊びは集団としての規律や作法に支配されるようになり，ルールのあるゲームがかつての個人的象徴によるごっこにとって変わる。		
形式的操作期(11-12歳頃〜)		脱中心化			

ドバックをとおして自分の体とそれ以外のものとを区別することと関連している（身体的自己の形成）。

　生後3～4カ月頃になると見ることと触ることの協応が見られ始め，例えばベッドの上にぶら下がっているモビールに触って揺れることを知ると，何度もそれを繰り返すようになる。このような行為が遊びの起源といえる。この頃の運動発達は，寝返りをしたり腹臥位で胸をあげて頭を直立させる姿勢がとれるようになる頃で，十分な姿勢コントロールや自力での移動はまだできない。またリーチングでは，対象に接触した後その対象をうまく把握できるようになる時期で，初期の操作の遊びが見みられるようになる。

　生後6カ月頃になると，モノは存続する存在であることを認識し始め，部分的に隠されたモノを探し始める。そしてしだいに完全に隠れたモノを探すことができるようになる。ピアジェはこれを「モノの永続性」の概念の発達として捉えた。イナイイナイバアを喜ぶのは「人の永続性」の概念の獲得であると考えられる（高橋，1996）。これは探索行動（遊び）の始まりであり，目新しいものについての体系的探索，追求を行うようになる。身近なものに対する操作に加え，7～8カ月頃よりはいはいをし，移動動作を獲得するとますますその範囲を広げて行動を起こすようになる。言い換えれば興味のあるものの存在や探索行動が移動運動を引き出している。そして，興味ある結果やそれを生み出す自己の行為に興味をもち，その行為を繰り返す。このような行為の繰り返しは，結果的にその行為でなされている動きの獲得をうながすことになる。この頃の対象操作の活動には，放り投げたり破いたりなどの破壊行動が見られるが，これは自己の行為の結果を試し，ものの性質を知る経験と考えられ，その後の構成遊びへの前段階として位置づけられる（矢野，1996）。

　1歳半頃には，モノが存在しない時の活動，それに伴う象徴化，ふりやごっこが可能になる。乳児期は，満足をもたらす活動を偶然発見することから遊びが始まり，その活動が単純におもしろいために連続的に反復，その活動そのものが遊びとなる。このように乳幼児期の遊びは，新奇性や変化のある環境に対し，知的好奇心や情緒動機などによって内発的に動機づけられていると考えられる。

　運動技能の向上には，身体的能力の発達はもとよりその運動に関する記憶の形成が必要となるが（工藤，2008），1歳過ぎには感覚運動スキーマ（運動の実行に先だってその運動の結果を予期する能力）の形成が見られはじめる。この一種

の知的能力である感覚運動スキーマは，2歳以降も発達し，状況判断や予測を含むスポーツ技能へと発展高度化していく（杉原，2008）。

2　2〜7歳頃の運動遊び

ピアジェは，乳児期の感覚運動段階と幼児期の主な違いは表象の能力にあるとしているが（バターワース・ハリス，1997），基礎的な運動段階とされるこの時期は，身体的機能や運動機能，知的発達等も伴い，運動遊びは変容してくる。

2歳頃から象徴遊び（みたて，つもり），ごっこ遊び（おとなの活動の再現，人の対象的行動），役割遊び（人と人との関係）が見られるようになる。これらは2歳頃から7歳頃にかけて多く見られる特徴的な遊びであり，その後は，推理や象徴の使用がより論理的で客観的なものになり，集団としての規律やきまりに支配され，ルールのある集団ゲーム（スポーツ）へと移行，分化する。

2歳頃に見られる寝るふりや飲むふり，テレビ番組のヒーローになってポーズをとったり，音楽に合わせて踊ったりする単純なふり遊びや模倣遊びは，やがて他児との共通の場面でお互いのイメージを調整し，共通のシンボルを操作する遊びになる。子ども同士のイメージの共有は急速に進み，ごっこ遊び，役割遊びへと発展していき，5歳頃まで盛んに行われる。ふり遊びに見られる模倣は，動きの獲得の立場からも重要な役割を果たす。浅岡（1999）は，運動の習得プロセスに「模倣による習得」（目の前の興味ある動きを即時に模倣），「表象・イメージの再現」（遅延模倣）をあげている。真似たいモデル（仲間や保育者）の存在や再現したくなる豊かな文化環境，あるいは表象能力の発達が子どもの動きを誘発し，動きの獲得へとうながすのである。この時期には，子どもの興味を刺激し，イメージを豊かにする環境が運動発達の基礎を作り上げることにつながる。野球ごっこやサッカーごっこなどの運動遊びは，おとなのイメージに基づくルールが優先されることが多いが，幼児はイメージを共有し仲間とのつながりを楽しんでいることもある（森上，1996）。ルール重視の立場は，時として子どもの遊びを遊びではなくしてしまう危険もある。

3歳頃より経験によりフィードバックからフィードフォワードへの切り換えが可能になる（森ら，1993）。すなわち予測が可能になってくる。これにより，例えば1〜2歳で見られる単純な追いかけごっこから，先回りしたり挟み撃ちしたりするなどのより複雑な鬼ごっこへと内容も多様化，複雑化していくことになる。

幼児が行う鬼ごっこのような活動は，幼児期の身体機能の特徴を考えても最適な活動（遊び）であるといえる。幼児はもともと筋肉量が少なく，速筋タイプの筋繊維の発達が未熟なため，大きなパワーを発揮する運動や長時間の運動は困難である。無酸素性のエネルギーを使わないということは，運動後の回復が早いことを意味する。すなわち，短時間の活動を間欠的に行うことが得意である。実際，幼児期にみられるもっとも頻度の多い遊びは1～3分間持続する遊びとされている（加賀谷，2003）。

　2～3歳頃には自己主張が顕著になってくるが，自己抑制や役割取得（相手の立場や役割を理解すること）の発達など様々な要因が関連し，他児とのかかわりを意識した遊びが展開されるようになる。また，言葉の発達も運動遊びの発達と関係している。4歳頃にかけて「つかまったらオニになる」などの仮定法がわかるようになる。役割の交代はこの理解が前提となり，つかまったコはスムーズに交代するようになる。また，4歳を過ぎる頃からしだいに単純な遊びのきまりが理解でき，かつ守れるようになってくる。この頃になると仲間同士で協力することの理解もあり，ルールやきまりのある遊びや集団での鬼ごっこやリレーなど，パーテンのいう「協同遊び」がしだいに多く行われるようになる。自己中心的な特徴からけんかやいざこざも見られるが，これが社会性の発達とも関係している。このように運動遊びをとおして協同や協力を楽しむなかで，自己調整したりきまりを形成したり，またそれを順守することを理解していく。仙田（1992）はすべり台の遊びとして，普通に滑る「機能的段階」，頭から滑るなど技術的に工夫し遊びを開発していく「技術的段階」，ごっこ遊びなどの「社会的段階」の3つの段階を示している。このすべり台に見られる遊び方の変容も運動発達だけでなく認知的社会的な発達の関与を見ることができる。ルイスら（Lewis. et al.）は，情緒の発達は周囲からの積極的な働きかけによる情緒的な経験により，3歳頃までには基本的な情緒が出そろうとしている（桜井，2006）。子どもは毎日の生活のなかで様々な情緒体験をしているが，運動遊びは集団での遊びが多く，身体的な活動を伴う遊びであり，情緒体験の量やインパクトの強さ，快から不快まで様々な情緒を経験する機会にもなっている。

　さらに，4歳頃からは，おとなの注意をひいたり持ち物で他児とはりあう行為や（児玉，1987），食事や服を着たりする日常生活のなかでも先を争おうとするなど競争を意識する子も増えてくる。この頃に見られる「自分が…」という主張

は，自我の現れであり競争心の芽生えであると言える（森，1996）。これは対人的な優越欲求の発達を示すものと言えるが，能力概念の発達が十分ではなく単に結果の先着争いであり（矢野，1996），6歳位にかけて少しずつ減少してくる（児玉，1987）。これに対し，運動で負けると悔しがる子は加齢とともに徐々に増えるが，6歳でも3～4割は競争場面でくやしがる姿は見られない（児玉，1987）。すなわち，幼児期は競争的な遊びであっても，おとなとは異なり勝ち負けにはそれほど執着していないこともある。競争は，社会的比較の結果引き起こされる反応の1つであるが，3～4歳頃で見られる社会的比較は規範の習得や関係の維持が中心となる比較で，力の差異を確かめ合ったり集団内での自己の位置を確認したりしている。おとなのような自己評価のための比較や，競争を引き起こす他者への優越の機能をもった比較は，児童期後半以降に見られてくる（高田，1996）。このように，社会的比較に必要となる様々な情報処理や推論などの認知能力の発達や，能力概念の発達により，公平な条件の下で競争に勝つことが重要になると，児童期頃から競争は競技となっていく（矢野，1996）。

　4, 5歳頃には仲間とのかかわりも多くなり，新しい遊びへの仲間入りや参加という社会的欲求に基づいて初めてのことや少し難しいことにも挑戦しようと自発的に取り組む姿も見られる。遊びの性差が顕著になるのもこの頃である。このような自発的練習や学習行動は，運動有能感を中核とする自己概念の発達に支えられている。この自発的練習や学習行動はその後，スポーツの練習や趣味のための学習へと発展する（矢野，1996）。

　運動遊びは，既成のルールと役割に規制されるスポーツ活動と異なり，用具の製作と自由なルールの改変，遊び方の工夫，役割取得，友だち関係などを通じて豊かに自己を表現する活動である（井上，1996）。そしてこのような活動（運動遊び）をとおして幼児期は基本動作を身につけ習熟させていく。2歳頃に走動作を獲得すると，ますます動きもダイナミックに多様になってくる。やがて運動組合せが可能になり，より複雑な動きも見られ，技能的な運動へ移行していく。運動技能の向上には運動スキーマの形成が必要であるが，基礎的な運動スキーマが形成されているおとなに対し形成途上である子どもにおいては，できるだけ様々な種類の運動を経験することが多くの運動技術の基盤となる汎用運動プログラムを獲得するとともに，スキーマを精緻化することになる（工藤，2008）。すなわち多様性のある動き，運動遊びが運動技能の向上を支えることになる。

児童期には運動発達と並行し，それを支える認知能力の発達や様々な概念の発達，自己と他者とを比較可能にする能力の発達などにより，スポーツやゲームといった規則的遊びが優勢になり，参加動機は内発的な動機づけに加え，勧誘や親和動機などの外的な理由が関係してくる。

4節　運動遊びの指導

運動遊びは，内発的に動機づけられた身体活動である。また，単に身体機能や運動発達だけでなく，心理的な発達との関連も大きいことから，訓練やスポーツ指導のようなやり方はふさわしくないことは明らかである。あくまでも子どもにとっての遊びとしての運動，すなわち，子どもが運動にどうかかわったかということが子どもの自己概念の形成を左右することになる。子どもが自分なりの達成経験，成功経験を積むことによって運動有能感を形成し，肯定的な自己概念を形成する。そして，それが意欲を高めることにもなり（図5-2），児童期以降への運動（スポーツ）参加へとつながっていく。おとな主導の技術指導は，子どもの遊びにならない可能性が高いだけでなく，できないことを無理やりやらされたり，頑張っても認めてもらえなかったりすることにより無力感を形成してしまうことにもなる。また，評価の仕方も重要である。おとなからの評価は，他者が自分にどのような行動を期待しているか，また逆に自分はどう行動すれば他者から受け入れられるかといった評価のされ方の情報も同時に与えている。画一的課題で「できる」「できない」を評価するのではなく，個々の課題の達成や取り組みを評価しポジティブなフィードバックを与えること，また子どもなりの課題を達成し成功経験が味わえるかどうかが重要である。この場合，おとな基準の課題の困難さは大きな意味をもたず，パフォーマンスの「効果」が感じられることで子どもは達成感を味わう。このことは，子どもが一生懸命取り組める自分を知覚することにもなる。青年期になると仲間の影響が大きくなるが，年齢の低い段階

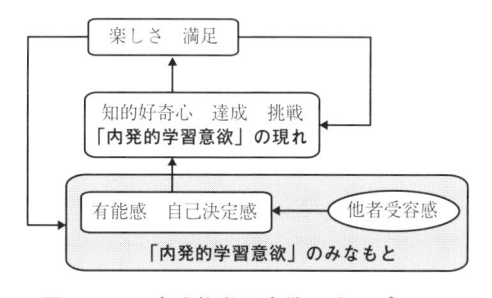

図5-2　内発的学習意欲の発現プロセス
（桜井，1997）

では依存度や社会性の発達などから親の影響が大きい。その意味では，親の価値や期待が子どもの運動への関わりを規定する要因にもなっている（Eccles, J. & Harold, R., 1991）。運動無力感を形成すると運動へのかかわりも消極的になる。運動する機会が減少すれば運動発達も期待できなくなり，ますます運動に対して苦手意識をもつようになる。生涯スポーツの立場からも幼児期の運動無力感の形成は避けなければならない。

第6章　スポーツ参加と動機づけ

　幼少期におけるスポーツへの参加は，身体的発達のみならず規則を守る，責任を果たすなどの社会的スキルの獲得を含め，多様な側面にポジティブな影響をもたらすことが期待されている。また，そこでのスポーツ経験の質が，その後の生涯にわたる運動やスポーツ活動への参加を規定するという意味でも影響は大きい。しかしながら，幼少期に運動やスポーツに参加することで，これらの肯定的な影響が自動的に生じるわけではない。例えば，スポーツに参加することで失敗や仲間との比較から，自信や自尊感情を低下させてしまうかもしれない。また，過度な競争から競技不安を増加させたり，勝利を追求するあまり過度な競技ストレスにさらされる可能性もある。したがって，子どものスポーツ参加によるポジティブな影響を高め，ネガティブな影響を生じさせないようにするためには，親やコーチによる適切な支援が必要とされるのである。

　本章では，スポーツにおける子どもの動機づけの問題を扱う。動機づけは行動の強さ，持続，選択を規定すると考えられている。したがって，十分な動機づけがなければ，スポーツに必要な練習を遂行できない。ここでは，有能感や達成目標といった動機づけにかかわる概念を中心に，生涯にわたるスポーツ活動を促進させるという立場から，子どもの適切なスポーツ指導のあり方について考えてみることにしたい。

1節　子どもの有能感

1　有能感とは

　練習や試合に向かうとき，「自分にはできる」というように自分の能力に自信や確信をもつことは，練習への取り組み方や結果を左右する重要な要因である。このような「自分にはできる」といった認知や感情は有能感（competence）と呼ばれ，いいプレーができた，記録が伸びた，試合に勝った，あるいは周囲からほめられたというような成功体験によって高まると考えられている。そして，この有能感は動機づけを左右する重要な要因であることから，子どものスポーツへの動機づけを考えるとき，重要な視点を提供していると考えられる。

2　子どもの有能感の特徴

　子どもが運動やスポーツに対して高い有能感をもっているのか，それとも低い有能感をもっているのかは，動機づけを左右する重要な要因であるが，子どもの有能感は，年齢とともに，大きく変化する時期であり，おとなの場合と同じではない。ここでは，ホーンとハリス（2008）や伊藤（2007）などを参考に，子どもの有能感の特徴を発達的な視点から概観しておきたい。

　まず，幼児期（3～6歳）の子どもは，楽観主義的であり，自分がやったこともない課題に対しても「自分にはできる」という自信をもつ傾向にあると言われる。つまり，幼い子どもは「有能感の幻想」をもっていると考えられるのである。また，この時期の子どもの有能感の情報源は，課題の成功そのものやほめられる，ほうびをもらうといったおとなからのポジティブなフィードバックであることが多い。

　一方，児童期（7～12歳）になるにつれ，友人と比べたり，比べられたりする機会が増えることにより，有能さの基準として，社会的比較情報を用いるようになる。つまり，仲間ができないことを自分ができるという体験は有能感を高めるが，仲間と同じようにできない，同じことをするためには仲間よりも時間がかかるといった体験は有能感を低めるものとなる。実際，児童期の有能感は，徐々に低下する傾向にあることが明らかにされている。また，この時期のスポーツが徐々に競技志向を強めていく時期と一致する。スポーツでは，勝敗や順位，コーチからの評価など，結果にかかわる情報にあふれた活動であり，その情報が広く公開されるという特徴がある。しかも，スポーツでは，すべての子どもが1位になったり，試合で勝つことは難しいという現実もある。したがって，自分の有能さを判断するとき，仲間との比較や結果（勝敗）の情報がその重みを増していくにつれ，子どもの有能感は徐々に低下していくのであろう。

　ところで，有能感を評価する場合，自分の経験した成功・失敗の原因をどのように考えるのか，すなわち原因帰属のさせ方の発達についても注意が必要である。スポーツの結果は，自分の能力や努力，練習方法といった内的な要因に加え，相手の能力，運，審判など多様な外的要因に左右されることが多い。これらの要因を子どもがおとなと同様に判断できないのであれば，誤った不適切な原因帰属を行い，有能感を低下させる危険性がある。また，子どもの能力の概念が12歳前後を境にして変化することにも注意が必要である（2節を参照のこと）。

　一般に，失敗や敗北の経験は，子どもの有能感への脅威となりうるが，スポー

ツでの進歩や上達には努力が必要なこと，失敗は進歩や上達に不可欠なことを強調し，失敗の有能感への威嚇効果を弱める必要があろう。

3 子どもの有能感を高めるために

それでは，動機づけにとって重要な「自分にはできる」という有能感を高めるためには，コーチにどのような支援が求められるのだろうか。

まず，幼児期の場合，1人ひとりの子どもが成功体験を積むことのできる機会を提供することがあげられる。発育・発達や身体的能力における個人差が大きい子どもに，同じ練習課題に取り組ませることは，体格や身体的能力の高い子どもの有能感を高めるうえで有効であるが，体格や身体的能力の低い子どもにとっては有能感を容易に低下させることになる。それぞれの子どもに最適な課題を提供し，成功体験を積ませることによって初めて子どもの有能感は高まっていくのである。また，この時期の子どもの有能感は，他者からの評価に敏感に反応することから，親やコーチからのポジティブなフィードバックが有効となる。フィードバックを与える場合，他者との比較を避け，進歩や技能の上達を重視することは言うまでもない。

このことは，児童期においても，同様である。まず，1人ひとりの子どもの個人差を吸収できる最適な課題に挑戦させることで，高い有能感の形成を目指す必要がある。また，社会的比較情報を用い，自分の能力を評価できるようになる時期ではあるが，仲間との比較や結果情報以外の進歩や上達といったスポーツにおける重要な情報にも目を向けさせるようにすることが望まれる。スポーツにおける子どもの失敗は，能力が低いことによるものではなく，ただ単に，この時期の基礎的な運動能力が未発達であったり身長が少し足らなかったりすることによる場合が多い。技能の進歩や技術の上達といった新たな情報源を強調し自己評価能力を向上させることで，低い有能感（無能感）の形成を避ける工夫が求められよう。

なお，子どもの有能感を高める具体的な指導のあり方については，本章2節を参照してほしい。

4 子どものスポーツにおけるコーチのかかわり

前述したように，子どものスポーツにおけるおとな（コーチや親）の影響は極めて大きい。特に，スポーツを指導するコーチが選手である子どもとどのように

かかわるかは，子どもの動機づけに影響する。

　例えば，一般に，子どもに好かれるコーチとは，明るく，ユーモアがあり，子どもにとって親しみやすいコーチであるという。子どもは自分を尊重し，自分を受け入れてくれるコーチを求めていると言えよう。スポーツでは辛くて長い練習を必要とすることも多い。また，進歩や上達のために，時には厳しい練習も必要だからこそ，1人ひとりの子どもを理解し，尊重する姿勢が求められていると言える。また，子どもを怒る，えこひいきするといったコーチは，これらの態度が欠けているがゆえに子どものスポーツへの動機づけを低下させるのであろう。

　また，ピグマリオン効果に関する研究によれば，コーチの子どもへの期待の有無が子どもとのコミュニケーションを規定するという。つまり，コーチができると期待している子どもに対しては，積極的なかかわりが見られ，結果として子どもの動機づけを高めるのに対して，できないと信じている子どもに対しては，無視したり，適切な対応を怠ることが多く，結果として子どもの動機づけが高まらない。しかも，このようなコミュニケーションの違いは，コーチが無意識に行っていることから，子どもへの影響はより深刻なものになる傾向が高い。したがって，コーチは，すべての子どもに期待をもってかかわる必要があろう。それと同時に，コーチ自らが子どもとスポーツを楽しむ姿勢が求められる。

2節　子どもの動機づけを育てる

1　子どもの目標と動機づけ

　エイムズ（Ames, 1992），ドウェック（Dweck, 1986），ニコルズ（Nicholls, 1989）らによって提唱された達成目標理論（achievement goal theory）では，スポーツのような達成行動の目標は，有能さについての肯定的評価を受け，否定的評価を避けることにあるとされるが，その有能さ，あるいは成功・失敗を判断する基準については，次の2つに大別されるという。1つは，練習や努力を重視し，スキルの上達や新しいスキルをマスターしたときに有能感を高めるもので，課題目標・学習目標・熟達目標などと呼ばれる（以下，「課題目標」に表記を統一する）。もう1つは，能力を重視し，他者よりも優れた結果を出したり他者よりも少ない努力で達成した場合に有能感を高めるもので，自我目標・成績目標・遂行目標などと呼ばれる（以下，「自我目標」に表記を統一する）。

表6-1 達成目標と達成行動（Dweck, 1986を一部改変）

能力観	達成目標	現在の能力についての自信	行動パターン
固定理論 (能力は固定的) →	自我目標 (目標は有能さについて 肯定的評価を受け，否定 的評価を避けること)	高い場合 → 低い場合 →	熟達志向型 挑戦を求める 高い持続性 無力感型 挑戦を避ける 低い持続性
拡大理論 (能力は可変的) →	課題目標 (目標は有能さの拡大)	高い場合 もしくは 低い場合 →	熟達志向型 挑戦を求める 高い持続性

　ドウェック（1986）によれば，このような達成目標の違いは，異なる行動を導くという（表6-1）。まず，能力は固定的で自分では制御できないと考える場合は，自分の能力が十分か不十分かに注意が向くことから，自我目標が選ばれる。それに対して，能力は柔軟で増大する可能性があると考える場合は，自分の能力をどのように進歩させるかに価値がおかれることから，課題目標が選ばれる。

　自我目標では，他者と比較した自分の能力に関心があることから，他者のパフォーマンスや努力といった外的基準についての情報が必要になり，自分の能力が十分かどうかをいつも気にしていなくてはならない。また，相手に勝つことや相手より少ない努力で成功したときしか自分を有能と感じることができない。したがって，自分の能力に自信がある場合は，課題に積極的に取り組む一方で，自信がない場合は，課題を避けて能力の低さを隠そうとするか，易しい課題か難しい課題といった能力の評価に影響しない極端な課題にしか取り組もうとしなくなる。このような行動パターンは能力に自信がない人ほど顕著で，不適応的行動パターンと呼ばれる。

　一方，課題目標をもつ子どもは，スキルの獲得や上達に関心があることから，練習方法や自分の進歩など課題の遂行に直接かかわる情報に集中できる。そのため，能力の高さにかかわらず，自分の能力やスキルを最大限に高める最適挑戦レベルの課題が選択されやすく，自分の努力それ自体が有能感を高めるものになる。また，課題目標の下での失敗は，努力不足や練習方法の不適切さを示す手がかりになり，新たな方略の選択・実行に向かわせるものとなることから適応的な動機づけパターンとなりやすい。

スポーツにおいても多くの子どもが平均以上であることは不可能であり，たとえ能力が高い子どもでも，常に勝ち続けることは難しい。また，自我目標が高いにもかかわらず，成功の見込みがない場合は，自分の能力の低さを隠さなければならないことから，努力の差し控え，困難な課題の選択，不安や身体的不調の訴えといった自尊心を維持するための不適応的な方略の採用につながりやすい。一方，課題目標は，動機づけのほか，スポーツマンシップや攻撃性に対する態度，フェアプレーの促進とも密接に関連していることも明らかになっている（Duda, et al., 1991；Miller, et al., 2004；Stephens, 2001）。

したがって，子どものスポーツへの動機づけを考える場合，達成目標として自我目標よりも課題目標をもたせること，すなわち，学習や進歩による有能感の獲得をめざすことが有効かつ重要なことがわかる。

事実，スポーツの能力に関する信念に関連して，自我目標をもつ子どもは，競技能力を先天的で固定的なものと考えるのに対して，課題目標をもつ子どもは，練習や努力によって伸びると考える傾向にあると言う（Sarrazin, et al., 1996）。スポーツでの成功には先天的な能力が必要と考えることは，多くの子どものスポーツへの取り組みにとって不利となり，失敗によって動機づけが低下しやすい。また，成功できそうもないと考えれば練習や試合を回避する危険性が高いのである。

ところで，ニコルズ（1978，1989）によれば，子どもの能力に関する概念は，能力と努力が一体となった未分化なものから，努力から分化したものへと発達的に変化するという。つまり，12歳前後を境にして，分化した能力概念を獲得するようになると，能力は限界のある容量ととらえられ，同じ成功でも努力の多い人よりも少ない人のほうが能力が高いと判断されるようになると言う。そして，未分化な能力概念は課題目標と，分化した能力概念は自我目標と結びついていることを理論化していった。おとなの場合には，それらの概念を使い分けているが，子どもがスポーツの能力をどのようにとらえているのかは動機づけにとって極めて重要であると考えられる。

2 達成目標に影響する要因

スポーツにおいて子どもがどのような目標をもつかが動機づけに影響を及ぼすことをみてきたが，子どもが個々の場面でどのような目標をもつかには個人差があると同時に，コーチや親によって作り出される社会的環境や動機づけ雰囲気

（motivational climate）によって影響を受けるという。

　例えば，エイムズとアーチャー（Ames & Archer, 1988）は，課題目標と自我目標に関連するクラスの動機づけ雰囲気を分析する枠組みを表6－2のように設定し，クラスの雰囲気を課題志向的であると認知する子どもほど，多くの学習方略を使用し，挑戦的な課題を好み，クラスに対して好意的な態度をもつことを報告している。

　体育やスポーツの場面でも，個人の進歩を重視する課題志向的な雰囲気が平等感や満足感を高めるのに対して，競争や成績が重視される自我志向的雰囲気は不安を高めることが報告されている（Papaioannou, 1994；Walling, et al., 1993）。また，自我志向的な雰囲気の強いチームでは，選手のバーンアウト傾向を促進させること（Chi & Chen, 2003），競技場面のストレスを高く認知していること（Pensgaaed & Roberts, 2000），セルフ・ハンディキャッピング（self-handicapping；自分の何らかの特性が評価の対象となる可能性があり，かつそこで高い評価を受けられるかどうか確信がもてない場合，遂行を妨害するハンディキャップがあることを他者に主張したり，自らハンディキャップを作り出す行為のこと）を使用する傾向が高いこと（Ommundsen, 2006），などが明らかにされている。

表6－2　クラスの雰囲気と達成目標（Ames & Archer, 1988）

雰囲気の次元	課題目標	自我目標
成功の定義…	上達・進歩	高い順位・よい成績
価値…	努力・学習	他者より高い能力
満足の理由…	熱心な取り組み・挑戦	他者より優れた結果
教師の志向…	生徒がどのように学習しているか	どのような成果をあげているか
誤りや失敗の意味…	学習の一部	不安の喚起
注意の焦点…	学習のプロセス	他者と比べた自分の成績
努力する理由…	新しいことを学習するため	よい成績・他者より優れた結果を出すため
評価の基準…	絶対的基準・進歩	相対的基準

以上のように，体育やスポーツにおける子どもの動機づけを考える場合，クラスやチームに自我志向的な雰囲気よりも課題志向的な雰囲気があることが望ましいことは明らかである（Nutoumanis & Biddle, 1999；伊藤ほか，2009）。したがって，子どものスポーツへの動機づけを育てる場合，動機づけ雰囲気に代表されるスポーツを取り巻く社会文脈的要因は極めて重要な役割を果たしていると考えられるのである。

ところで，達成目標と自我目標は互いに独立したものではなく，同時に2つの目標をもつことも可能である。スポーツにおいて子どもが勝ちたいと思うことは自然なことであり，子どもの自我目標が全面的に否定されるものではない。実際，スポーツと競争は切り離すことができないものであり，課題目標と自我目標の両方の目標を持つ子どもも存在する。問題は，単独での自我目標が子どもの動機づけに心理的な悪影響を及ぼす可能性が高いことであり，勝敗という結果以上に，それに至る過程での努力をより重視することが子どものスポーツへの動機づけにとって重要なのである。

3　課題志向的な動機づけ雰囲気を育てる

個人や集団にかかわらず，達成目標として課題目標をもつことがスポーツにおける動機づけにとっても有効かつ重要であることを見てきた。ここでは，課題志向的雰囲気を推進させるための教授方略とともに，体育やスポーツ場面において課題志向的雰囲気を推進させることを目的とした実践的な研究を紹介する。

まず，エプステイン（Epstein, 1989）は，クラスの動機づけを構造化するために，課題（task），権威（authority），報酬（reward），グルーピング（grouping），評価（evaluation），時間（time）の6つの下位次元を設定し，それらの頭文字をとってTARGET構造と呼んだ。エイムズ（1992）は，これを参考に動機づけを高めるための方略を表6-3のようにまとめている。また，ヌトウマニスとビドル（Nutoumanis & Biddle, 1999）は，TARGET構造と動機づけ雰囲気との関係を表6-4に示している。

例えば，TARGET構造に基づく課題志向的プログラムと伝統的な指導法に着目し，武術教室における小学生の動機づけへの効果を検討した研究では，課題志向的なプログラムで学習した子どもの方が，武術を楽しいと感じ，技能も向上したと報告している（Theeboom. et al., 1995）。また，一斉指導を行う命令スタイ

表6－3　TARGET 構造とそれに基づく動機づけ方略（Ames, 1992 を一部改変）

TARGET 構造	動機づけ方略
課　題 （教室活動，宿題；課題の設計）	多様で挑戦的で積極的関与を導く課題を設計する，現実的で短期に実現可能な目標設定を支援する
権　限 （教授課程における生徒の参加）	意思決定の権限やリーダーシップをもたせる，自己管理能力とモニタリング技能の発達を援助する
承　認 （承認の理由；報酬の機会）	個人の進歩・向上を承認する，報酬の機会を平等にする
グルーピング （協同作業の方法と頻度）	柔軟なグルーピング，異なる能力者間の相互作用を高めるグルーピング，仲間関係を変化させるグルーピング
評　価 （成績の基準；監視；FB）	進歩，向上，熟達基準を使用する，自己評価を促進させる，個人的で意味のある評価をする
時　間 （計画の柔軟性，学習のペース）	向上のための機会と時間を提供する，勉強や練習計画の立案を援助する

表6－4　TARGET 構造に対応させた課題及び自我雰囲気（Nutoumanis & Biddle, 1999）

TARGET 構造	課題雰囲気	自我雰囲気
課　題	多様で挑戦的	多様性と挑戦性の欠如
権　限	生徒に選択と主導権を与える	生徒は意思決定にかかわらない
承　認	私的で個人の進歩に基づく	公的で社会的比較に基づく
グルーピング	協同学習と友人との相互作用の促進	能力によって固定されたグループ
評　価	課題の上達と個人の進歩が基準	勝利や他者に勝ることに基づく
時　間	個人の能力に応じた時間配分	すべての生徒に同じ時間

ルと課題の選択が可能な課題選択スタイルで陸上競技を指導したところ，課題選択スタイルの方が楽しさや努力の量を高めることが明らかにされている（Goudas, et al., 1995）。さらに，体育授業における目標設定プログラムの使用，ペア学習スタイルの導入，認知的方略（リラクセーション法）の使用促進といった1年間の介入プログラムが中学生の体育への動機づけを高めることも明らかにされている（Digelidis, et al., 2003）。

以上の研究は，TARGET 構造を手がかりにチームの動機づけ雰囲気を変化させることをとおして子どもの動機づけを育てることが可能なことを示している。運動やスポーツにおける動機づけは，これまで個人の問題として扱われることが多かったように思われる。しかしながら，動機づけ雰囲気に関する研究は，クラスやチームへの働きかけという動機づけの新たな方向性を提供している点で重要であり，子どもの動機づけを改善していくための実践的な枠組みを提供していると考えられるのである。

ところで，スポーツにおける動機づけ雰囲気は子どもの内発的動機づけとも密接に関連していることが明らかになってきている。例えば，ヌトウマニス（2001）

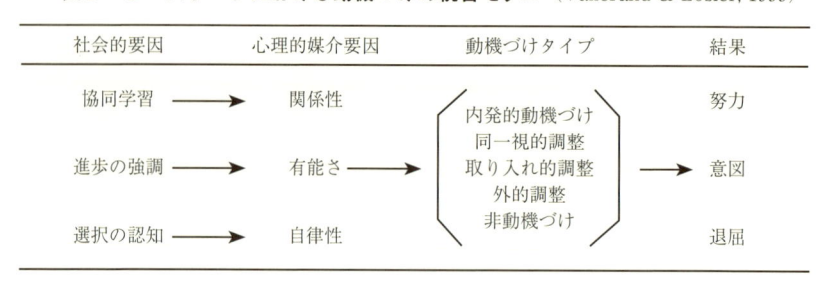

表6-5　スポーツにおける動機づけの統合モデル（Vallerand & Losier, 1999）

社会的要因	心理的媒介要因	動機づけタイプ	結果
協同学習 →	関係性	内発的動機づけ 同一視的調整 取り入れの調整 外的調整 非動機づけ	努力
進歩の強調 →	有能さ →		→ 意図
選択の認知 →	自律性		退屈

は，スポーツにおける動機づけの統合モデル（表6-5）を検証するなかで，社会的要因として，協同学習，進歩の強調，選択の認知という動機づけ雰囲気に関連する要因を取り上げ，これらが基本的欲求の充足と動機づけに影響することを明らかにした。また，指し手（自律性支援）雰囲気，課題雰囲気，自我雰囲気を取り上げた研究では，指し手（自律性支援）雰囲気と課題志向的雰囲気が心理的欲求の充足を媒介して動機づけを左右することを報告している（Standage, et al., 2003）。さらに，チームの課題志向的な動機づけ雰囲気が選手の自律性，有能さ，関係性への欲求を充足させ，最終的に心理的・身体的健康を規定することを明らかにした研究（Reinboth & Duda, 2006）もある。

　以上，子どものスポーツを取り巻く環境を課題志向的な雰囲気にすることは，心理的欲求の充足をとおして子どもの内発的動機づけを高めるという意味においても重要であることが示される(スポーツと内発的動機づけとの関連については，本書11章を参照してほしい)。

　チーム全体の動機づけ雰囲気を考える場合，それにかかわる指導者や親の影響は極めて大きい。したがって，子どものスポーツにかかわるおとなにとって，子どもやチームの雰囲気をいかにして課題志向的なものにしていくことができるか，すなわち，練習課題の工夫や自律性の支援，あるいは人間関係への配慮といった適切なスポーツ環境のデザインが重要な課題になってくると思われる。

4　まとめ

　本節では，子どもの達成目標と動機づけとの関係についての研究を概観してきた。最後に，子どものスポーツにとって望ましい動機づけ雰囲気を作るという観点から，先行研究を参考に，スポーツ指導についての提案をまとめておきたい。

まず，クラブやチーム内に良好な人間関係を育てることがあげられる。クラブやチームに初めて足を踏み入れ，スポーツを始めようとする子どもにとって，どのようなコーチやチームメートが迎えてくれるのか期待と不安にあふれているに違いない。そのような子どもがチームにスムーズに溶け込んでいくためには，まず子どもが安心して練習に取り組むことができる環境づくりが必要なのである。そのためにコーチは，明るくおおらかな態度で子どもに接し，子どもの不安を解消するとともに，子どもの信頼感を獲得する必要がある。コーチの高圧的な態度や言葉は，子どもを委縮させるのに十分である。また，チームメートが互いに協力することの大切さを強調し，ペアで練習させたり，子ども同士の教え合いを促進させることで，チームメートとの関係を良好なものにする必要がある。

　子どもが取り組む練習やトレーニングは，楽しくおもしろいものでなければならない。そのためには，1人ひとりの子どもの能力に合った多様な課題を用意しておく必要がある。このことをとおして，子どもは自分の課題に挑戦し成功経験を積み重ねていくことができる。また，子どもが成功感や達成感を獲得できるような現実的で短期に実現可能な目標を設定できるように支援することも必要であろう。目標を設定することで，自分の進歩が目に見える。さらに，コーチには，子どもの取り組みが成功できるようなきめ細やかな技術指導も欠かせない。このような指導をとおして，子どもは有能感を高めていくことが期待できる。

　コーチは，子どもの自律性を支援する指導を行うことも必要である。そのためには，練習の内容や方法を一方的に指示するだけでなく，子どもが自分で選択できる機会を用意したり，意思決定に参加させたりすることが考えられる。また，子どもが練習結果を自分で判断し，自分で修正していけるような自己評価能力を高めるように支援することも必要である。

　子どもを評価する場合にも注意が必要である。他の子どもとの比較ではなく，子ども自身の上達や進歩をほめるとよい。ただ，せっかく成功したにもかかわらずコーチが何も反応してくれない場合，子どもにとっては罰を与えられたに等しい。子どもを叱る必要がある場合でも，能力や性格といった子どもの自我にかかわる叱責は回避しなければならない。練習には失敗がつきものであり，失敗をとおして子どもは上達していく。したがって，失敗を単に叱るだけでなく，何をどのように変えるとうまくできるようになるのか，その修正点を必ずつけ加えることが大切である。

第7章 スポーツと知的・人格的発達

　発達初期においては人間の心身の発達は未分化で一体化した状態にあると考えられる。そして，その中核となるのが運動なのである。言い換えれば，誕生間もない時期においては人間の知的・人格的特徴は運動のかたちをとり運動として現れる。幼児期に入ると運動と知的・人格的側面は分化を始めるが，まだかなり密接な関係をもっている。さらに発達が進むとしだいにお互いがその独立性を増して相互の関連性は小さくなるとともに，その関連性も質的に変化していく。

1節　運動と知的発達

　運動と知的発達に関するこれまでの研究によると，両者の関係は知的能力の性質によって大きく4つに分けられる。第1は，典型的には状況判断や予測といった知的な働きに代表される知覚-運動協応と呼ばれる側面で，運動と知的能力とが混然一体になっているという関係である。第2は，運動から分化した，例えば運動の回数を数えるといった抽象度の低い知的活動が運動場面で随伴して行われることによって，知的発達が促進されるという関係である。第3は，運動によって養われた積極性や情緒的安定性など人格的な側面が知的な学習活動を介して影響を与えるという間接的な関係である。このほかに，運動による大脳皮質の覚醒水準の変化が知的学習に影響を与えるという第4の関係がある。

1　知覚-運動協応としての知的能力

　発達のなかで知的能力が運動のかたちをとって現れることを最初に指摘したのはピアジェ（Piaget, J., 1966）である。彼は2歳くらいまでの問題解決行動がもっぱら運動のかたちで行われることをその過程を追って明らかにし，感覚運動的知能と呼んだ。感覚運動的知能とは，自分の運動の結果をその運動を実行する前に予期する能力である。例えば，ガラガラは振れば音が出るとか，投げても音が出るというように，音を出すという同じ目的のために異なった運動を使えることがわかる。また，振り方や投げ方によって音の出方が異なることに気づき，自分の聞きたい音を出すために振り方や投げ方を変えられるようになる。すなわち，目

的を達成するため様々な運動を手段として利用する能力が2歳頃までに獲得される。

　このような知的能力は幼児時期になるとスポーツで行われる運動技能へと発展していく。スポーツでは状況判断や予測が非常に重要である。これらは環境刺激を手掛かりにして自分の運動を目的に合うようコントロールするという知覚-運動協応のかたちをとる。転がってくるボールに対する対応動作を例に挙げて説明しよう。目の前を横切って転がっていくボールを走っていって拾うときの幼児の走るコースの軌跡を示したのが図7-1である。5回の連続試行でみると3つのタイプが見られた。タイプAは5回ともボールが自分の正面近くに転がって来てから走り始め後ろから追いかける。BはAと同様，始めは後ろから追いかけるがしだいに先回りして前から拾うようになる。Cは始めから先回りして前から拾うがしだいにボールが自分のほぼ正面に来るとき自分もその位置に到着するように走っていって拾う。BとCはいわゆるフィードフォワードコントロールで，ボールの転がる速さを手がかりに自分が走り始めるタイミングや走る速さや方向を予測しコントロールするという知的な能力としての知覚-運動協応が成立しているのである。1歳6カ月から6歳9カ月までの幼児110名のうち，タイプCを示した最年少は5歳11カ月であった（表7-1）。このような知的能力は幼児期以降，それぞれのスポーツ運動に特殊性の高いより複雑で洗練された知覚-運動協応という運動技能へと高度化されていくことになる。

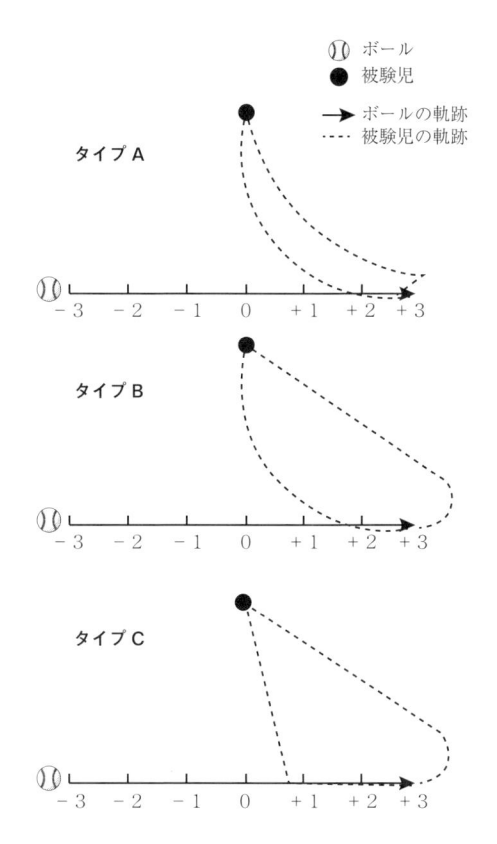

図7-1　ボールに対するBody Controlの軌跡の変化（森ほか，1993を改変）

表7-1 幼児のボールに対するBody Control軌跡の変化パターンと人数および年齢（森ほか，1993）

変化パターン	男児	女児
タイプA	31人 （1歳10カ月～5歳0カ月）	39人 （2歳2カ月～6歳6カ月）
タイプB	16人 （4歳8カ月～6歳6カ月）	7人 （6歳3カ月～6歳9カ月）
タイプC	14人 （5歳11カ月～6歳9カ月）	3人 （6歳1カ月～6歳5カ月）

2 運動に随伴する知的活動が知的発達を刺激する

　ピアジェは，感覚運動的知能が基礎になり，それが完成する2歳頃になると概念的知能が現れるとした。概念的知能とは，言葉や記号に代表される抽象的な働きによってなされる知的活動のことである。概念的知能が完成するのは10歳を過ぎてからで，このころになると純粋に頭のなかだけで論理的に思考できる高度に抽象的な能力が発達してくる。しかし，幼児期や児童期においては知的能力の抽象度が低く，物や行動といった具体的な事象と密接に関係している。そのため，運動に伴って行われる知的活動が知的能力の発達を促進する働きをすると考えられる。例えば，縄跳びをしているときに随伴する知的活動の一部を図7-2に示した。様々な運動をするとき，運動の回数を数えたり比較することで数量概念の，ゆっくり動いたり早く動いたりすることで時間概念の，前後左右に動くことで空間概念の形成が刺激される。また，ルールや動きを工夫することで思考力や創造性が養われ，役割を交代して運動することが幼児の自己中心的な思考を

図7-2　縄跳び遊びに伴う知的活動（杉原，2000）

図7-3 宇宙船（クラッティ，1973）

脱中心化させ，客観的な思考への移行を促すと考えられている（カミイ，1984）。多くの研究で子どもの運動能力と知能の間に正の相関が認められ，相関の大きさは年齢が小さいほど高く，大きくなると相関がなくなることが報告されている（Kirkendall, D. R., 1986）。このような関係の存在は運動に随伴する知的活動が知的発達を促進するという考えを支持する事実といえよう。

通常，子どもが運動遊びをするとき，このような知的能力の発達を意識して行っているわけではない。しかし，意図せずに行われている運動遊びが潜在カリキュラムとして知的発達に貢献していると考えられるのである。そこで意図的に運動を知的学習のカリキュラムとして取り入れ利用しようとする試みがなされている（クラッティ，1973，フロスティグ，1978）。図7-3に示した宇宙船と名づけられた活動はその1例である。子どもたちは10，9，8，7…と数を逆称しながら数字の上を跳んで数の順序性を学んだり，2＋3と黒板に書いて1，2，1，2，3と数字の上を跳んで足し算をしたりする。この学習ゲームでは算数の授業が運動で展開されることになる。

3 運動によって形成された人格を介して知的発達に影響する

2節で述べるように，運動は有能観や無力感をとおして自己概念の形成に影響する。運動によって形成された肯定的な自己概念は幸福感，日常的なストレスへの対処能力と適応行動，低い不安や楽天性など情緒的な安定，良好な対人関係などと関係していることが明らかにされている（Horn, 2004）。運動によってこのような人格的特徴をもつようになった子どもは，生き生きと積極的に毎日の生活のなかで集中して勉学に取り組む。このような行動傾向が学業成績に好ましい影

響を与えると考えられる。しかし，運動が逆に否定的な自己概念を形成することもあり，この場合は知的発達を阻害することも考えられる。いずれにしてもこの関係は間接的なものであり，運動をしたからと言って知的能力が向上するといった関係ではないことに注意が必要である。

4 運動による覚醒水準の変化と知的活動

知的活動を司る大脳皮質の働きはその神経細胞の興奮の強さである覚醒水準の影響を受ける。覚醒水準が低いと情報の伝達が十分行われない。眠かったり頭がボーっとした状態である。高くなりすぎると情報伝達が過剰になり処理能力を超えて混乱する。いわゆるあがってしまった状態である。覚醒水準が中程度のところで最もうまく情報処理が行われ，知的活動が効果的に行われる。頭がはっきり冴えて集中している状態である。運動によって生じる主として筋肉からの刺激は，網様体賦活系を通して大脳皮質全体の覚醒水準を高める。わかりやすく言えば，ボーッとしている頭をすっきり目覚めさせ学習の効率を上げるのである。したがって，この効果は運動しても学習活動をしなければ期待できない。一方，長時間にわたる強度の運動は知的活動にとってマイナスになるとされている（ヴァンデンオウェールほか，2006）。このような運動の影響は一過性のもので，長時間続くわけではないことに注意が必要である。

2節 運動と人格的発達

1 自己刺激的運動と身体的自己

知的能力と同様，人格もその起源は運動にある。乳児の個性は目覚めているとき体をどのくらい活発に動かすかという活動水準，刺激に対する反応の強さや新奇な物に対する接近・回避傾向などの運動における個人差として現れる。また，人格の中核となる自我は，自己刺激的運動によって自分の身体とそれ以外のものを区別するという身体的自己として誕生する。乳児は生後数カ月ころから盛んに自分の手をじっと眺めて両手を組み合わせたり，手や足の指をなめたり嚙んだりするようになる。自分で自分の指をなめるのとおしゃぶりをなめるのとでは感覚が異なる。自分の指は嚙むと痛いがおしゃぶりは痛くない。乳児はこのような自己刺激的運動から生じる感覚運動的フィードバックをとおして自分の身体とそれ

以外のものを区別するようになる。これが自分＝自分の体という身体的自己である。

2　スポーツ運動の芽生えと運動有能感

さらに，乳児は嬉しそうに手足をバタバタと動かしたり，体を支えて膝の上に立たされると脚をリズミカルに曲げ伸ばしてキャッキャと笑ったり，手にもたされたものは何でもポンポン投げたりする。まさに運動することそのものを楽しんでおり，もっともプリミティブなスポーツ行動がこの時期にすでに認められる。乳児は自分の体を自分の思うように動かすことや，自分の運動によって環境に面白い変化を引き起こすことに惹きつけられて運動をしていると考えられる。この考えを支持する実験がある。寝ている乳児のベッドの上にモビールを吊るし，頭を一方に回すと動き反対側に回すと止まるようにセットする（図7－4）。はじめは偶然頭を動かすことでモビールが動いたり止まったりする。しかし，しだいに自分が頭を回すことによって動いたり止まったりすることに気づき，盛んに頭を左右に回してモビールを動かしたり止めたりして喜んで遊ぶようになる。このことは，乳児が自分はモビールを動かしたり止めたりすることができる有能な存在であることに気づいており，その力を行使することを楽しんでいると考えられる。このような気づきは運動有能感と呼ばれ，幼児期，児童期の人格形成に大きな影響を与えていることが明らかになってきた。

図7－4　乳児のモビール実験
（中島，2002）

3　運動有能感と自己概念の形成

自分＝体というかたちで現れた自己意識は，幼児期になると自分は○○するとか○○できるといった行為へとその意識内容を広げていく。このように，自分がどのような人間であるか，自分の身体的特徴や能力や性格などについて抱いている自分自身についてのイメージを自己概念という。これまでの研究によれば，大人は多くの視点から自分の特徴をとらえているが，幼児は運動，認知，社会的受容といった少数の行動領域から自分を見ていることが明らかにされている。例え

ば，自分はブランコに乗れるとか，絵本が読めるとか，親や先生から可愛がられているなどといった側面から自分をとらえているのである。しかし，これらの領域ははっきりと意識的に区別されているわけではない。

　児童期になると運動領域はスポーツと身体的外見に分かれ，認知的領域は学業へと変化し，それらの領域がはっきりと分化してくる。また，ブランコに乗れる，ボールが蹴れる，木に登れるといった個々の具体的行動から自分は運動が得意だといった活動領域全体としての自分を意識するようになる。とともに，それらの下位領域の上にそれらすべてを統合した全体的な自己概念が形成され層構造をもつようになる。これら特定の活動領域（スポーツ，学業など）における自分の能力に対する知覚は有能感と呼ばれ，幼児期と児童期では運動有能感が自己概念の主要な部分を占めている。

　幼児期の運動有能感は主として3つの情報源によって形成される（Horn, 2004）。実行されたパフォーマンス，費やした努力，重要な他者からのフィードバックである。実行されたパフォーマンスは，例えばボールを蹴ることができるといった目で見える運動そのものであり，自分から進んで他の人と比較することはほとんどなく，また比較しようとしても正確には比較できない。また，この時期は努力概念と能力概念が分化していないため，上手下手といったパフォーマンスに関係なく一生懸命努力することが高い能力を意味する。したがって，楽しく一生懸命取り組んだり，たとえできなくてもよく頑張ったねと言われたりすることによって有能感がもてるのである。親や先生などの重要な他者から褒められるなどといったフィードバックは，額面どおり受け取られる。幼児に対する重要な他者からの評価は肯定的なことが多く，そのため幼児は一般的に高い有能感をもちやすい。このことは，客観的に大人から見て能力が低いと評価される幼児でも有能感がもてることを意味している。

　児童期になると，有能感の情報源に仲間との比較，内的情報などが加わり多様化する。パフォーマンスは仲間との比較や記録や勝ち負けなどゲームの結果が判断の手がかりとされるようになり，客観性が増してくる。他者からのフィードバックでは仲間からの評価の重要性が増し親の重要性が低下する。そのため，おとなからのフィードバックを額面どおり受け取らなくなる。内的情報とはパフォーマンスの向上や上達の早さ，容易さのことであり，上達することが有能感の重要な判断材料となる。

4　運動経験と人格形成

　周りの大人や仲間から受容される環境のなかで，興味や関心をもった自分のやりたい様々な運動に一生懸命取り組んで遊び，毎日楽しく充実して過ごすという経験をもつことによって，子どもは運動有能感をもつとともに運動好きすなわち運動に対して高い意欲をもつようになる。高い運動有能感は運動領域だけではなく，肯定的で安定した自己概念を形成することに貢献する。自己概念が肯定的であるということは自分を高く評価し，自分に自信をもっていることを意味している。そして，これまでの研究から，肯定的な自己概念は高い達成志向行動といった積極性，良好な対人関係などの社会性，低い不安や楽天性といった情緒的安定性，さらには高い生活の満足度や幸福感と密接に関係していることが明らかにされている（Horn, 2004）。

　しかし，大人によって決められた運動が多くの子どもに一斉に指導され，うまくできない，他の子より下手，負けることが多いといった経験が重なると，そういった子どもは逆に無力感をもつようになる。無力感は運動嫌いを生みだすとともに，否定的な自己概念と結びつき，自信のなさからくる消極性，情緒的な不安定，社会的な不適応を引き起こす（Horn, 2004）。運動が人格に与える影響は，子どもが運動場面でどのような経験をするかによって，好ましい影響を与える場合もあるが，逆に好ましくない影響を与えることもあるのである。これらの関係を模式的に示したのが図7－5である。

　このように，運動経験が運動有能感・無力感の形成を介して子どもの人格に影響することを示すデータをあげておこう。運動有能感の高い子どもと低い子ども

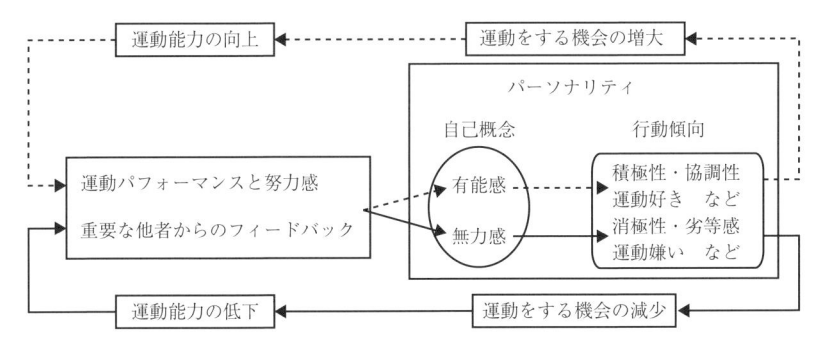

図7－5　運動経験と自己概念と運動能力の関係についての模式図
（杉原，1990 を一部改変）

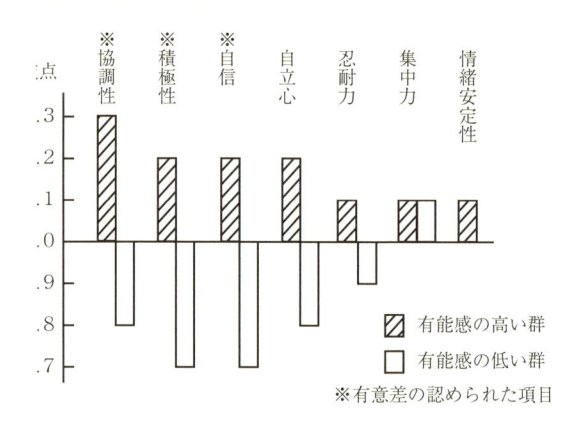

図7-6　園で継続的に行われている運動遊び（サッカー）の有能感の高い男児と低い男児の教師による行動評定点の比較（杉原，2000）

縦軸：点（上から .3, .2, .1, .0, .9, .8, .7）
項目：※協調性，※積極性，※自信，自立心，忍耐力，集中力，情緒安定性

斜線：有能感の高い群　　白：有能感の低い群
※有意差の認められた項目

の園での行動傾向を比較したものを図7-6に示した。この研究の対象となった幼稚園ではサッカーの指導に力を入れて子どもに教えており，上手な子どもを選手に選抜して他の幼稚園との対外試合を行っている。サッカーの有能感を幼児に対する面接によって聞きとった。園での行動は担任の教師によって3点を普通とする5段階得点で評定された。1つの園でサンプルが小さいが，それでも有能感をもつ子どもは協調性，積極性，自信が高いが，有能感が低いすなわち無力感をもつと思われる子どもはそれらが低くなっている。このようなメカニズムが働いていることを示すもう1つのデータをあげておこう。1万名を超える全国規模の調査で得られた大サンプルについて，運動能力の高い幼児と低い幼児の性格を比較したものである（杉原ほか，2010）。運動能力は25m走，立ち幅跳び，ボール投げ，体支持持続時間，連続両足跳び越し，捕球の6種目で測定された。個人の各種目の記録を半年の年齢段階別男女別に作成した5段階の標準得点に換算し，6種目の合計点を算出して運動能力の総合的な指標として用いた。性格は園での普段の行動をクラス担任に3段階で評定してもらった。幼児を6種目の合計点で運動能力高・中・低の3群に分けて行動評定点を比較したのが図7-7である。自信がある，積極的，粘り強い，好奇心旺盛，友だち関係良好，社交的，リーダー的といった行動すべてにおいて運動能力の高い群が最も高く，中群が続き，低い群が最も低くなっている。逆に，引っ込み思案は運動能力の低い群が最も高く，運動能力の高い群が最も低くなっている。図には示していないが神経質，心配症，感情的，わがままの4項目についても同様の結果が得られている。これまでの他の研究でも，運動能力の高い幼児・児童は自主性や社会性などが高いことが一致して報告されている。

　以上あげてきた事実は，図7-5に示したような循環関係が働いていることを

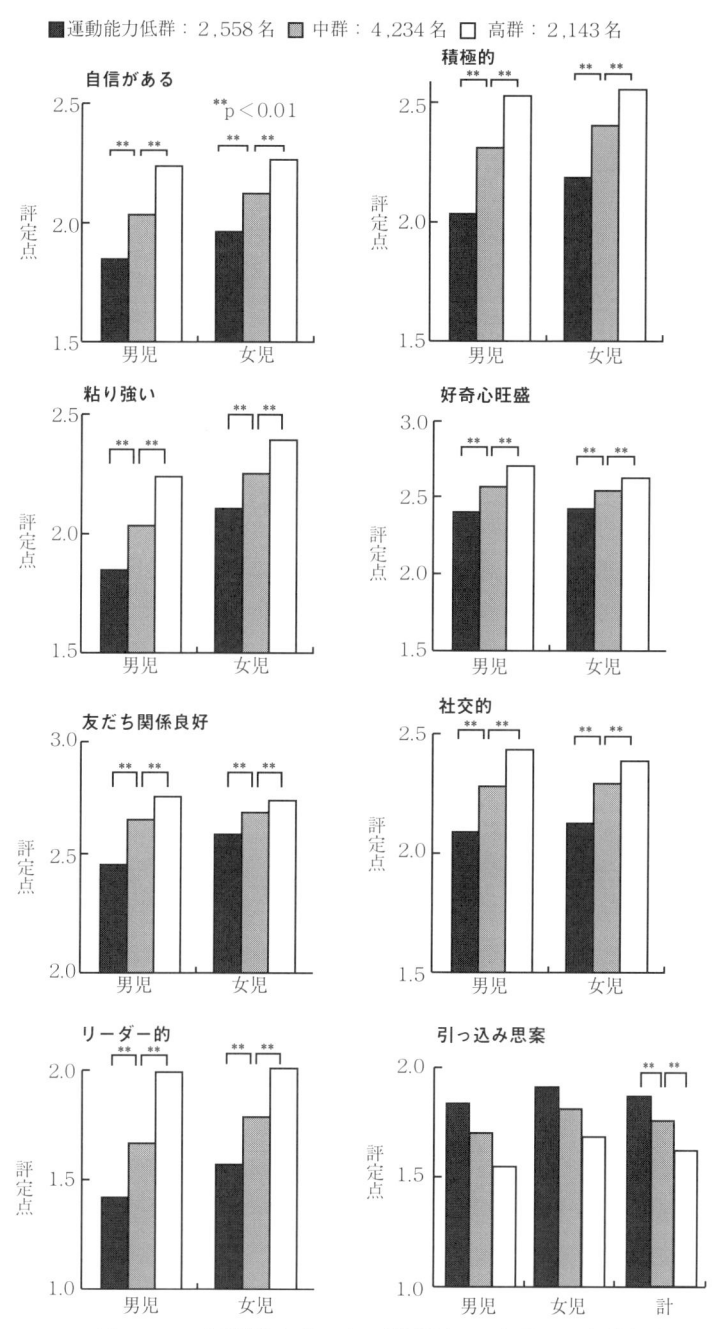

図7-7　運動能力高・中・低群別にみた園での行動傾向
（杉原ほか，2010）

示している。すなわち，運動有能感が形成されると積極性や社会性が高まるとともに，運動が好きになり運動する機会が増えて運動能力が向上する。しかし逆に，無力感が形成されると行動が消極的になるとともに，運動嫌いになって運動しなくなり，運動能力の発達も阻害される。このような運動有能感と性格の関係は，青年期以降自己概念を構成する自分をとらえる視点が多様化するにつれて希薄になっていくと考えられている。ただし，スポーツ集団においては，同様のメカニズムが働いていることを示す研究がある。勝つといった結果ではなく，努力と個人的な上達を重要視する課題志向的雰囲気の集団では，選手は有能感や喜びや満足感をもちやすく，仲間関係も良好である。一方，指導者が他者より優れることや勝つことを強調する成績志向的雰囲気のもとでは，不安や仲間との葛藤やスポーツからの離脱傾向が強くなり，道徳的判断・行動の発達が阻害され，能力の低いものは無力感をもちやすいことが報告されている（杉原，2008）。

第8章 スポーツによる社会化

　社会化とは，自らが属する社会で求められる価値観や行動様式などを，他者との相互作用をつうじて身につけていく過程を指している。そしてスポーツは，子どもを社会化する有効な手段として利用されてきた。しかし，スポーツによって社会化される側面については，未だ不明確な部分が多い。また，勝利や競争との関係を知らずして，スポーツによる社会化を図ることは危険ですらある。本章ではスポーツによる社会化について，児童期の発達課題およびスポーツの性質に注目して説明する。

1節　社会化

　「見知らぬ外国人が自宅を訪ねてきました。あなたならどのように対応しますか？」10年ほど前，留学生と一緒に学ぶ授業で，学生達に向けて上記の問いが投げかけられた。ある国の学生は「見知らぬ相手なのでドア越しに話をする」と回答した。留学先である大学の学生は「すぐに警察に連絡する」と答えた。そんな状況のなか「泊まって夕飯を食べていくよう誘う」という別の留学生の回答は，教室の雰囲気を和ませるものであった。同じ時代に生きていても，出身国によってその対応は大きく異なっていた。学生らにとっては，自らその状況を判断し，対応を選択しただけであるが，社会の側から眺めた場合，彼らの対応は生まれ育った社会における社会化の結果によるものと解釈できる。留学生達もあと数カ月もすれば留学先の国で社会化され，「警察に連絡する」と答えていたかも知れない。
　社会化とは，自らが属する社会で求められる価値観や行動様式などを，他者との相互作用をつうじて身につけていく過程をさしている。そして新たにその社会に加わるメンバーを社会化する，つまり価値観や行動様式などを伝達する役目をはたすのが，学校，家族，先輩や同世代の仲間であり，これらの組織や集団は社会化のエージェント（代理人）と呼ばれる。我々は社会化のエージェントをつうじて，ときには知らない間に，その社会で行動する上で必要とされる規範意識や態度などを身につける。

本章で取りあげるスポーツ活動は，子どもを社会化するエージェントとして長い歴史を有している。スポーツ活動は子どもの人格形成に役立つとして，社会から肯定的に解釈されてきた。以下で明らかにするように，スポーツ活動を社会化のエージェントとして雇用するならば，まずエージェントの人柄やその仕事ぶりについてよく理解したうえで，契約を結ぶ必要があるといえよう。

2節　社会化のエージェントとしてのスポーツ

1　エージェントとしての歴史

サッカーやテニスといった近代スポーツの多くは，英国生まれである。19世紀以降，その英国のパブリックスクールで実施されてきたサッカーやラグビーを主とする課外活動は，生徒を社会化する手段としてスポーツ活動を利用した先駆けである。当時パブリックスクールは，英国や，英国が統治していた国々の発展を支える人材を輩出していた。したがってそこでの課外活動では，生徒に心身ともに厳しい鍛錬が課された。そして，過酷な状況に耐えうる忍耐力や，協力してものごとを進める団体精神を養い，将来指導的立場に就いた際に，それらの能力を発揮することが期待されていた（中村，1995）。

19世紀末には，東京大学などの高等教育機関に勤務する外国人教師により，わが国でも様々なスポーツが課外活動において指導された。現在の運動部活動につながるそこでの課外活動は，英国での場合と同じように，日本の将来を担う学生の人格形成を目的とし，スポーツをエージェントとして利用するものとして始まった。ただし活動内容に関しては，日清・日露戦争と続く時代の影響を受け，精神主義的・勝利至上主義的な色合いが強かった。また，スポーツによる課外活動が活発に実施されるようになった当初から，時間の浪費であるとか，勉学に差し障るといった理由で，活動に反対する見方も存在したようである。

以後現在に至るまで，スポーツをエージェントとして利用した運動部活動には，商業主義を背景とする勝利至上主義，訓練的な練習や上下関係の存在など，負の側面が指摘されている。しかし，文部省（1998）がまとめた運動部活動に関する調査結果は，運動部活動への参加に関して，多くの生徒や保護者がスポーツの楽しさを味わったり，体力の向上に役立つだけではなく，人間的な成長を導き，友だちづくり，生活の充実に資する活動であると肯定的に評価していることを明ら

かにしている。活動が負の効果を及ぼす危険性を認めつつも，スポーツは児童や生徒の成長を促すエージェントとして，期待を受け続けている。

2　児童期におけるスポーツ活動と社会化

人間の生涯発達を視野に入れるならば，スポーツによって社会化される側面が，人生の各時期において乗り越えるべき発達課題と，最も関係する段階は児童期であろう。ニューマンとニューマン（Newman, B. & Newman, P., 1988）はエリクソン（Erikson, E.）による心理社会的発達理論をもとに，各発達段階において獲得すべき能力を具体的に紹介している。そして，主に小学生年代と重なる児童期の発達課題として，1）仲間と友情を育み，社会的協力関係を築く，2）自信をもって自分の能力を評価する，3）知的・芸術的能力や，運動能力を獲得する，4）チームのために貢献する，という4つの能力の獲得を挙げている。

児童期はそれまでの自己中心的な考え方や行動について，同年代の仲間と行動をともにするなかで，周囲から承認を得られるように修正を施していく。同年代の児童による集団活動であることが多いスポーツ活動は，仲間との友情を育みつつ，集団における規範を身につける上で有効な場面となるほか，個人の目標達成だけでなく，チームの成功に対して努力することについても学習できる。また，スポーツ場面において成功経験を積ませることによって，児童の有能感を高めることが可能であり，それにより，さらなる技能の向上に向けた取り組みを喚起することができる。児童期における発達課題と関係するこうした経験をつうじて，自分には能力があり役に立つ存在であるという感覚（勤勉性）を，児童が獲得することが期待される。ただし，スポーツ活動の内容によっては，上述した経験とならない場合もある。以下の節でも触れるように，スポーツ活動の内容については十分に考慮する必要がある。

今日，子どもの数は減少しているにも拘わらず，学習塾や習いごと教室に参加する児童は増加している。また，子どもだけで遊ばせることのできる治安が維持されている地域は，非常に限定されている。さらに今後，学校以外で子どもが仲間集団をつうじて学ぶ機会が増えるとは考えにくい。生涯発達の視点から眺めるならば，同年代の仲間集団によって実施されるスポーツ活動が，児童の心理社会的発達に及ぼす影響は決して小さいものではない。児童期におけるスポーツ活動に対する期待は，いやおうなしに高くなる。それだけに，その実施には注意が必

要であり，スポーツ活動への参加と児童の心理社会的発達の関係を理解しておくことが求められる。

3 スポーツによる社会化に関する研究

社会化は，その社会で重要とされている考え方や行動を身につけることであり，社会化される側面には，協調性や達成動機といったパーソナリティと関係する多くの側面が含まれている。そしてこれまで，スポーツによる社会化に関する研究は，パーソナリティを変数として用いたものが多かった。

明治期以降，近代化を推進してきたわが国において，外向的で積極的であるとされるスポーツ選手の一般的なパーソナリティは，望ましいパーソナリティとして受け入れられてきた。確かに，スポーツ経験者と非経験者を対象とした調査結果は，両者間におけるパーソナリティの差異を明らかにしている（徳永，1981）。しかし現在に至るまで，スポーツ活動への参加による，つまりスポーツをエージェントとした社会化の結果，そうしたパーソナリティが形成されたことを実証した研究は存在しない。そればかりか，外向的で積極的な人がスポーツに参加する傾向があるのであって，スポーツ活動への参加によってパーソナリティが形成されたのではないとする研究成果も認められる（杉原，2003）。

たとえスポーツ経験の影響が認められたとしても，スポーツ場面におけるどのような経験が参加者のパーソナリティ形成に影響を及ぼすのかといった因果関係を明らかにすることが非常に難しいことから，現在では両者の関係を扱う研究はほとんど行われなくなっている（表8－1）。しかし90年代以降，スポーツによる社会化に関する研究は，米国で普及した学習理論を背景に，スポーツ活動への参加を通じた心理・社会的スキルの獲得をめざす実践活動へと姿を変え，再び研究者の関心を引き寄せている。

表8－1 各キーワードを含む研究数の年代ごとの推移

	年代	1970	1980	1990	2000
検索語	personality development or personality change	20	26	6	14
	life skills or social skills	3	18	55	114

検索条件：title or keywords　　　　　　　　　　データベース：SPORTDiscus

3節　スポーツ活動への参加をつうじたライフスキルの獲得

1　スキルへの注目

　スポーツによる社会化といっても，外向的で積極的なパーソナリティの形成に関係するスポーツ経験を想像することは簡単ではない。しかし，例えば「仲間と意見を交換する」という行動について，それを1つのスキルと捉え，その獲得に関係する場面を想像してみるとどうであろう。こう考えるならば，スキルの獲得と関係するスポーツ経験として，ハーフタイムにチームの仲間と意見を交わしている場面が思い浮かぶ。スポーツ活動への参加をとおして社会化される側面としてスキルに注目することにより，スポーツによる社会化の理解は容易になる。ここで扱うスキルとは，読み書きのような実用的な能力でも，打つ，投げるのような限定された場面で用いられる能力でもなく，状況を越えて必要とされる心理社会的能力を指している。そしてこうした能力は，ライフスキル（life skills）と呼ばれている。

　WHO（1997）はライフスキルを「日常生活で生じる様々な問題や要求に対して，建設的かつ効果的に対処するために必要な能力である」と定義している。そして具体的なスキルとして，意思決定，問題解決，創造的思考，批判的思考，効果的コミュニケーション，対人関係スキル，自己意識，共感性，情動への対処，ストレスへの対処を挙げている。また，特に対人関係の維持・形成に関わるスキルは，社会的スキル（social skills）として総称され，主に教育心理学や社会心理学領域において研究されている。ライフスキルと社会的スキルの位置づけは，扱われる学問領域によって異なるものの，スポーツ心理学領域では，社会的スキルはコミュニケーションスキルや対人スキル，主張スキルなどとして，ライフスキルのなかに位置づけられる場合が多い。

　スポーツ活動への参加をつうじたライフスキルの獲得という考え方は，90年代に入り急速に広まった。ライフスキルは繰り返し学習することによって，徐々に身についていく。その過程は，毎日の練習によって少しずつ速く走れるようになり，ボールが遠くまで飛ぶようになるといった，スポーツスキルの獲得過程と重なる。また，スポーツ界にはメンタルトレーニングが既に普及しており，心理的側面をトレーニングによって鍛えることに対する違和感がなかったことも，ス

ポーツ経験とライフスキル獲得との関係に対する理解を容易にした。

2 スキルトレーニング

確かにスポーツ活動にはライフスキルの獲得に結びつく経験が内包されている。しかし，スポーツ活動に参加したからといって，自動的にライフスキルが身につくわけではない。例えば，試合を決めるフリーキックの素晴らしさにスポットライトが当たるほど，その技術の習得を支えた，仲間との情報交換や練習計画の作成に関わるスキルの重要性は，陰に隠れてしまう。せっかく学習していたとしても，注意されないスキルはすぐに忘れてしまう。

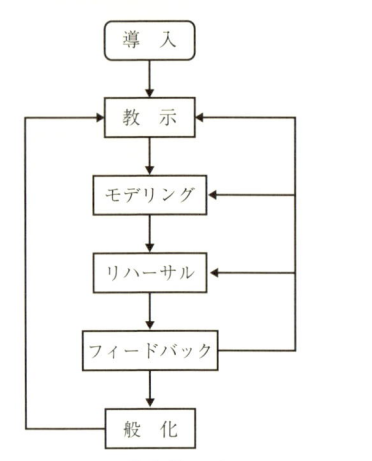

図8-1 社会的スキルトレーニングの基本的技法
(相川, 2000)

ゴールドスタイン（Goldstein, A., 1981）はライフスキルや社会的スキルの獲得を目指したトレーニングの実践例をまとめ，これらを心理的スキルトレーニング（psychological skills training）として紹介している。その上で，心理的スキルトレーニングの構築に関する心理学の寄与は，とりわけバンデューラ（Bandura, A.）が唱えた社会的学習理論によるものであるとしている。今日実施されているライフスキルや社会的スキルの獲得を目指したトレーニングでは，社会的学習理論の中心概念であるモデリングを柱として，教示，リハーサル，フィードバックなどの過程を組み込んだトレーニングが行われることが多い（図8-1）。

教示では，スキルはどのようにして獲得できるのか，またどのような場面で役に立つのかなどを説明することにより，スキルに対する注意を促す。そしてモデリングにおいて，獲得しようとするスキルを使用している場面を観察した後，そこで学習したスキルを実際にリハーサルすることによって身につけていく。この過程において，スキルを効果的に使用できたかどうかフィードバックを与えることにより，スキルの獲得が促進される。最後に，獲得したスキルを日常生活場面で利用する経験を重ねることで，スキルを般化させる。

なお相川（2000）は，思考や感情などの認知的側面の変容もトレーニングに含

まれていることを強調した上で,「人間の内側の変化を直接めざすもの」として,社会的スキルトレーニングを位置づけている。技術論としてスキルのみを扱うように理解される心理的スキルトレーニングではあるが,当然のことながら,スキルの使用に関わる認知的側面の変容が不可欠である。

3　スポーツを利用したライフスキルトレーニング

ダニッシュら（Danish, S. et al., 1995）は,スポーツ場面における危機的な経験（けがや二軍落ち）を人生における重要なできごと（ライフイベント）として捉え,それへの対処過程をつうじて個人能力の強化を図る生涯発達介入（Life development interventions : LDI）モデルを提示した（図8－2）。LDIモデルでは,ライフイベントを成長の機会と捉え,そこでの対処過程で獲得したライフスキルは,将来遭遇するライフイベントを乗り越える上で利用できるとしている。当初LDIモデルは,競技者を対象とした介入モデルとしてスポーツ心理学領域に紹介された。しかし現在では,北米およびオーストラリアを中心に,ライフイベントに遭遇する前の強化ストラテジーに注目し,児童や生徒を対象としたライフスキルの獲得を促すスポーツプログラムの,介入モデルとして用いられている。ここでは,論文等に掲載されているトレーニングプログラムについてまとめた上野（2008）によるレビューから,以下に示す2つのプログラムを紹介する。

ファーストティ（The First Tee : TFT）は,米国プロゴルフ協会などの支援を受け全米各州で実施されているトレーニングプログラムであり,ゴルフの技術

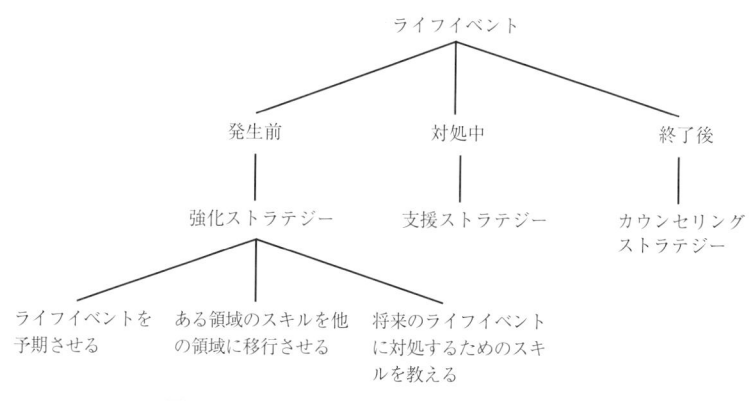

図8－2　LDIモデル（Danish, S. et al., 1995）

やルール，マナーなどとともに，正直，清廉，尊敬といった道徳性や，社会的スキル，自己管理スキル，目標設定スキルを，参加者に身につけさせることを目的としている（The First Tee, 2001）。

　ゴルフの競技特性として，プレーにおける反則の判断を自ら行うことがあげられる。広大なコース上では，ともにコースを回っている選手に気づかれずに，反則をすることも可能である。こうした状況においても自らを律しつつプレーを続けるためには，正直，清廉といった道徳性が求められる。また，グリーン上では他の選手のライン上を歩かぬよう気をつかう必要があり，ミスショットが続いた時でも感情をコントロールし，次のショットへの影響を抑えるとともに，他の選手が気持ちよくプレーできるよう努めることも大切である。コースやグリーン上でゴルフの技術を練習する前に，感情をコントロールする方法や，対人スキルの重要性などについて学習しておき，実際の練習場面ではコーチからのフィードバックを受けながらリハーサルを行う。その後クラブハウスに戻り，コーチから身につけたスキルを日常生活でも利用するよう促され帰宅する。TFT の指導はライフスキルの指導に関する講習を受講し，TFT により認定されたプロのゴルフコーチが担当する。それにより，多くの州で実施されるプログラムの質が一定に保たれている。

　ダニッシュら（2002）は，米国における人気スポーツであるバスケットボールを利用し，地域の子どもにライフスキルを教えるスーパープログラム（The SUPER Program：SUPER）を実践している。SUPER は，1）バスケットボールの技術指導，2）バスケットボールの上達に必要な目標設定やコミュニケーション能力に関する指導，そして，3）これらの能力を日常生活に応用するよう促す指導，から構成され，内容に合わせてコート上もしくは教室内で指導される。

　SUPER を成功に導いている大きな特徴として，大学生もしくは高校生バスケットボール選手がトレーニングプログラムの指導にあたっていることがあげられる。彼らは事前にプログラムの遂行に必要な事柄について SUPER の責任者より指導を受けた上で，自らが担当する児童等の指導にあたる。子どもにとって学生選手は憧れの対象であり，彼らによる指導は子どもに大きな影響を与える。さらに，学生選手が子どもと同じ地区の出身者である場合は，子どもは自らの将来を選手に重ねることから，モデリングの対象として学生選手は格好の存在であるといえる。また，学生選手の側にとっても，子どもにライフスキルを教えることを

つうじて，その重要性を再認識する機会となる。本プログラムは参加する子どもだけでなく，教える側である学生選手の心理社会的発達にも寄与する。

4　生きる力とライフスキル

現在の学校教育では「生きる力」を育むことが目標とされている。そして，スポーツを利用したトレーニングにおいて獲得が期待されているライフスキルは，生きる力を構成する，よりよく問題を解決する資質や能力，さらには豊かな人間性を支える具体的なスキルであると考えられる。

社会化される側面としてスキルに注目することにより，スポーツによる社会化の理解が容易になると述べた。しかしスキルへの注目は，単に社会化に関する理解を導くだけではなく，どのようにして社会化をめざすのかといった方法の明確化をももたらす。生きる力の育成を支える具体的なスキルの獲得を目指したトレーニングプログラムは，学校における教育目標の達成に向けた道筋を具体的に示す。また，児童期におけるスポーツ活動の大部分が学校教育の枠外で実施されているわが国では，そこでの教育目標は各活動に委ねられている。スポーツの楽しさを味わうとともに，生きる力を育むことを目的とする活動であるならば，具体的な方法としてライフスキルに注目した活動が参考になるであろう。

4節　スポーツによる社会化の留意点

1　スポーツと勝利

勝ったのか，負けたのか。スポーツでは勝敗のみを問題にすることが少なくない。しかし，世界一を決める大会であっても，負けないことを優先した試合は，対戦国の関係者以外にとっては全く味気ない。その昔，フットボールが祝祭として行われていた頃，1点先取で決する勝利の瞬間は祝祭のフィナーレの瞬間でもあった。勝利に近づけば近づくほど，フィナーレが間近に迫る。勝ちたい。しかし，すぐに終わると面白くない。勝利が目標であったというよりは，その過程を楽しんでいた。

商業主義が蔓延し，勝利が利益と結びつくようになってからは，勝利が最終目的として意識されるようになった。スポーツではルールを守って目的の完遂をめざすが，判定はレフェリーに委ねられている。したがって，レフェリーに気づか

れないように，相手のシャツを引っ張ったり，挑発したり，ハンドをしたりする。果たしてこの現状で，社会化の手段としてスポーツを利用して良いものだろうか。

久保（2002）は，図8－3に示した回路をコーチング回路と命名している。スポーツを用いた教育プログラムでは「子どもたちの成長はよい」という哲学に基づき，その成長にいいものとして勝利の追求が計画され，一連のプロセスを経て哲学に戻る。しかし，スポーツを用いたプログラムでは，スポーツにおいて支配的な「勝利は善い」という価値観のもと，勝利の追求それ自体が目的となってしまう蓋然性があると指摘している。そうなれば，何のために勝利を目指したのかという当初の哲学は忘れ去られ，評価からのフィードバックは計画へとショートする。

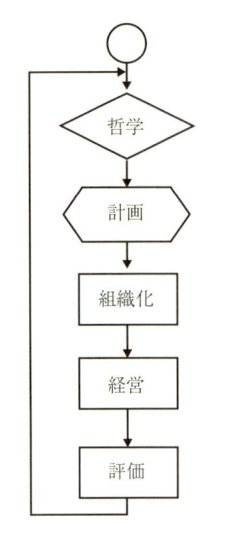

図8－3 コーチング回路
（久保，2002）

勝利が最終目的であるから，レフェリーの眼につかないところで反則を繰り返す。利益が最終目的であるから，人の眼につかないところで，マンションの耐震強度を，食品の産地を偽装する。もしその一端にでも，スポーツによる社会化の結果が認められるとするならば，何をかいわんやである。何のために勝利をめざすのか。スポーツによる社会化を企図する場合には，常に目的に照らす必要がある。

2　スポーツにおける競争と協同

上記に対して，「世界は今や新自由主義という名の競争社会にあるのだから，反則は除いても，勝利を最終目的として競争するスポーツこそが，社会化には必要である」と考える向きも，あるかも知れない。ジョンソンとジョンソン（Johnson, D. & Johnson, R., 1975）は，競争社会である米国であったとしても，ほとんどの対人関係は協同によるものであり，協同がなければ組織だけでなく，学校や家族さえも成り立たないとし，協同の重要性を説いている。そして目標の達成に向けた構造を，協同的，競争的，個人挑戦的な状況に区別した上で，それぞれの状

表8-2 各状況において期待される学習内容（Johnson & Johnson, 1975）

学習内容	協同	競争	個人挑戦
事実に関する学習			○
学習した事実，概念，原理の保持，応用，移行	○		
概念，原理の学習	○		
言語的能力	○		
問題解決能力	○		
他者と協同する能力	○		
創造的能力：異論やリスクの取り入れ，生産的議論	○		
長所，特技の発見	○		
役割の発見	○		
単純課題をこなすスピードと仕事量		○	
他者と競争する能力		○	
個人で挑戦する能力			○
単純な技術			○

況で身につくとされる態度や能力を示している（表8-2）。

　表8-2に明らかなように，協同的な状況の下で，多くの態度や能力が身につくことがわかる。ただし，競争的状況や個人挑戦的状況についても，課題や運用方法（グループ間競争の採用や成功可能性の操作など）を工夫することによって，指導に役立つ状況として再構築できるとしている。また，既に協同学習を体育授業に取り入れ，その効果を検討した研究も認められる（Dyson, B., 2002）。

　第2節で紹介した児童期の発達課題を念頭に入れるならば，児童期におけるスポーツ活動は，協同的状況のなかで実施するべきである。そして，スポーツが勝利をめざすものである以上，スポーツによる社会化には，勝利や競争を適切にコントロールする，指導者の哲学が求められる。

第9章　発達的視点から見たジュニアスポーツの現状と課題

　2部では乳幼児・児童期において運動発達，知覚と情報処理能力，運動遊び，知的・人格的発達，社会化など身体的および心理社会的な側面から子どもの特徴が示された。

　時代とともに運動遊びが大きく変化するなかで，ひ弱な子どもがどんどん増え，運動やスポーツの果たす役割はますます大きなものになってきている。運動能力の低下に関しては，耐える力や積極性や自主性などメンタルな要素が強く影響し，特に幼児においては心身の相関がかなり強いことが言われている。

　昔から子どもは自然のなかで自由に遊ぶことができ，いろんな遊びを自ら主体的に経験することによって心や体が育つと言われてきている。ところが特に少子化の影響で遊び仲間が減少してきたこと，都市圏においては遊び場が少なくなっていること，危険だからやめるように指示する親や周囲の関わりすぎといった過保護的な対応が目立っている。その結果，子どもは自主的に試してみようとする挑戦心や創造性が育つような経験が少なくなっている傾向にある。川や海で泳ぐことにしても，木に登ったり，高いところから飛び降りたりすることにしても，不安や恐怖心を抱くはじめての経験を乗り越えたり，挑戦し続ける経験によって子どもたちは心身ともにたくましくなっていくのである。ここでは，ジュニア期の現状と課題について，先行研究を踏まえながら筆者の私見を述べることにする。

1節　ジュニアスポーツの現状

1　ジュニア期におけるスポーツキャリアとそのパターン

　ここで紹介する研究は，スポーツ行動を説明しようとするバンデューラ（Bandure, A., 1977）のセルフ・エフィカシーモデルを適用したものである。この理論モデルは，行動を起こす条件として，もし自分がその行動を実行した場合，どのような結果が得られるかという予想である「結果予期」と自分がその行動をどの程度うまくできると思っているかという自信である「効力予期」の2つの認知を想定している。

　また，ここでいうスポーツキャリアとは個々人のスポーツへの参加のしかたを時系列的にとらえたものであり，それを分類したものをスポーツキャリアパター

表9-1 スポーツキャリアパターンの分類の仕方

同一種目継続型	野球 → 野球
異種目継続型	テニス → サッカー
中断復帰型	バレーボール（中断）→ バレーボール
離脱型	陸上競技 →（離脱）
不参加型	

ン（表9-1）と呼ぶ。

　石井ら（1994）は小学生，中学生を対象として同一種目継続型，異種目継続型，中断復帰型，離脱型，不参加型の5つに分類し，運動やスポーツをすればよい結果が得られるという「肯定的結果予期」とよい結果は生まれないという「否定的効果予期」と「運動有能感」および「勝利志向性」という心理的要因がキャリアパターンを区別できるかどうかを検討した。

　その結果，運動有能感や勝利志向性，結果予期など当然ながら不参加型が最も低く，離脱型，中断復帰型，異種目継続型，同一種目継続型の順で高いことが示された。性差に関しては，有能感や勝利志向性においては男子の方が高く，否定的結果予期とレクリエーション志向性で女子の方が高い値を示した。

　大学生を対象として児童期から青年期にかけてのキャリアパターンを検討した筒井ら（1996）の結果でもキャリアパターンと運動有能感，勝利志向性，結果予期にはきわめて高い関連性があることが確認された。

　これらの結果から，運動やスポーツを継続している者は，有能感が高く，肯定的な結果を予期する傾向が強く，うまくなること，勝つことを志向し，その行動の結果，さらにその傾向を強めていく。一方，途中で離脱する者や最初からスポーツに参加しない者は，有能感が低く，むしろ無力感を抱く傾向にあり，当然否定的な結果が予期される。このことは，能力に依存することは当然として，特に有能感が低い，やってもいい結果は生まれないと思っている者は運動やスポーツへの参加のしかたや自我志向性や課題志向性など結果に対する価値の見出し方を工夫する必要があり，能力に応じてその楽しさを経験できるような指導のやりかたがきわめて重要といえよう。

2 ジュニア期におけるスポーツマンシップや行動規範

　スポーツを行う者の行動規範は，スポーツのゲームにおいてのぞましい行動のあり方であり，スポーツマンシップとは，一般に「スポーツにおいて社会的にのぞましいとされる価値の1つであり，マナーやエチケットを総称する言葉であって，スポーツマンの行動の規準になるものである」とされてきた。

　古い研究ではあるが，児童を対象に調査した結果，学年が進むごとにスポーツマンシップに対する態度が低下するという報告，また競技レベルが高い選手は低い選手に比べて，スポーツマンシップに対する態度は低いという報告，もし罰せられたりしなければ，ルールぎりぎりの行為を作戦として有効に利用する態度や練習を認めていることを指摘し，学校を代表しない勝者は代表選手の勝者よりも高いスポーツマンシップを発揮し，特待奨学生がもっとも低いスポーツマンシップを示したという報告などがある。

　しかし，賀川ら（1979）や岡澤ら（1981）の研究によるとスポーツ経験や競技水準などスポーツに深くかかわり，競技水準があがっても必ずしもスポーツマンシップに反するような態度が身につくとはいえないことを報告している。

　このことはラッキー（1964）が指摘しているようにスポーツマンらしい行動は指導者のリーダーシップやチームの雰囲気等によって異なるものと考え，集団的要因の検討がのぞまれる。もちろん，尺度の内容によって依存されるものでもあり，賀川ら（1986）は小学生から大学生まで使用できる6つの因子からなるスポーツゲームにおける行動規範尺度の開発を試みた。石井ら（1986）はその尺度を用いて小学校，中学校の生徒を対象に年齢別，性別に分析した結果，総合点でみると男女とも年齢とともに行動規範を身につけていく傾向が認められた。また女子の方がどの年齢層でも男子よりも高く，「女の子らしさ」という社会規範が影響しているのではないかと考察している。

　今の子どもたちは，はたしてのぞましい行動規範をスポーツで身につけているのであろうか。身につけた行動規範は日常生活まで転移しているのであろうか。

　現場に目をむけると，日本サッカー協会では，サッカー行動規範として11カ条を掲げ，名刺大の大きさのカードを子どもたちに配布し，日々のぞましい行動規範を身につけさせる方策を講じて成果をあげている。具体的には「最善の努力」「フェアプレー」「ルールの遵守」「相手の尊重」「勝敗の受容」「仲間の拡大」「環境の改善」「責任ある行動」「健全な経済感覚」「社会悪との戦い」「感謝と喜び」

の簡単な説明入りの11カ条をキーワードとして日々，状況で意識させることをねらっている。いい習慣はできるだけ早い段階で身につけ，悪い習慣は早い段階で排除していくことがのぞまれる。

3　ジュニア期のスポーツ指導における問題点

　生涯スポーツの観点からみるとき，ジュニア期の特に幼児や児童期前期の子どもたちは活動それ自体を楽しんでおり，遊びやスポーツ活動による一瞬一瞬の喜びを楽しんでいる。森（2003）は「幼児期では，できる楽しさを強く求めるよりは，運動すること自体が楽しいという経験を十分に積むことが重要であり，この積み重ねが児童期後期の練習プロセスの先にある『楽しさ』を引き出してくれることになる」と述べている。この楽しかった経験が強いほど練習によってうまくなりたい，強くなりたい，相手に勝ちたい，人に認められたいという期待や持続性を引き出し，できなかったことができるようになり，運動が好きになっていくのである。そしてジュニア期の児童期後期になると少しずつ競技志向の傾向が強まり，指導者はいかに競技力を高めるかに関心が向いていく。子どももうまくなりたい，やるからには勝ちたいという気持ちになるのはごく自然な現象である。特にサッカーや野球，テニスやゴルフ，フィギュアスケートなどはトップ選手にあこがれをもちながら早期教育はますますエスカレートしている。トップに躍り出る有名なアスリートはほとんどが早期から英才教育をうけてきた選手といえよう。それでは皆がみんな一流になれるかというとそうはいかない。ほんの一握りの集団だけがトップにいけるのである。個人の能力は勿論のこと，指導者の教え方もしかりである。最近気になる指導のしかたに注目してみよう。ここでは4つの問題をあげておく。

　①「教え過ぎ」から起こる問題

　技術指導においては，運動課題のすべての試行で結果の知識（フィードバック）を100％と50％にした場合，そのあとのフィードバックのないテストでは50％のほうがパフォーマンスはよかったと報告しているウインスタインとシュミット（Winstein, C. J. & Schmidt, R. A., 1990）はわれわれに多くの示唆を与えてくれる。すなわち結果に対する情報を多く頻繁に与えればよいというものではなく，適度に与えることが重要であるといわれる。結果がでれば子どもであろうがなぜ失敗したのか考えようとする。その時間を待たずに「もっとこうしなさい」と答えを

与えて考える時間を奪ってしまう傾向がある。教えすぎるとどうしてもやらされる受け身の練習になりがちである。「指示待ち症候群」といって，言われることはきちんとやるが指示がなければできないし，それ以上のことはしないという問題が生じている。失敗した時「今どこでボールを捉えましたか」といった質問型のアドバイスが子どもに考えさせるうえで有効であるといわれる。

②「鍛え過ぎ」から起こる問題

一流になることやオリンピック出場を目指して早期教育が盛んに行われている。スポーツ科学の進歩により，発育発達上の問題やけがの予防など十分配慮された指導もなされるようになった。しかし，現場では指導者の熱心さゆえに経験主義や根性で鍛えるやり方もまだまだ見られる。鍛え過ぎによって過労やスポーツ傷害につながる危険性がある。早く鍛えれば早く上達するのはしごく当然のこと。ただ早くうまくなりすぎて，もっと伸びなければならない中学，高校期に上達がとまってプラトーやスランプに陥るケースも多い。その結果，「ドロップアウト」や「バーンアウト」などの「焼け切れ症候群」といった心理現象が問題になっている。

③「期待し過ぎ」から起こる問題

人間は能力以上のものを期待されるとプレッシャーになってつぶれてしまうケースがある。親や指導者たちは自分のできなかった夢を託し，子どもたちを精神的に窮屈にしている。プレッシャーをプラスのエネルギーに変える考え方も当然必要ではあるが，子どもたちはもっとのびのびプレーを楽しむべきである。周囲から期待されるとそれに応えることによって伸びていく「ピグマリオン効果」が教育場面で認められているが，周囲の人たちの対応がきわめて重要である。

④「結果にこだわり過ぎ」から起こる問題

スポーツは「何が何でも勝たねばならぬ」という勝利至上主義に走る傾向がある。子どもがルールぎりぎりの手段を講じたり，きわどいマナーに反する行為をとったり，指導者が審判に執拗に抗議するのも由々しき問題である。また，最善の努力をして勝ち負けを競うわけであるから，負けたとき「今までの努力も水の泡」とか「やはり能力がないからだめ」と考えやすいのは当然ではあるが，ワイナー（Weiner, B., 1974）の原因帰属の理論に従えば，成功した場合は「能力」と「努力」に起因させ「自分の実力と努力の賜物」と考え，失敗したときは「能力不足」ではなく「努力不足」と考えるようにするとそのあとの行動の動機づけ

が高まるといわれている。

2節　ジュニアスポーツの課題

　スポーツを大きく分類すると，競技スポーツ，レクリエーションスポーツそして健康スポーツに分類されよう。個人がどの価値観で取り組むかによって進むべき方向性は異なるが，ジュニアスポーツはどうあるべきかを3つの観点でまとめてみる。
① 忙しい生活空間のリズムを配慮した活動であること
　家庭や学校そして地域などそれぞれのつながりを配慮しながら，子どもたちの忙しい生活のリズムが保障されるような活動であることが基本である。特にジュニア期においては生涯スポーツの基礎づくりとして，いろいろなスポーツ経験が必要である。勝利志向の強い競技スポーツにおいては自己実現欲求を満たすこともできるが，ジュニア期にのぞまれるのは，勝利至上主義から脱却したゆとりのあるプログラム提供である。
② あくまで主体性を損なわない活動であること
　子どもの「主体性」，別の言葉で言えば「自主性」「自発性」がジュニア期のスポーツ活動の基本であり，自らが自分の意志で行うものであり，決してやらされるものではない。指導者はとかく熱意余って個人の希望や特徴を無視するような指導をすることがあるが，大人の管理下におくようなことなく，型にはめすぎることのないようにのびのびとプレーできる「子どもの子どもによる子どものためのスポーツ活動」であることがのぞましい。このような取り組み方が将来，生活を豊かにする生涯スポーツとしての可能性を広げることになるものと確信する。
③ 子どもの能力や価値観など多様性を考えたスポーツ活動であること
　スポーツをする条件として場所，メンバー，指導者の数などの物理的な条件に加えて身体的条件（体型，体力，運動能力）や技術的条件（技能レベル，作戦・戦術の特徴）や心理的条件（やる気，忍耐力，不安）などがあげられる。それらの条件を十分配慮して個人差に応じた多様で柔軟なプログラム提供や指導が重要である。

　以上，ジュニアスポーツの課題と方向性をまとめてみたが，スポーツは「楽し

さ」が「つまらなさ」へ「よろこび」が「苦痛」へと変わってしまうことの多い現状で，せっかく続けてきたスポーツがいやになって止めざるを得ない状況になることは避けたいものである。スポーツはどんな取り組み方をするにせよ「自らが主体的にあくまで楽しむ」というスタンスで取り組むものであり，それをサポートするのが指導者であり家族であると考えたいものである。

Ⅲ部
青年・成人期

第10章　青年・成人期の運動発達の特徴とスポーツ技能の熟達

　特定の領域で専門的トレーニングや実践経験を積み，特別な知識や技能をもっている人のことをエキスパートや熟練者という。そして，その熟練者の卓越したパフォーマンスの仕組みや獲得過程を記述する心理学の研究領域として熟達化研究がある。つまり，様々な発達のなかでも専門技能の発達を扱うのが熟達化研究である。長い歴史を持つ熟達化研究においても，専門技能の仕組みや獲得過程を完璧に説明できる理論は模索中ではあるが，ここ30年間の熟達化に関する研究成果の蓄積は様々な分野の熟練者の理解を大きく前進させた。これに応じた形で，スポーツ分野の熟達化研究も1970年代のサイモンとチェイス（Simon, H. & Chase, W.）のチェスの記憶研究，1990年代のエリクソン（Ericsson, K. A.）による意図的・計画的練習理論の影響を受け，一流競技者が獲得している専門技能の特徴やその発達過程の一端を明らかにしてきた。そこで，本章では，青年・成人期における運動発達の特徴を示した後，この時期のスポーツ専門技能の発達について，これまでの熟達化研究の歴史的変遷と近年のスポーツ熟達化研究の発展から概観する。

1節　青年・成人期の運動発達の特徴

1　青年・成人期の運動発達とピークパフォーマンス

　スポーツのキャリアにおいて，パフォーマンスの絶頂期は多くの場合，青年・成人期に達成される。シュルツとカーナウ（Schulz, R. & Curnow, C., 1988）は，1896年から1980年までのおおよそ90年間の一流選手を対象に，ピークパフォーマンスが達成された年齢を調査している。これによると種目による違いはあるが青年・成人期にあたる10代後半から30代前半で成績のピークを迎えるようである。パフォーマンスは，身体や認知，動機づけや人格，周囲のサポートなどを含む様々な生理・心理・社会的要因が複雑に関与しているが，なかでもピークパフォーマンスの達成時期には，運動の良否を決定する運動能力が最も影響すると考えられる。運動能力はエネルギーを生産する能力である運動体力と運動を制御する能力である運動技能に分類され，前者は筋や骨格などの末梢系，後者は大脳などの中枢系の機能が強く関係している（杉原，2008）。これら両者は加齢と

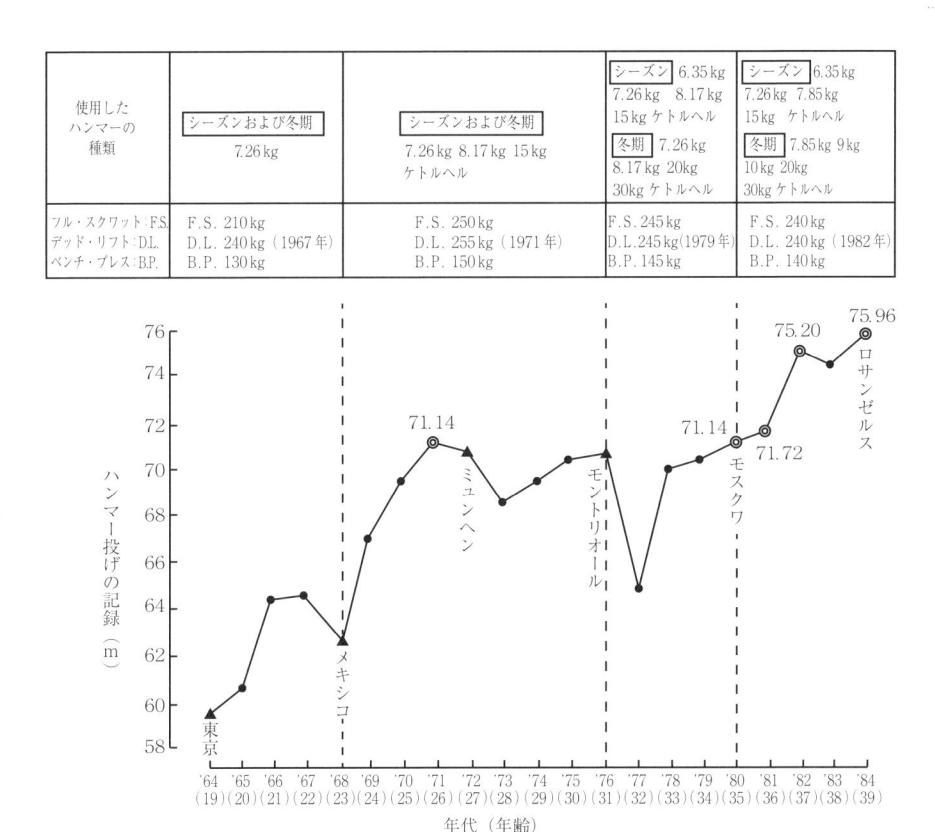

使用した ハンマーの 種類	シーズンおよび冬期 7.26 kg	シーズンおよび冬期 7.26 kg 8.17 kg 15 kg ケトルヘル	シーズン 6.35 kg 7.26 kg 8.17 kg 15 kg ケトルヘル 冬期 7.26 kg 8.17 kg 20 kg 30 kg ケトルヘル	シーズン 6.35 kg 7.26 kg 7.85 kg 15 kg ケトルヘル 冬期 7.85 kg 9 kg 10 kg 20 kg 30 kg ケトルヘル
フル・スクワット：F.S. デッド・リフト：D.L. ベンチ・プレス：B.P.	F.S. 210 kg D.L. 240 kg（1967年） B.P. 130 kg	F.S. 250 kg D.L. 255 kg（1971年） B.P. 150 kg	F.S. 245 kg D.L. 245 kg（1979年） B.P. 145 kg	F.S. 240 kg D.L. 240 kg（1982年） B.P. 140 kg

図10－1　ハンマー投げの記録の変遷と練習に使用したハンマー（正規のハンマー重量は7.26 kgである）の種類および最大筋力（図中◎印は日本記録，▲印はオリンピック開催地）（室伏, 1985）

ともに成熟が生じ，青年・成人期までにピークを迎える。特に，この時期までの運動体力の変化は急激であり，ピークパフォーマンスの達成に大きな影響を与えている。しかし，心理学において発達と表現される場合は，遺伝的形質が加齢とともに外化する成熟（maturation）と経験の結果によって生じる比較的永続的な行動の変化を指す学習（learning）は区別して考えられている。図10－1は日本選手権12回制覇，アジア大会5連覇を達成し，「アジアの鉄人」と呼ばれた室伏重信氏の記録と筋力の変化である（室伏, 1985）。図に見られるように筋力は成熟によるピークを越えて低下している一方で，パフォーマンスは向上しているの

がわかる。これは、我々の青年・成人期におけるピークパフォーマンスが、単純な身体的成熟だけではなく、投げ方の工夫など新たな運動技能を学習することによって達成されることをよくあらわしている。このように、青年・成人期では、成熟による運動体力の向上と学習による運動技能の獲得の影響を受けながらピークパフォーマンスを達成していくのである。

2節　スポーツの熟達化

1　「一流」の条件 —遺伝 vs. 環境論争—

オリンピック、ワールドカップなどトップレベルの世界大会において卓越したプレイを示す一流選手は天才などと形容される。例えば、メジャーリーグで毎年200本以上のヒットを打ち続けるイチローもその1人である。彼の卓越した技能は文字通り天が授けた才能だろうか？　しかし、イチローは、「努力せずに何かできるようになる人のことを天才というのなら僕はそうじゃない。努力した結果、何かができるようになる人のことを天才というのなら僕はそうだと思う」と述べている。つまり、我々から見て天性とも思える優れたパフォーマンスは、当人から見て弛まぬ努力によって作り出された産物である。

ここで扱う話題は技能の個人差である。一流選手が示す優れたパフォーマンスは実際に遺伝と環境のどちらに制約されているのであろうか？　古くから現在に至るまで議論され続けているこの問題に対し、前者の立場が証明すべき究極の目的は、一流選手だけが所有する遺伝子を突き止めることであり、後者の立場では、一流選手が練習によって獲得してきたものやその獲得方法を明らかにすることである。この遺伝・環境問題を考えるとき、伝統的には少なくとも2つの視点の分類から議論が生じる。1つの視点は、専門技能の発達が、遺伝のような変化しにくい要因（固定要因）によって決定されるのか、環境のような変化する要因（変動要因）によって決定されるのかという分類である。もう1つの視点は、様々な領域の熟練者は領域を超えて優れた技能を発揮できると考えるのか（領域一般性）、特定の領域だけで優れた技能を発揮できると考えるのか（領域固有性）という一般性の分類である。親が一流競技者の場合、その子どもは必ず優れた才能を発揮するのか、バスケットボールの一流は野球でも一流になれるだろうかといった話題はスポーツにおいてもよくなされる。

固定要因である才能や遺伝を重視した最も初期の研究者はゴルトン（Galton, F., 1869/1979）である。彼はイギリスの様々な知的領域の熟練者は，非常に高い割合でごく少数の家族の子孫であることを発見した。そして，彼は優れた能力を開花させるためにトレーニングは必要条件であるが，その効果の上限は遺伝によって決定されると主張した。この主張は，個人差の原因は遺伝的で領域一般的な能力であるとする研究を刺激し，知能（IQ）や反応時間といった一般的で生得的な能力から個人差を説明する試みへと研究を方向づけた。しかし，そのような研究は一貫した結果が得られず，また，家系は遺伝の類似性だけでなく環境の類似性ももっているという批判から十分な成果をあげることはなかった。よって，少なくとも伝統的な熟達化研究では遺伝によって個人差を説明することはできなかったといえる。しかし，近年ではいくつかの遺伝要因が最大酸素摂取量の個人差やトレーニングに対する応答の個人差を説明できることが示唆されているのも事実である（Bouchardら，1999）。

　一方，現代の熟達化研究において優勢である環境要因を重視する立場は，デ・グルート（de Groot）のチェスの記憶研究を発展させたサイモンとチェイス（Simon & Chase, 1973）の研究が端緒になっている。彼らは，世界レベルのチェスプレイヤーは，盤上の駒の配置を数秒間見るだけで，その配置を正確に記憶して再現できるという優れた記憶力に関する一連の研究を行った。チェイスとサイモンは，熟練者から初級者までを対象に，状況の異なる2つの記憶再生課題を用いた。1つは，ゲーム中盤や終盤に見られる構造化された駒配置の状況，もう1つは，ランダムで無意味な駒配置の状況である。その結果，構造化された場面の記憶再生では，熟練者は未熟練者より素早く正確に駒の配置を再現できた。一方で，無意味なコマ配置では両者の間に違いは認められなかった。つまり，短期記憶の容量といった生得的で一般的能力の制限は熟練者も初級者も変わらず受けるが（無意味なコマ配置では同程度しか記憶できない），熟練者は長年の経験によって得たチェス特有の配置に関する知識を用いて優れた記憶再生を可能にしていたのである。彼らの研究以来，個人差を規定する要因は，変動的で領域固有的な要因であるとする立場が熟達化研究において優勢を占めるようになった。スポーツにおいてもこの枠組みに基づいて，熟練者と未熟練者のパフォーマンスの差異は，視覚能力や反応時間などの基礎的能力（ハードウェア特性）ではなく，後天的に獲得されたそれぞれの競技に固有の知識（ソフトウェア特性）の差であるこ

とが示されている。

　前述のように，当初は遺伝と環境という2つの極は排他的に議論されてきたが，現在のスポーツの熟達化研究においては，遺伝的要因か環境的要因のみによって熟達化が達成されるという極端な立場をとることは少ない。むしろ遺伝の発現は環境要因が規定し，環境が変わればさらに遺伝要因が発現しやすくなるという遺伝と環境の相互作用説の立場をとることが多い（近年のスポーツにおける遺伝と環境の議論は，Baker & Davids, 2007）。よって結論からすれば，現段階では，一流選手は天才であり，努力家だということになる。宮下（2009）は，遺伝と環境問題を超えてスポーツ科学が取るべき立場を，ラットの長距離走能力に対する遺伝の影響を調査したブリトンとコッチ（Britton & Koch, 2001）の研究を引用して端的に述べている。この調査では，長距離走が得意なラットと苦手なラットに分け，それぞれ交配を繰り返すというものであった。その結果，長距離走が得意な群と苦手な群のそれぞれ3代目のラットでは走れなくなるまでの距離に70%もの差が生じた。これは，長距離走能力に遺伝が強く影響することを示す。しかし一方で，何代経ても両群のなかには逆の特徴をもつラットが誕生することも同様に示された（長距離走が得意な群の子孫でも苦手なラットが誕生するし，その逆もある）。これを受け，宮下は図10-2を示し，「人の運動能力の発達には遺伝的制約があることを認めた上で，すべての人が年齢を問わずそれぞれの個人がもって生まれた能力の限界にまで到達できるような方策を構築するのが，スポーツ科学の究極の目的である」と述べている。このように，高いパフォーマンスの

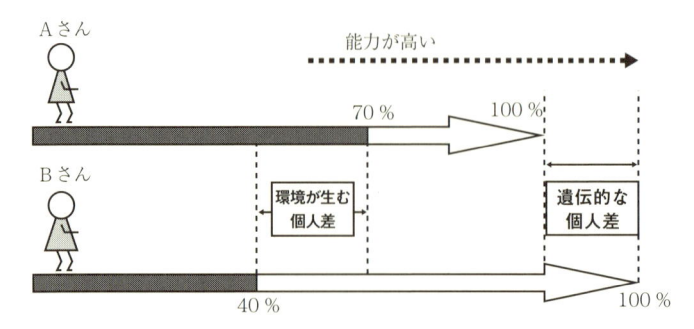

遺伝の影響は有限（100%まで）であるが，環境の影響は無限（0から100%まで）。遺伝的に劣るAさんがトレーニングによって自分の限界の70%まで到達したとすれば，トレーニングによって40%までしか到達しなかった遺伝的に優れたBさんより能力は高くなる。

図10-2　遺伝（氏）と環境（育ち）がもたらす能力差（宮下, 2009）

達成に学習やトレーニングが必要であることは統一された見解であり，個人の能力を最大限促進する環境条件を特定することが熟達化研究の重要な課題であるといえる。

しかし，このようなスポーツ熟達化研究の思惑とは異なり，スポーツ現場ではしばしばタレント発掘がなされる。この活動は才能ある子どもを早期に発見し，専門トレーニングに従事させて将来のスター選手を育成しようとするものである。この場合，発掘時のコーチの才能の判断は何に基づいてなされるのであろうか？　ヘルセンら（Helsen, Hodges, Winckel, & Starkes, 2000）は，ベルギーのユースサッカー選手の生まれ月と代表選抜の確率を調査した結果，選抜が8月に行われていた1996年までと1月に行われるようになった1996年以降では，明らかに選抜された選手の生まれ月が異なることを示した（図10−3）。この図からわかるように，選抜月の直前に生まれた子どもは，選抜月を過ぎてすぐに生まれた子どもよりも選抜の可能性が顕著に低下している。この現象は相対年齢効果と呼ばれ，同じ年に生まれても，ある特定の基準を境に12カ月もの発達差が生じることを指すものである。つまり，ヘルセンらの結果は，コーチの才能の判断基準が単なる身体的な成熟に基づいている可能性を示している。よって，スポーツにおいて才能は重要であるかもしれないが，才能の基準が不明瞭な現在においては，才能よりもやはり環境を重視したシステムの構築が重要といえる。

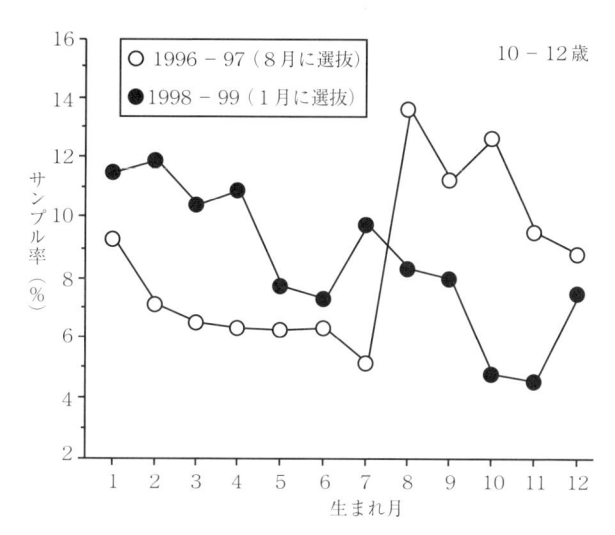

図10−3　選抜月が異なるシーズンに選抜された選手の生まれ月の分布
（Helsen, Hodges, Winckel, & Starkes, 2000）

2　一流までの道のり —10年ルールと意図的・計画的練習理論—

熟達化が学習や環境の影響を受けて進行すると考える環境説の立場に立った場

合，卓越した技能を獲得している熟練者とそうではない未熟練者の間には，技能の発達過程において学習方法や環境の違いが認められるはずである。この問いに対して環境説に立つ熟達化研究が示してきた一貫した答えは，発達過程における練習の量と質が個人差を生じさせるということである。あまりにも当然に思えるが，一流選手がどの程度の期間，どのような質の練習を行ってきたかについて，熟達化研究の枠組みから長期的な発達過程を検討した研究はそれほど古くない。

　ある特定の領域で技能を熟達させるために，長年の経験を要するという考えは一般的な通念としてある。このような経験の量と熟達の程度の間の積極的な関連は，心理学においても前述のチェスの熟達を検討したサイモンとチェイスなどの研究者によって古くから指摘されてきた。「10年ルール」と呼ばれるこの提案は，技能水準を決定するものは経験量であり，少なくとも卓越したレベルに到達するには最低でも10年以上がかかるということである。この提案以降，知的活動や芸術活動，あるいは，様々なスポーツにおいても10年理論を支持する結果が得られている（Ericsson, 1996）。一方で，単純な経験の積み重ねがパフォーマンスの水準を必ずしも予測しないという反証がある。実際に，我々は少なくとも多くの経験を単純に積み上げるだけではトップアスリートになれないことを知っている。つまり，10年間でどのような練習に，どの程度の時間費やしたのかという質と量の両方が問題になる。

　単純な経験の量ではなく，練習の質と量を重視する熟達化の理論は，エリクソンが提案する「意図的・計画的練習理論」（deliberate practice theory）[1]　である（Ericsson, Krampe, & Tesch-Römer, 1993）。彼は伝統的な学習や技能獲得に関わる実験研究を概観し，パフォーマンスの向上を示す活動には，明確に定義された目標があり，適切なフィードバックが与えられ，エラーの検出や修正が可能な豊富な反復が含まれるという共通性を見出した。そして，これらの特徴を含み，パフォーマンスの向上を第1の意図として行われる練習活動を「意図的・計画的練習（以下，計画的練習）」と呼んでいる。このような活動は，問題解決やよりよい方法の発見を含む活動で，高い集中力や努力が必要とされる。また，仕事や遊びと明確に区別され，仕事や競争のように金銭や賞などの外的報酬によって動

---

[1] Deliberate practice の訳語は，わが国の研究者間で様々であるが，Deliberate とは，計画的な，意図的な，入念なといった意味の語である。よってここでは意図的・計画的練習と訳語をあてた

機づけられた活動ではなく，遊びのように明確な目標がなく，本質的に楽しい活動でもないとされる。つまり，仕事や競争は報酬，遊びは活動そのものや楽しみ，計画的練習はパフォーマンスを最大限に向上させるという明確な目的の違いがある。この理論の主張は，質の高い計画的練習に従事した量はそのまま専門技能の発達に反映されるというものである。これに基づき，エリクソンらは計画的練習の量とバイオリンやピアノの熟達との関係を検討している。ちなみに，音楽活動のなかで計画的練習の基準を満たすものは，課題や目標が教師によって明確に示された個人練習（solitary practice）だけであった。この個人練習の累積時間を技能水準別に日記や回想的な報告から推定したところ，18歳までに最も技能の高い者は7400時間（週24時間）もの時間を費やしていたのに対し，低いレベルのものは3400時間（週9時間）しか費やしていなかったと報告している。この結果は，計画的練習の量が熟達を規定するという彼の主張に一致するものである。エリクソンの主張は，スポーツでも個人競技（Starkes, Deakin, Allard, Hodges, & Hayes, 1996）や集団競技（Helsen, Starkes, & Hodges,

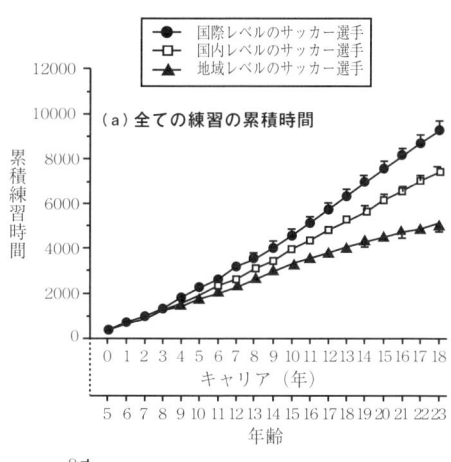

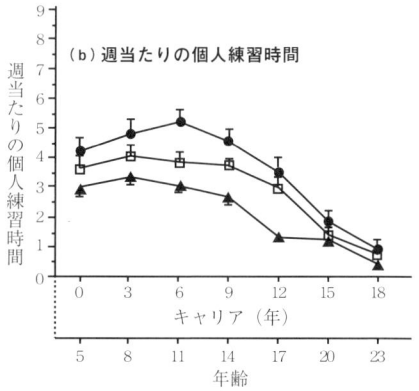

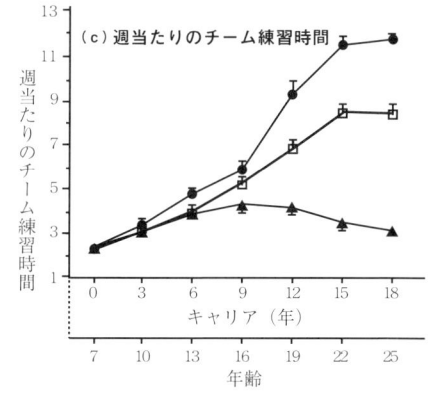

図10－4　各年齢とキャリアにおける技能水準別の練習時間の違い
（Helsen, Starkes, & Hodges, 1998を改変）

1998）まで広く検討されている。ヘルセンら（Helsen, Starkes, & Hodges, 1998）はベルギーのサッカー選手の熟達と計画的練習の累積量の関係を調査したところ、国際レベルの選手はサッカーを始めて18年間の内に10,000時間以上の計画的練習に従事しているが、技能水準の低いものはその量が少ないことを明確に示した（図10-4）。このように、現在では計画的練習の時間を10年10,000時間以上蓄積することが専門技能の発達に重要であると考えられている。しかし、ヘルセンの研究の最も重要な点は、スポーツ領域では、エリクソンが呈示する計画的練習の基準が完全にはあてはまらないことを示した点にある。1つは、週当たりの練習時間において、国際レベルの選手はキャリア初期に個人練習、キャリア後期にチーム練習に費やす時間が多いという観測である（図10-4）。これは、エリクソンの音楽家の研究で重要と判断された個人練習だけでなく、スポーツでは計画的なチーム練習も重要であることを示している。また、エリクソンの定義では、計画的練習は楽しさを含まないが、ヘルセンはスポーツ選手が計画的練習に対して楽しいと感じていることを示している。これらの相違は、個人競技を対象にしたスタークスら（Starkes, Deakin, Allard, Hodges, & Hayes, 1996）の研究でも同様に示されている。よって、スポーツの熟達化においては、練習量の知見は従来の理論を支持するが、質に関しては、スポーツ独自の視点からの検討を要するといえる（Hodges, et al., 2004）。特に、ヘルセンらの結果は年齢段階によって活動の質が変容していくことを示しており、スポーツの熟達過程をとらえるためには、発達のステージを考慮した理論が必要となる。

3 スポーツの発達モデル
―意図的・計画的遊びと多様なスポーツ活動の重要性―

エリクソンの計画的練習理論の考え方は、10年10,000時間の活動を蓄積するために、専門領域の特殊化された練習活動を発達段階のできるだけ早期から開始した方が将来的な熟達の達成に効果的であるという考えを導く。ところが、少なくともスポーツの熟達過程では、早期の専門化（early specialization）よりも「遊び」や「多様なスポーツ活動」を経験する方が重要なようである。コート（Côté, J., 1999）は、様々な分野の才能者の学習段階を調査したブルーム（Bloom, B. S., 1985）の発達段階モデルを拡張し、計画的練習理論に基づくスポーツ固有の発達段階モデルを提案している。このモデルでは、発達過程は試み期（sampling：6

表10-1 自由遊び，計画的遊び，構造化された練習，計画的練習活動の違い
(Côté, Baker, Abernethy, 2003を改変)

次元	自由遊び (Free play)	計画的遊び (Deliberate play)	構造化された練習 (Structured practice)	計画的練習 (Deliberate practice)
活動の目的	楽しみ	楽しみ	パフォーマンス向上	パフォーマンス向上
活動中の視点	過程	過程	結果	結果
おとなによる観察	なし	大まかな観察	あり	注意深い観察
技能の修正	修正なし	即時の修正なし	発見学習による修正あり	即時の修正あり
満足感	即時的	即時的	即時的と遅滞	遅滞
楽しさ	内在	主に内在	主に外在	外在

—12歳），専門化期（specializing：13—15歳），投資期（investment：16歳以上）の3つの発達段階に区分され，それぞれの段階に最適なスポーツ活動形態があると考えている。そのなかでも，コートは意図的・計画的練習とは異なる意図的・計画的遊び（deliberate play）を重要視している。計画的遊びとは，自由遊びと計画的練習の一連続体上に位置づく子どもが遊びで行うスポーツ活動で，実際の競技で扱われるルールではなく，技能に応じた形で子どもやおとなによって変更されたルールで行われる活動を指す（表10-1）。この活動は内発的に動機づけられた活動で，即時の満足感を味わえ，楽しさを最大限引き出すようにデザインされたものとされる。彼ら（Soberlak & Côté, 2003）は，深層インタビューによって，20歳のエリートアイスホッケー選手がこれまで従事してきたスポーツ活動の時間を調査した結果，エリート選手は試み期において計画的遊びに多くの時間を費やし，専門化期から減少に転じ，代わりに計画的練習への従事が投資期まで増加していくという活動内容の発達的変容を明らかにしている（図10-5）。さらに，ウォールとコート（Wall & Côté, 2007）は試み期に計画的練習の量が増加しすぎると，青年・成人期にあたる専門化期・投資期での競技のドロップアウトが生じやすい可能性を示した。以上から，発達早期の計画的練習への従事は，楽しさの経験を減少させ将来的なスポーツ参加を抑制するが，計画的遊びへの従事は，内発的動機づけや楽しさの経験につながり，結果として，発達後期の計画的練習の継続を可能にすると主張している。

発達初期の多様なスポーツ活動への参加の重要性については，ボールゲームの

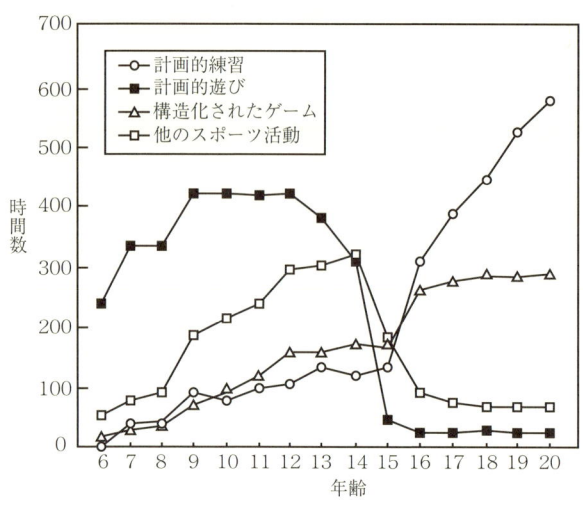

図10－5 エリートアイスホッケー選手が計画的練習，計画的遊び，構造化されたゲーム，他のスポーツ活動に費やした時間
（Côté, Baker, Abernethy, 2003を改変）

司令塔である意思決定者（decision-maker）のパターン想起の転移研究からも支持できる。アバーネシィら（Abernethy, Baker, & Côté, 2005）は，バスケットボールやホッケーなどの様々な進入型ゲーム（invasive game）の熟練者は，類似した他のスポーツにおいても一貫して未熟練者よりもディフェンス選手の位置の想起に優れていることを示した。また，意思決定の熟練者は試み期において多くの進入型ゲームの経験をもつことが明らかになっている。つまり，ボールゲームにおいて重要となる相手位置の認識といった知覚技能はある程度の汎用性があり，将来的な専門種目の熟達に大きく貢献しているといえる。このような汎用的な意思決定技能が，専門的に獲得された意思決定技能よりも優れるという積極的な意味は今後検討が必要であるが，そのような選手が最終的に高いレベルに到達している事実は魅力的な現象である。また，計画的遊びでは，子ども自身が様々な動きや戦術を実験的に試す機会や新しい技術や未知の方法を試す機会，柔軟で創造性にあふれた問題解決方法を見出す機会があることなど，技能面においても利点があるとされている。

このように，エリクソンの早期の専門化と熟達の関係は，コートの一連のスポーツを対象にした研究からは支持できない。つまり，スポーツにおいては，発達初期に自由で多様な活動をとおして楽しさを経験することが重要であり，そのような経験は，青年・成人期において長期間の計画的練習を遂行する動機づけにつながる。また，この時期の多様な経験は，一般性の高い運動体力や転移性の高い知覚―認知技能の獲得につながると考えられ，青年・成人期の優れたパフォーマン

1．予想される結果
- レクリエーションへの参加
- 身体的健康の増進
- 楽しさの増進

2．予想される結果
- エリートパフォーマンス
- 身体的健康の増進
- スポーツの楽しさの増進

3．予想される結果
- エリートパフォーマンス
- 身体的健康の減少
- 楽しさの減少

レクリエーション期
活動内容
- 多くの計画的遊び
- 少ない計画的練習
- フィットネスと健康に焦点を当てた活動

投資期
活動内容
- 多くの計画的練習（80％）
- 少ない計画的遊び（20％）
- 1つのスポーツに絞る

早期専門化
活動内容
- 多くの計画的練習（80％）
- 少ない計画的遊び（20％）
- 1つのスポーツに絞る

専門化期
活動内容
- バランス良い計画的遊びと計画的練習（50％ずつ）
- スポーツ種類の減少（2-3つ）

試み期
活動内容
- 多くの計画的遊び（80％）
- 少ない計画的練習（20％）
- 数種類のスポーツに従事（3-4つ）

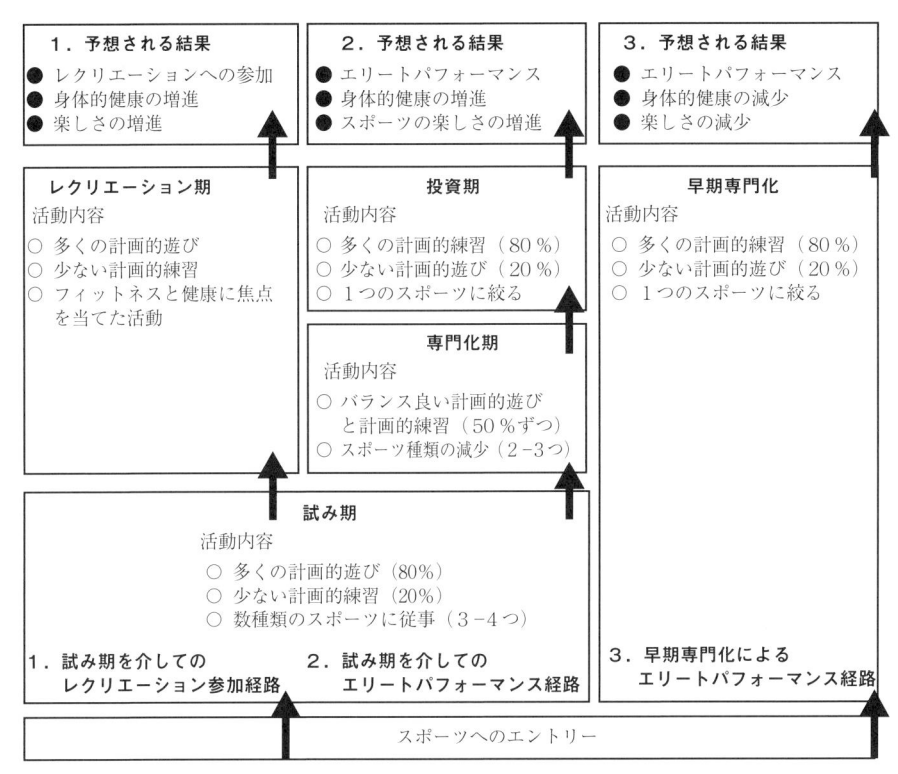

1．試み期を介してのレクリエーション参加経路
2．試み期を介してのエリートパフォーマンス経路
3．早期専門化によるエリートパフォーマンス経路

スポーツへのエントリー

図10－6　スポーツ参加の発達モデル
（Côté, Baker, Abernethy, 2007を改変）

ス達成に貢献する。しかし一方で，コートの主張の反証もある。ワードら（Ward, Hodges, Williams, & Starkes, 2007）は，発達初期の計画的遊びや多様なスポーツ経験は発達後期の技能水準の個人差を予測できず，むしろ，エリートユース選手は，試み期において組織化された練習（計画的なチーム練習）に多くの時間を費やしていること，専門種目以外への参加が少ないことを示し，早期の専門化と計画的練習の重要性を主張している。このような結果の相違に関しては，文化的要因などが指摘されているが，コートの重要な主張は，単に熟達することを対象とするのではなく，社会的要因や動機づけなどを考慮した上で心身の健康に対する損失が低い熟達過程を対象とする点にあると考えられる（スポーツ参加の発達モデル（図10－6）; Côté, Baker, & Abernethy, 2007）。

エリクソンやその後に続くスポーツ領域の研究は計画的練習の累積が熟達化の

決定因であることを示した。しかし，これらの理論では熟達化研究の本質である技能習得だけに強く焦点が置かれており，なぜ，青年・成人期においてスポーツに従事し続けるものとそうでないものに分かれてしまうのかという視点は検討されてこなかった。これに対し，コートらは発達理論に強く基づき，各発達段階における心理・社会的要因も含めた影響を明らかにしようとしている点で優れている。この点は，青年・成人期のスポーツにおいて計画的練習の継続を阻害する動機づけの低下や怪我による離脱なども含め非常に重要な問題といえる。以上のように，チェイスとサイモンの伝統的な研究，続くエリクソンの計画的練習理論に基づいてスポーツにおける熟達化研究も発展してきたといえる。しかし，コートやベイカーの研究が示すように，スポーツ独自の文脈で生じる専門技能の発達については，各発達段階間の長期的な関連から検討する必要があるだろう。

第11章 スポーツに対する動機づけ

青年・成人期におけるスポーツ参加者の競技レベルならびに参加形態は多様である。第1節では，競技レベルが高い者と低い者の違い，体育会運動部員とスポーツ系サークル参加者の違いを動機づけの観点から検討していく。また，中学校や高校では，運動部に加入しても，継続していける者ばかりではなく，離脱していく者もいる。そこで第2節では，スポーツにおける離脱者と継続者にかかわる要因を検討していく。そして，第3節では，スポーツにおける行動を動機の観点から分類するとともに，体育・スポーツ心理学で応用されている動機づけ理論を紹介する。

1節　スポーツ参加者の動機づけ

1　競技レベルと動機づけ

松田ほか（1982）は，中学生から中高年の都道府県大会レベルの選手から国際大会レベルの選手（競技経験年数は，4年以下から20年以上）を対象とした調査により，競技レベルが高い選手は低い選手よりも，また，競技経験年数が長い選手は短い選手よりも，達成動機が高いことを示した。この調査における達成動機の中核的な要素は，「目標への挑戦」，「技術向上意欲」，「困難の克服」であった。これは，目標を達成する強い意志，卓越した技能を追求する向上心，困難を克服する絶え間ない努力を長期にわたり維持していくことが高い競技レベルにつながることを示唆している。

西田・猪俣（1981）は東海リーグの運動部に所属する大学生を対象とした調査により，1部リーグの選手は達成動機のなかでも，「独自な達成・意欲」および「精神的強靱さ」が2部あるいは3部リーグの選手よりも高いことを明らかにした。この調査結果からは，高度な運動技能の習得や大きな目標の獲得には，日頃の単なる練習の繰り返しだけではなく，独自な技を開発しようとする積極性や精神的な強さが必要であるという示唆が提示された。

山本（1990）は，大学運動部員を対象として，正選手と補欠選手の参加動機を比較したところ，正選手は補欠選手よりも「自由・平等性」を重視することを明らかにした。これは，正選手は補欠選手よりもチームの雰囲気の自由さや平等さ

に動機づけられていることを示している。この結果を受けた後のインタビュー調査によると，正選手は高校時に比べてある程度の自由が認められていることに心地良さを感じているのに対して，補欠選手はチーム内での扱われ方に不満を感じていることが「自由・平等性」の差であると解釈された。

松田ほか（1982）の調査は競技レベルおよび競技経験年数も多様な対象であり，且つ国際大会を経験している選手も含まれていることから，世界で戦える選手の条件が提示されていると考えられる。しかしながら，その競技レベルに到達するまでには，いくつもの段階を1つずつクリアしなければならない。そういった意味では，隣接する競技レベル間の比較を行った西田・猪俣（1981）の調査結果により，単に練習を繰り返すのみではなく，独自な技を開発しようとする積極性や精神的な強さが必要であると論じられていることは，1つ上の段階にレベルアップする条件が提示されていると考えられる。そして，チームがレベルアップするためには，チーム内の選手が切磋琢磨することも必要である。山本（1990）の調査では，チーム内の競技レベルによる参加動機の違いはチームでの自由さや平等性であることが示された。これを参考にすれば，正選手間のみならず，補欠選手も含めた切磋琢磨がなされる環境づくりがチームの総合力を底上げすることにつながるのではないかと考えられる。

2　参加形態と動機づけ

青年・成人期には，競技のみならず，サークル，フィットネスクラブなど，参加形態は多様になり動機づけも違ってくる。蔵本・菊池（2006）は，前述した山本（1990）とほぼ同様の調査項目を使用して，大学の体育会運動部員とスポーツ系サークル参加者を対象とした参加動機の比較を行った。その結果，運動部員はサークル参加者よりも「達成」と「社会的有用性」を重視し，サークル参加者は運動部員よりも「自由」，「健康・体力」，「親和」を重視していることが示された。これは，運動部員は，競技レベルの向上を目指していたり，今後の進路に運動部で学んだことを活かしたいと考えており，サークル参加者は，チームの雰囲気について自由さや仲間との交流を求め，体力の向上や健康の保持増進を望んでいることを示している。すなわち，参加形態によってスポーツに求めるものが違うことを意味している。

ところで，中学校や高校の運動部活動では，参加形態の選択肢はなく，多種多

様な要望をもつ生徒たちが 1 つの部に混在する。このような環境下では様々な問題が生じてくる。その 1 つに離脱の問題がある。

2 節　スポーツにおける離脱者と継続者

1　スポーツからの離脱

　青木（1989）は高校の運動部の退部者を対象とした調査から,「人間関係のあつれき」,「勉強との両立」など,稲地・千駄（1992）は中学校の運動部の退部者を対象とした調査から,「部機能の低下」,「技能向上の停滞」などを離脱の理由に挙げた。また,杉原（2003）は,中学校の運動部員を対象として,過去にやる気をなくした理由を調査したところ,「記録やプレーの停滞低下」,「チームのまとまりがなく,バラバラであると感じたので」などが挙げられたことを報告した。

　青木（1989）および稲地・千駄（1992）の調査対象は離脱者であるのに対して,杉原（2003）が報告した調査対象は継続者であった。しかしながら,「人間関係のあつれき」（青木,1989）や「部機能の低下」（稲地・千駄,1992）は「チームのまとまりがなく,バラバラであると感じたので」（杉原,2003）と類似しており,また,「技能向上の停滞」（稲地・千駄,1992）は「記録やプレーの停滞低下」（杉原,2003）と類似している。すなわち,離脱は衝動的に起こる行動というよりは,やる気をなくすような経験が積み重なった結果であることを示唆している。この示唆を支持するような調査結果もある。

　保坂・杉原（1986）は,高校水泳選手を対象として,過去 3 年間の記録の変化について尋ねる調査を行った。その結果,記録が低下または停滞していると感じ,将来も伸びないだろうと思っている者は,記録が伸びていると感じ,将来も伸びると思っている者よりも,無気力症状が強いことを示した。これは,昨日今日に生じた記録の低下または停滞ではなく,長期間にわたって記録の伸びへの期待をなくす経験が積み重なった結果であると考えられる。

　この他にも,参加動機と加入した部の活動内容が一致しなかったことも考えられる。蔵本・菊池（2006）の調査結果について,サークル参加者は,「自由」,「健康・体力」,「親和」を運動部員よりも重視していることから,チームの雰囲気について自由さや仲間との交流を求め,体力の向上や健康の保持増進を望んでいることを述べた。このことと,青木（1989）の調査結果を関連させると,「人間関

係のあつれき」,「勉強との両立」を離脱の理由に挙げた生徒は,参加動機として,仲間との交流を深められることや時間があるときに気軽にスポーツができる環境を望んでいたのかもしれない。すなわち,運動部活動に求めていたものは,競技というよりはサークルのような参加形態だったのではないかと考えられる。

2　スポーツの継続

　ここまでは,離脱者の特徴を示してきたが,長期にわたりスポーツを継続していく者もいる。体育・スポーツ心理学では,どのくらい上手くできるかという見込み,すなわち,能力への期待がスポーツの継続に有力な要因であると考えられてきた。その能力への期待に関する概念の1つに運動有能感がある。運動有能感とは,運動の上達・成功体験から生まれる,やればできるという自分に対する自信のことである（杉原, 2003）。

　笹川スポーツ財団（2010）の調査では,スポーツクラブ・運動部への加入率について,小学生が最も高く,それ以降の学校期では低下していくことが示されている。この原因の1つには運動有能感が考えられる。岡沢ほか（1996）は,小学生から大学生までを対象とした調査により,小学生よりも,中学生,高校生,大学生は,運動有能感が低いことを示した。また,運動有能感を含む体育の学習意欲を調査した西田（1995）も同様の報告をしている。これらのことは,青年・成人期が運動有能感を得ることが難しい発達段階であることを示している。

　児童期に比べて青年・成人期には,運動部活動で取り組む活動内容や体育授業の学習内容が専門化し,高度な技能レベルが要求されるようになる。それに対応できない選手あるいは生徒は有能感を得ることが難しくなる。また,他者と自分を比較することも児童期以降の発達段階では多くなり,他者より上手くできない経験は有能感の低下を招く。ゆえに,学外のスポーツ活動への参加率は低下し,同様に体育の学習意欲も低下していくと考えられる。

　藤田（2010）は中学校と高校の運動部員を対象とした調査から,中学1年生から2年生にかけて有能感は低下するが,高校1年生になると中学1年生と同レベルの高さになり,高校2年生になると中学2年生のレベルまで低下することを報告した（図11-1）。このことについて,中学校から高校にかけて運動部への加入率が低下することを踏まえた場合,高校1年生になると中学1年生のレベルまで有能感が復活するのではなく,中学校時に有能感が低かった者は高校では運動

部に加入しなかったのではないかと推察される。すなわち，中学校時に有能感が高かった者のみが高校でも運動部に入部し，スポーツを継続しているのではないかと思われる。

筒井ほか（1996）は，1つの種目を一途に継続する者（同一種目継続参加），種目を変えて継続する者（異種目継続参加），途中でやめるがある段階で再度復帰する者（中断後復帰），ある段階でやめて現在もやっていない者（離脱），もともと最初から参加していない者（不参加）の5群について，運動に対する有能感，結果予期，自己効力感，勝敗に対する態度の比較を行った。その結果，運動に対する有能感が低く，スポーツをしても良い結果が得られないと思っている者ははじめからスポーツに参加しないこと，スポーツを始めた者でも，そこで期待した報酬が得られず無力感を形成した場合には離脱していくこと，スポーツで有能感を高め，勝つことを経験する者はスポーツを継続して勝つことが大事だという勝利志向性を高めていくことを明らかにし，能力が高く維持し続けられるという期待をもつことがスポーツの継続に必要な条件であるとした。

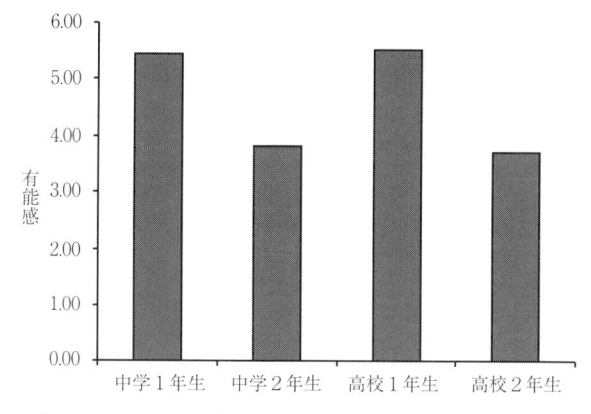

図 11 - 1　運動部員の有能感（藤田，2010 より作成）

3節　動機づけの理論

1　動機の分類

スポーツの行動には，複数の動機が関与していると考えられるが，ここでは，前節までにあげてきた各要因を動機の観点から，おおよそ分類してみる。杉原（2003）は，運動は競争や協力といった対人的な文脈のなかで行われるだけでなく，多くの人々の目前で公開されるため，社会的動機が大きく関係しているとし，その主なものとして，親和動機，獲得動機，優越動機，承認動機，顕示動機，達成動機を挙げている。

親和動機は，友情や愛情によって他者と交流し，良い人間関係をつくりたいという動機である。蔵本・菊池（2006）の「親和」は親和動機への接近，青木（1989）の「人間関係のあつれき」，稲地・千駄（1992）の「部機能の低下」は，親和動機の阻止である。獲得動機は金品などの物質的報酬を求める動機である。蔵本・菊池（2006）の「社会的有用性」は獲得動機への接近である。承認動機は，優れた業績を上げて社会的に，あるいは自分にとって重要な他者に認められたいという動機である。山本（1990）の「自由・平等性」について，正選手では承認動機への接近，補欠選手では承認動機の阻止である。優越動機は他者との比較において人より優れたいという動機であり，顕示動機は自分を他者に印象づけたい，人の目を自分に引きつけたい，有名になりたいという動機である。西田・猪俣（1981）の「独自な達成・意欲」は優越動機と顕示動機の両方への接近である。達成動機は物事をより卓越した水準で成し遂げることを追求する傾向である。松田ほか（1982）の「目標への挑戦」，「技術向上意欲」，「困難の克服」，また，優越動機と顕示動機であった西田・猪俣（1981）の「独自な達成・意欲」も，達成動機への接近である。

　ここまでに挙げた社会的動機は報酬獲得のために行動を手段とする動機である。しかしながら，この動機のみでは説明ができない行動もある。それは，行動をすること自体を目的とする動機であり，内発的動機づけと呼ばれている。すなわち，行動をすること自体が報酬なのである。内発的動機づけが登場すると，それ以外の動機づけは全て外発的動機づけと呼ばれるようになる。内発的動機づけには，主に活動性動機，好奇動機，イフェクタンス動機がある。活動性動機は活発に力いっぱい身体を動かしたいという動機である。蔵本・菊池（2006）の「健康・体力」は活動性動機への接近である。好奇動機は，目新しい新奇な刺激や活動，より複雑な活動を追求する動機である。西田・猪俣（1981）の「独自な達成・意欲」は，優越動機，顕示動機，達成動機であったが，好奇動機への接近でもある。イフェクタンス動機は新しい能力の獲得や能力の向上ならびに能力を最大限に発揮することなど能力に関連する動機である。岡沢ほか（1996）などの有能感，また，達成動機であった松田ほか（1982）の「目標への挑戦」，「技術向上意欲」，「困難の克服」も，イフェクタンス動機への接近である。それに対して，稲地・千駄（1992）の「技能向上の停滞」はイフェクタンス動機の阻止である。杉原（2003）によれば，達成動機には社会的・文化的価値とは区別される個人的な達成傾向が

表 11 − 1　動機の分類 (杉原，2003 を参考に作成)

動機の名称		1節と2節であげた各要因
外発的動機づけ	親和動機	「親和」(蔵本・菊池，2006)，「人間関係のあつれき」(青木，1989)，「部機能の低下」(稲地・千駄，1992)
	獲得動機	「社会的有用性」(蔵本・菊池，2006)
	承認動機	「自由・平等性」(山本，1990)
	優越動機	「独自な達成・意欲」(西田・猪俣，1981)
	顕示動機	
内発的動機づけ	達成動機	「目標への挑戦」，「技術向上意欲」，「困難の克服」(松田ほか，1982)，「独自な達成・意欲」(西田・猪俣，1981)
	活動性動機	「健康・体力」(蔵本・菊池，2006)
	好奇動機	「独自な達成・意欲」(西田・猪俣，1981)
	イフェクタンス動機	「目標への挑戦」，「技術向上意欲」，「困難の克服」(松田ほか，1982)，「技能向上の停滞」(稲地・千駄，1992)

あり，これらは内発的動機づけに含められるという。すなわち，達成動機には内発的動機と外発的動機の側面があると考えられ(表11 − 1)，達成動機が高い選手は両側面とも高いということになる。

2　自己決定理論

従来から，内発的動機づけと外発的動機づけには，「目的―手段」という区別がある。これは，前述したように，報酬獲得のために行動を手段とするのが外発的動機づけ，行動をすること自体を目的とするのが内発的動機づけという考え方である。この他にも，「自律―他律」という区別がある。これは，自律していれば内発的動機づけ，他律ならば外発的動機づけという考え方である。スポーツの場面でたとえれば，主体的に取り組むのは自律，やらされているのは他律ということである。「目的―手段」の区別は今日でも従来通りの考え方であるが，「自律―他律」の区別については，自律していても外発的動機づけの場合があるという立場が出てきた。そして，自律性の程度により動機づけを分類した枠組みがデシとライアンの自己決定理論(Deci & Ryan, 1985)である。

動機づけのなかで全く自律していないのは非動機づけと呼ばれる。スポーツに対する価値や有能さが欠損している者は非動機づけが高く，スポーツの時間が無駄であると感じたり，いくら練習しても上達しないと思っている。外的調整は外発的動機づけのなかで最も自律性の程度が低い。外的調整が高い者は，外的要因からの強制を感じており，先生に叱られたくないから，仲間外れにされたくない

から，という理由でスポーツをする。取り入れ的調整は外的調整よりも自律性の程度は高いが，自律しているわけではない。恥をかくことを避けたいから，社会的な承認を得たいから，という理由でスポーツをする者は取り入れ的調整が高い。同一化的調整や統合的調整は，報酬獲得のための手段でありながらも，自律性の程度が高い外発的動機づけとして位置づけられている。健康でいたいから，友情を深めたいから，という理由でスポーツをする者は自律的な外発的動機づけ（同一化的調整，統合的調整）が高い。内発的動機づけは，動機づけのなかで最も自律していることに加え，スポーツをすること自体が目的となる。爽快感を得たいから，新しい発見をしたいから，一生懸命練習して上達させたいから，という理由でスポーツをする者は内発的動機づけが高い。

　このような自律性の程度に基づく位置づけ方（図11－2）は，動機づけの連続体と呼ばれるが，外発的動機づけから内発的動機づけへと段階的に移行することではない。なぜなら，内発的動機づけは，自律していることに加え，スポーツをすること自体が目的であるのに対して，外発的動機づけは，どんなに自律してもスポーツは報酬獲得のための手段であり，目的にはならないからである。杉原(2003)によれば，人間は複数の動機を同時にもって運動に取り組んでいるという。この考え方からすれば，動機づけには，内発的動機づけ，外発的動機づけ，非動機づけの側面があり，自律性の程度によって各側面の高さが規定されると考えられる。自律している者は，スポーツが上手くなりたいだけではなく，仲間との絆も深めたいし，健康でいたいとも考えており，自律していない者は，スポーツの時間が無駄であると感じるだけではなく，指導者に叱られることを恐れているのである。前述の動機の分類からも，スポーツの行動に複数の動機が関与していることは明らかであり，1種類の動機で説明するのは難しいのである。

　内発的動機づけ，外発的動機づけ，非動機づけは，自律性への欲求，有能さへ

非動機づけ	<手段> 外発的動機づけ				<目的> 内発的動機づけ
非調整	外的 調整	取り入れ的 調整	同一化的 調整	統合的 調整	内発的 調整
	<他律>		<自律>		

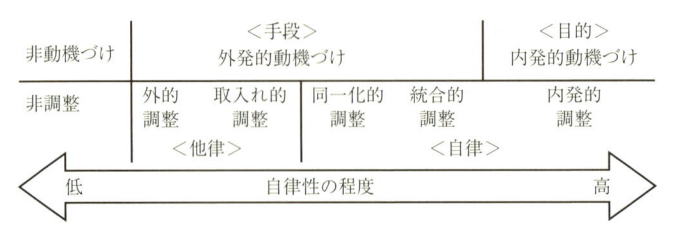

低　←　自律性の程度　→　高

図11－2　自律性の程度によって分類される動機づけ（杉原，2003を参考に作成）

の欲求，関係性への欲求という心理的欲求の充足の程度に規定されている。自律性への欲求とは，行動の主体でありたいという欲求であり，この理論の中核的要素である。有能さへの欲求とは，有能さを獲得したいという欲求であり，有能感と同意である。関係性への欲求とは他者と良い関係性を保ちたいという欲求である。藤田・杉原（2007）は，大学と高等専門学校の運動部員を対象とした調査により，自律性への欲求は他の欲求よりも各動機づけを規定すること，また，心理的欲求の充足は，内発的動機づけと同一的調整（自律的な外発的動機づけ）を高め，外的調整と非動機づけを低下させる要因になること，内発的動機づけは離脱を防止し，非動機づけは離脱を招く要因になることを示唆した。

　心理的欲求の充足は，内発的動機づけと自律的な外発的動機づけの両方を高めるが，どちらが強い規定力をもつのだろうか。自律的な外発的動機づけは新しい視点として注目されており，行動に対して負というよりは正の影響を示す動機づけであると考えられる。しかしながら，離脱や継続という観点からすれば，内発的動機づけほど有力ではない。前述したように，外発的動機づけはどんなに自律していても，報酬獲得の手段にすぎない。健康を維持したいからあるいは友人を作りたいからスポーツをするのは自律的な外発的動機づけになるが，スポーツをしなくても健康でいられるあるいは友人が作れる手段はいくつもある。その手段が他に見つかれば，スポーツの必要性を感じなくなると考えられる。スポーツをすることで，健康になること，友人ができることは喜ばしい恩恵であるが，生涯スポーツあるいは競技スポーツの目標を実現するためには，長期的な継続は欠かせない条件になる。自律的な外発的動機づけは重要であるが，スポーツをすること自体が目的となる内発的動機づけは最も重要なのである。

3　達成目標理論

　2節では青年・成人期は有能感を得ることが難しい発達段階であることを述べたが，ここでは有能さを獲得するアプローチに着目した達成目標理論（Nicholls, 1989）を紹介したい。この理論では，有能さの獲得を目標として，その目標を達成するアプローチに課題関与と自我関与という2種類の達成目標が概念化されている。ニコルス（Nicholls, 1989）によると，個人が課題関与になるあるいは自我関与になることを規定するのは，能力と努力の区別についての考え方であるという。すなわち，有能さに対する考え方が有能さを獲得するアプローチを規定す

るのである。能力と努力を区別しない場合，両者は同等のものと解釈され，努力した量が多いほど能力は高いと判断される。すなわち，有能さの基準は絶対的になり，個人レベルの上達や努力することを重視する課題関与になる。一方，能力と努力を区別する場合，両者は別のものとして解釈され，同じ成功ならば努力の量が少ないほど能力が高いと判断される。すなわち，有能さの基準は相対的になり，他者と比較して優れることや他者よりも少ない努力で成功することを重視する自我関与になる。7歳くらいまでの子どもは，能力と努力が区別できないため，努力した量が能力の高さであると考えるが，社会経験を通して11歳くらいまでに能力と努力の違いを理解できるようになる。しかしながら，青年期以降も，自我関与になる者ばかりではなく，課題関与でいられる者もいる。すなわち，社会経験のなかで形成されてきた個人の志向性が影響するのである。これを目標志向性という。

　目標志向性には課題志向性と自我志向性がある。スポーツへの取り組み方が，課題関与になりやすい者は課題志向性が高く，自我関与になりやすい者は自我志向性が高いと考えられる。競技志向性あるいは勝利志向性という概念もあるが，これらは競技あるいは勝利に向かう強さの程度であり，有能さを獲得するアプローチの違いを説明するものではない。また，課題志向性は競争を避け，自我志向性は競争に向き合うという捉え方も違う。競技スポーツでは競争で勝ち負けが決められ，誰でもその競争に勝ちたいと思うのは当然である。また，体育授業でも競争する場面は多く，負けたいと思うよりは勝ちたいと思う児童生徒の方が多いだろう。着目すべきことは，競争のなかであきらめずに粘り強く挑戦し続けるために，どのようなアプローチをするかである。ニコルスは実験室の研究で得られた知見から達成目標理論を構築したが，その背景には，アメリカの競争社会における子どもたちの意欲低下を改善したいとの思いがあった。そして，研究を重ねていくなかで課題関与になることのメリットを見出したのである。すなわち，達成目標理論には競争という文脈が想定されているのである。

　藤田・末吉（2010）は，大学生を対象として，シャトルランテストの直前に，目標志向性と自己効力感（有能感と同意）に加え，電子音に間に合わなくなりそうになっても，最後まであきらめずに走りきろうと思うかという努力意図を尋ねた。その結果，目標志向性の種類に関係なく，自己効力感が高い者ほど記録は良かった。しかしながら，自己効力感の高低に関係なく，課題志向性が高い者は自

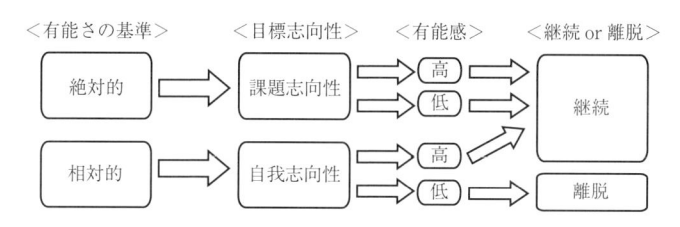

図 11 − 3　課題志向性と自我志向性の違い（Nicholls, 1989 を参考に作成）

我志向が高い者よりも努力意図が高かった。これは，能力への期待の高さや記録の良し悪しに関係なく，課題志向性は自我志向性よりも努力する性質が強いことを示唆している。

　ニコルス（1989）は，自我関与である場合，有能さを感じている間は適応的でいられるが，有能さが感じられなくなると不適応的になることを懸念している。例えば，自我志向性が高い者は有能さの基準が相対的になる。競争に勝ち続けることができれば，他者より優れていることを感じ，有能さが獲得される。ゆえに，スポーツを継続してもっと上手くなりたいという気持ちをもつようになる。しかしながら，負けが積み重なれば，他者より劣っていることを感じるため，有能さが欠損する。ゆえに，能力の限界を感じ，スポーツからの離脱を招く可能性がある。それに対して，課題志向性が高い者は有能さの基準が絶対的になる。したがって，他者より優れているかあるいは劣っているかは重要なことではない。たとえ競争に負けたとしても，全力を尽くすことができれば，それは有能さの獲得となり，今の自分より少しでも上手くなることを目指して，スポーツを継続していけるのである（図 11 − 3）。

第12章　スポーツ選手の抱える心理的問題と人格的発達

　一般にスポーツ選手は，心身ともに健康的で社会的な適応力も高いと評される。彼らの性格は明るく，積極的で行動力があり，忍耐力もあって努力家といったイメージをもたれることも多い。そこにはスポーツ活動が，彼らの人格的発達に好ましい影響を与えているといった前提がある。しかしながら，スポーツ選手の不祥事は跡を絶たないし，様々な心理的問題を呈するスポーツ選手がいることも事実である。この点を踏まえ本章では，スポーツ選手の抱える心理的問題とその背景，ならびにスポーツ選手の人格発達に関する研究の概要を紹介する。

1節　スポーツと人格的発達

　かつてアメリカでは，青少年の非行防止を目的として各種の組織的なスポーツプログラムが実施されていた（Singer, 1975）。明るく，楽しく，そして健康的なスポーツ活動に参加することで，青少年が非行活動に興味をもったり，実際に非行活動を行う割合の減ったりすることが期待された。しかし，その効果は必ずしもすべてのプログラムに認められなかったようである。スポーツ活動においては，社会的に望ましいと考えられている価値感や行動だけが学習されるとは限らないのである。

1　スポーツ選手の人格形成に関する研究の概要

　応用スポーツ心理学の領域において，スポーツ選手の人格に関する議論は1960年代に続けて出版された2冊の著書から始まった。1つはオジルビとタッコ（Ogilvie & Tutko, 1966）による『問題を抱えたアスリート：彼らにどう対応すればよいか（Problem athletes and how to handle them）』であり，もう1つはベイサー（Beisser, 1967）による『スポーツの狂気（The madness in sport）』である。いずれも原題が示すとおり，スポーツ選手の人格上の問題について論じたものであった。ここでは，スポーツにおいて強調されるフェアプレイの精神や勝って驕らず負けて妬まないスポーツパーソンシップに期待される人間性とは，全く異なるスポーツ選手の人格に焦点が当てられている。特にベイサーは競技ス

ポーツに没頭するアスリートの姿を精神科医の立場から描き出しており，なかには精神病理学的範疇の問題を呈した元アスリートの事例も含まれている．本書は『スポーツ心理学：スポーツによる心理的社会的障害』として翻訳出版され，わが国にも紹介された．

その後，アメリカでは1970年代から80年代にかけて，スポーツ選手の人格の捉え方は大きく変化した．すなわちスポーツ選手は精神的にも健康であり，むしろ周囲の期待やプレッシャーなどの特殊な競技の環境下においてさえ，選手として実力が発揮できる，精神的なタフさ（mentally tough）を獲得しているといった見方である．ここで言う精神的なタフさは，人格的な側面よりはむしろ，学習可能なスキル（trainable skill）の側面から注目された．1984年のロサンゼルスオリンピックでは，代表選手に対して心理的スキルのトレーニングが実施され，実力発揮に効果を挙げたとされている．

一方わが国ではこれらの影響を受けつつも，独自の研究がなされてきた．YG性格検査などを用いて，一流選手が共通にもっている性格特性の研究が行われた．その結果，優れたスポーツ選手には，①外向性，②協調性，③支配性といった，社会的に望ましい特徴の見られることが明らかになり，これらを総称して「スポーツマン的性格」と呼ぶようになった．さらに優秀な選手になるためにはどのような人格の側面が必要となるか，すなわち心理適性に関わる研究が進み，スポーツ場面での競技意欲を測定するTSMI（Taikyo Sport Motivation Inventory：体協競技意欲検査）も開発された．

90年代になると，臨床スポーツ心理学の構築を目指す，わが国独自の動きが活発となる．ここでいう「臨床」は欧米のClinical psychologyとは異なり，スポーツ選手の問題行動への対応だけに限定せず，これまでスポーツ心理学が扱ってきた事象や内容にまで対象を広げ，領域横断的に心理臨床的アプローチを採用しようとするものとなった．その理論的基盤を作り上げた取り組みの1つに中込（1993）のスポーツ選手の人格形成への探求が挙げられる．

2　危機と人格形成

人格の発達を研究するアプローチには，①特性論，②状況論，③相互作用論という，大きく3つのタイプがある．例えば，前述のTSMIを用いて，競技成績の優秀な選手とそうでない選手との比較を行うことで，特性としての心理適性を

表12−1 スポーツ選手の危機様態の分類パターン（中込，1993を元に作成）

危機様態のパターン	概略
積極的模索型（相互的）	危機事象に対処していく過程で，最も相互的な危機事象とのかかわりをもっている。積極的に対処行動を起こし，その対処行動に深まりあるいは広がりが認められる。
消極的模索型（短縮型）	危機意識の程度が高いにもかかわらず，対処行動の深まりや広がりが認められない。解決あるいは未決に関わる実感が薄い。
危機回避型（防衛的）	基本的に危機意識があるにもかかわらず，対処行動を起こさない。むしろ危機を意図的に避けている。
未決・継続型（遷延的）	危機意識があり，しかも解決の意義を認めてはいるが，積極的な対処行動は起こさない。したがって本質的な解決がなされていないことは本人も自覚している。その後再び同種の問題を繰り返していくことが多い。
平穏型	取り立てて危機事象を避けてきたわけでもなく，比較的順調に歩んできている。選択決定を迫られるときは，決定を出すまでに探求・努力を認めることもある。

探求する試みがなされたが，これは①特性論によるアプローチにあたる。しかし競技という日常生活とは異なる特殊な環境下で見せる，スポーツ選手の多様な個性を説明するには，個人の特性と環境の特殊性が相互に作用しあっているとする，③相互作用論が採用されなければならない。

中込（1993）は，スポーツ経験と人格の発達の関係を探るため，スポーツ場面での危機経験とアイデンティティ確立との相互作用を，質問紙調査法ならびに臨床事例研究法により検討した。アイデンティティとは自我同一性のことであり，青年期の心理社会的発達課題として，エリクソン（Erikson, 1973）が提唱した概念である。様々な角度からの検証の結果，スポーツ選手には表12−1に示すような特徴的な5つの対処パターン（危機様態）のあること，そして危機に対して積極模索型の対処パターンを示す選手は，特に人格の発達が見られることを報告した。またこれらの一連の研究を通じて，スポーツ選手はスポーツでの危機への取り組みを通じて人生で直面する様々な課題解決の方法を学んでいることを見出し，改めてスポーツ経験と人格の発達との関係を確認した。

3 スポーツ環境の特殊性

スポーツ環境が競技ストレスに満ちていることを報告する研究は以前からなされていた。例えば，岡ら（1998）は，大学スポーツ選手の日常・競技ストレッサーを調査したところ，「日常・競技生活での人間関係」「競技成績」「他者からの期待・プレッシャー」「自己に関する内的・社会的変化」「クラブ活動内容」「経済状態・

学業」を見出し，スポーツ選手が特殊な環境におかれていることを明らかにした。さらにこれらのストレッサーの体験が増えると，ストレス反応としての抑うつや認知的混乱，引きこもりにつながる危険性のあることを指摘している。

その後，臨床スポーツ心理学の研究が進み，スポーツ選手の個性に対する理解が進むにつれ，スポーツ環境の特殊性がますます浮き彫りになっていった。例えば土屋（2010）は，スポーツ選手の他者関係の特殊性に注目するなかで，彼らの心理的問題の発生にも，そしてその問題の解決にも，周囲の他者との交流が重要な役割を担っていることに気づいた。そして周囲の他者から得られる有形・無形の援助，すなわちソーシャルサポートが競技ストレスの緩和に有効となり，さらにバーンアウトの予防と同時に様々な対処経験を通じて彼らの人格の発達に役立つ可能性を指摘した。この点については，実際のスポーツカウンセリング事例を紹介しながら後述することとし，次節ではスポーツ選手の抱える心理的問題とその背景について概説する。

2節　スポーツ選手の抱える心理的問題

1　青年期におけるスポーツ活動の弊害

青年期におけるスポーツ活動の弊害としてマーフィ（Murphy, 1995）は，負傷，アルコールと薬物乱用，摂食障害と体重コントロール，競技移行・引退，オーバートレーニングとバーンアウトといった5つの問題事象を挙げている。大学生アスリートのカウンセリングを解説した著書でも，競技移行・引退，負傷と障害，アルコールと薬物乱用の問題が取り上げられており，さらに，抑うつ，適応障害，不安障害などについても解説がなされている（Etzel, 2009）。

また，わが国ではじめて1冊の著書として「スポーツカウンセリング」の実際を伝えた中込（2004）の報告では，心因性の動作失調（投球失調），競技引退からの復帰，バーンアウト，スポーツ障害（腰痛），競技離脱（ドロップアウト）といった事例が紹介されている。

いずれの心理的問題に対しても競技環境の特殊性と，スポーツ選手の人格発達との相互作用の観点から理解が必要である。この点を踏まえながら，スポーツ選手の抱える心理的問題とその背景について概説する。

2 スポーツ選手の抱える心理的問題とその背景

1）薬物依存と乱用

　ここで言う薬物は，非合法的な薬物（例えば，マリファナ）やパフォーマンス強化剤（アナボリックステロイドや成長ホルモン），あるいはウエイトコントロールのために用いられる薬物（利尿剤，下剤，等）が含まれている。学生スポーツ選手に対する介入では，アルコールの多量摂取が問題となることが多い（Etzel, 2009）。それぞれ用いられる目的こそ違うが，薬物依存や乱用は競技ストレスへの不適切な対処行動の一形態とみなされる場合が多く，スポーツ選手の認知的，行動的側面に働きかける教育プログラムの必要性が指摘されている。

2）摂食障害と体重コントロール

　一般に摂食障害は，その行動形態ならびに症状から，3つに区別されて診断される。それは①神経性無食欲症（Anorexia Nervosa），②神経性大食症（Bulimia Nervosa），③特定不能の摂食障害（Eating Disorder Not Otherwise Specified）である（American Psychiatric Association, 2000）。摂食障害は女性に多く報告される精神疾患であるが，スポーツ選手の場合，摂食障害を患うのが必ずしも女性に限らないのが特徴である。例えばマーフィは，断食と無茶食い・自発嘔吐を繰り返す男性飛び込み選手の事例を報告している（Murphy, 1995）。摂食障害を患うスポーツ選手は，身体イメージの歪みや体重への過度なとらわれが認められ，体重とパフォーマンスとの関連性についての誤解や誇張が，選手・コーチ双方に認められることが，大きな原因といわれている。

3）負傷・スポーツ障害

　スポーツ活動の弊害として負傷が取り上げられる場合，大きく分けて2つの文脈がある。1つは負傷発生の背景に競技ストレスが関与している疑いのある場合であり，もう1つは負傷した選手に対する心理的サポートが不十分な場合である。ストレスと負傷の発生頻度の関連性については，研究者間で一致した結論が出されていないが，負傷がストレス対処スキルの欠如によって生起する可能性を指摘している報告は少なくない。一方，負傷した選手への心理的サポートについては，多くの専門家がその必要性を強調している。負傷した選手は，深い悲しみ，同一性の喪失，孤独や不安，自信の喪失といった心理的危機に直面する可能性があり，彼等の心理的安寧と効果的なリハビリテーションのために，組織的なサポートが必要である。また，負傷の程度が深刻な場合や完治までに時間のかかる場合

には，対処経験の失敗からバーンアウトへと発展させてしまう場合がある。

3　競技ストレスとバーンアウト

　以上から，スポーツ活動の弊害として取り上げられている様々な問題には，競技環境特有のストレス，すなわち競技ストレスが密接に関係していると指摘できる。薬物依存と乱用，摂食障害と体重コントロールなどは競技ストレスへの不適切な対処と捉えることができるし，負傷では競技ストレスがその発生原因の1つとして扱われている。そして競技ストレスが最も典型的な形で顕在化した例が，バーンアウトと考えられる。以下では，このバーンアウトについて競技ストレスとの関連からもう少し詳細に見てみよう。

　バーンアウトは，1980年代のはじめまで，主に対人サービス業に携わっている人達に特有の心理的な疾病と考えられてきたが，最近では，スポーツ選手にも対象を拡大して研究が進められている。バーンアウトは，極度の身体的疲労と情緒的なエネルギーの枯渇状態をもたらす心身の病であり，わが国では，燃え尽き症候群と呼ばれることがある。それまで精力的にトレーニングを行っていたスポーツ選手が，モーターが焼切れる（Burn out）ように，突然競技への興味を失い，継続できなくなることがこの用語の語源である。

　さらに，中込・岸（1991）によれば，燃え尽きるスポーツ選手には図12－1に示すような「熱中―停滞―固執―消耗」という特徴的なプロセスが確認できるという。「熱中」の段階でアスリートは，競技に専心することで競技成績を伸ばし，成功体験を積み重ねていく。そのなかで，特にエリート選手の多くは，成功を努力に帰属する体験様式を身につけていくことが多い。多少のスランプや失敗を体験しても，さらに努力して解決していく。その結果，競技生活の岐路に立たされるような危機（例えば前述の負傷や体力の低下による競技成績の「停滞」）に直面しても，ひたむきに競技へ専心し解決を試みることになる。目標の再設定やトレーニング方法の見直しをしないまま，競技へ「固執」していくなかで，オーバートレーニング状態に陥っていく。そこでは，日々のトレーニングが楽しみを伴わない一種の義務になってしまい，心身ともに「消耗」してしまう結果をまねく。これが，バーンアウトに至るプロセスである。

　このプロセスについて，中込（2004）はバーンアウトを「頑張るが報われない。それでも同様に頑張り続ける。でもやっぱり報われない」といった状態であると

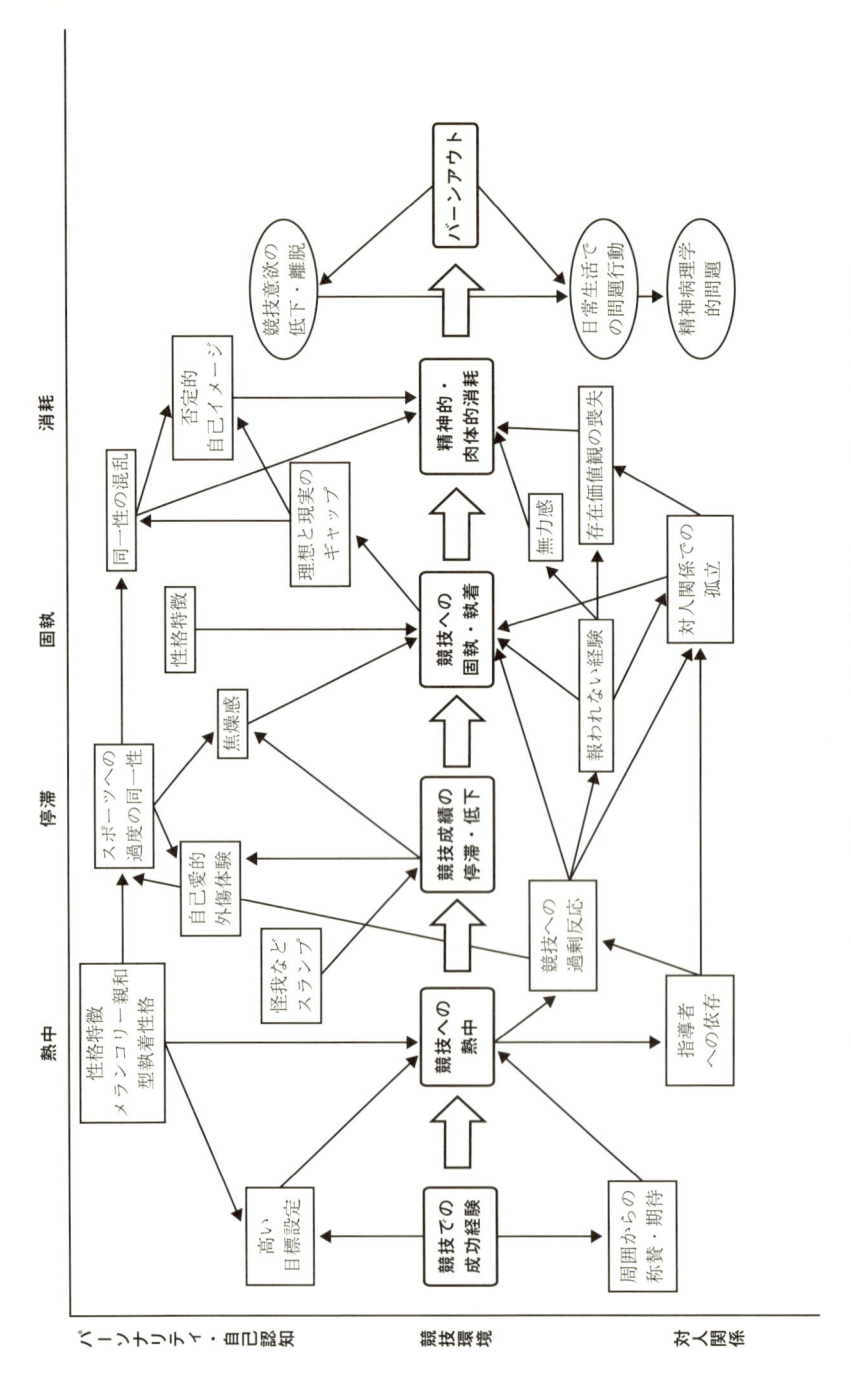

図12−1 スポーツ選手のバーンアウトのプロセス（中込・岸, 1991 を元に作成）

描写し,「燃えつきよりもむしろくすぶり」であると表現している。

3節　スポーツ環境を豊かにするために

　本節では,競技ストレスを含めたスポーツ経験が,選手の人格の発達に資するためにはどうあるべきかを考えるため,はじめにスポーツカウンセリング事例を紹介する。そして彼らの人格発達を支援するための活動の具体例を提示する。

1　運動部になじめなかった大学新入部員の事例
①新環境への移行

　A選手とは,彼が大学入学間もない,ある年の4月初旬に会った。髪を短く刈っていて,まだまだ高校生のような容姿であった。彼はこの初回面接で,「体力トレーニング中心の練習ばかりで気持ちが焦る」と訴えていた。彼は卒業までにJリーグへ行けるだけの実績を残したいという思いと,チームについていけるかどうかの不安で焦っていた。そういった焦りを抱えていながら,同級生達とは当たり障りのない話しかしていないと言い,また先輩ともグランド以外ではほとんど交流がないようで,「そういうのって,自分を売り込んでいるようで抵抗がある」と語っていた。高校から大学へと環境が変わり,戸惑う姿がそこにあった。

②チームへの適応の難しさ

　約2カ月後,彼は意気消沈していた。面接のなかで「全然レベルが違うと感じる。先輩達の要求するプレーが全くできない」と訴えた。利き足の足首に捻挫をかかえていたが,故障者としてチームを離れるとそのまま見捨てられてしまうのではないかとの不安から,それを隠して練習に参加し続けていた。練習中に1人の先輩から「やめてしまえ」と罵倒されたことを語り,「自分の役割というか,プレースタイルが定まらない」と訴えた。しかしコーチや先輩にそれを相談することはなく,問題解決型の対処行動が見出せないまま,またチームにもうまくなじめないまま時間が過ぎていった。

③バーンアウトの危険

　さらに2カ月後の8月には,もっとがっかりする出来事に出会う。推薦入学者のうち,「自分だけが新人戦に出場できなかった」と語った。そしてこの4カ月間,「自分なりに努力したが,身体がついていかない」「精神的にまいっている」

と訴えた。面接室でしばらく涙を流した後,「このままサッカーを続けていても仕方がない…」と,思いつめた様子で語った。入学後から4カ月にわたってなされてきた彼の努力は報われないままであり,心身ともに疲弊した様子はバーンアウトの危険性を強く感じさせるものであった。

2　アスリートに対する心理サポート

さて,上述のA選手は,筆者との間で「充実した競技生活のために一緒に取り組んでいく」ことが了承されて継続的な面接調査が行われた。面接調査では,彼が主体的に問題解決を図れるよう,様々な支援を行っている。例えば後述するようなネットワークマップ（土屋,1999）を作成し,問題解決に役立つ他者をサポート資源として同定する作業などを行っている。

このような心理サポートを得てA選手は,コーチにプレースタイルに関わるアドバイスを求めることにした。その後の面接では,コーチに対して何を,どんな風に尋ねるべきかについて語っている。「自分に何が足りないのか,チームがどういうプレーを目指しているのかを聞きたい。自分はこのままでは終われない」。自分自身の問題意識を掘り下げた彼の問いかけに,コーチはポジション変更を勧めた。また次年度の戦術構想を伝えると同時に,自身が海外留学時に収集した試合ビデオなどを貸し与え,戦術について解説を加えていった。

また,足首の捻挫についてトレーナーに相談した結果,「リハビリを進めながら上半身を強化してはどうか」とのアドバイスを受けた。彼は「当たり負けしない上半身」をテーマとして,図書館でストレングスコンディショニングに関連する本を借りたり,学生トレーナーが主催する研究会に参加したりしながら,体力トレーニングに取り組んでいった。

その年の終わり,海外チームとの親善試合において,彼の所属するチームでは相手チームの激しいプレーに負傷し退場する選手が続出した。そこで件のコーチが監督に進言し,A選手に出場の機会が与えられた。A選手はチームのために自分がどのようなプレーをすべきかを考え,また競り合いでは「当たり負けしない」ことを心がけたという。この試合での活躍が監督の目に留まり,A選手はその後リーグ戦に出場する機会が与えられた。

図12-2は,彼が作成したネットワークマップの模式図を4月（調査1），6月（調査2），8月（調査3），10月（調査4）の4つの時期を追って示したも

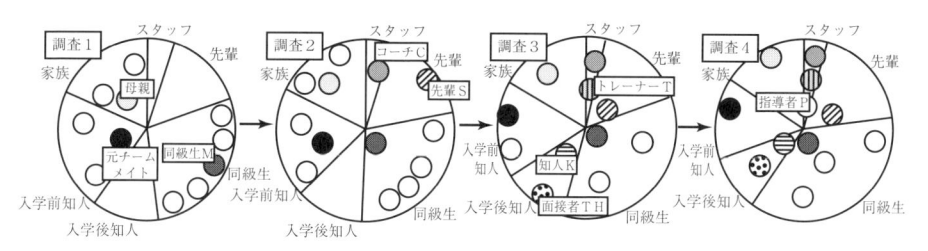

図12-2 A選手の描いたネットワークマップの変化（土屋，2007）

のである。ネットワークマップは他者関係の投影図として開発されたものであり，周囲の他者のうち問題解決に有効となるキーパーソンを，身近にあるいは親しみを感じるほど中心近くに記載するものである。この図からは，A選手が自ら問題に直面し，コーチやトレーナーといった重要な他者との心理的距離を縮めていくプロセスが確認できる。選手にとって有効なソーシャルサポートとは，一方的に与えられるものではなく，むしろ自ら必要に応じて獲得していくものであることをA選手の事例が示している。

例えば調査2のネットワークマップではコーチ（C）がサポート提供者として記載されているが，自身のプレースタイルについてかなり掘り下げていなければ，コーチの具体的なアドバイスも得られなかったであろう。また調査3においてトレーナー（T）が記載されているが，スターティングメンバーのケアに忙しいトレーナーに対して，新入部員で新人戦にも出場できなかった彼がサポートを求めるのは通常容易なことではないと思われる。いずれも彼の，悩みを出発点にした，問題解決への「積極的模索型」の歩みと捉えてよいであろう。この意味から，ここで提示したネットワークマップは，「内的な取り組みの投影図」と呼ぶこともできそうである。

いずれにせよ，心理サポートでは彼らの問題解決への主体的な取り組みをどのように支援するかが重要である。そしてその経験は単に直面している危機事象の解決のみならず，彼らの人格の発達にもつながるものでなければならないと言える。

3　スポーツ選手の人格発達 ―今後の課題―

以上紹介したように，スポーツ選手の抱える心理的問題を眺めると，スポーツをやれば良い人格が身につく，とは決して言えない状況がある。本章で紹介した「スポーツマン的性格」についても，このような社会的に好ましい性格特性が

スポーツを行ったから獲得されたとは言い切れない。むしろ，もともとそういう性格の資質をもった者がスポーツ活動に打ち込んでいるという可能性も十分にある。この議論は「スポーツは人格を表現する場を与えるだけで，人格を形成しない」という古典的な批判を思い浮かべさせるものでもある。

　しかし臨床スポーツ心理学研究は，前節の事例のように，この議論から一歩さらに踏み込んで，スポーツ環境を豊かにするための示唆に富む事例を積み重ねてきた。本章で紹介した事例からも明らかなように，選手が語る出来事には，それぞれの年代における発達課題を色濃く反映したものがある。危機理論では，これら発達課題への取り組みを，自我の成長・発達の場として捉えている。したがって，これらの出来事への対処は，単にストレス対処スキルの学習の場としてだけでなく，その選手の自我を支える，あるいはその選手の個性を彩る出来事として，位置づけられ，意味づけられていく必要がある。

　競技環境が，自己の内的な課題への気づきの場であり，そしてそこには安心して語り，サポートし合えることのできる他者がいること。この2つの条件が揃う時，選手は人格の発達・成長を成し遂げていくものと思われる。競技という特殊な空間が，その選手らしさを育て，同時に1人の人間としての個性を育てる場として機能することが期待される。

第13章 スポーツが感情に与える影響

　スポーツには，勝敗を競う競技スポーツのほか，親睦や楽しさを目的としたレクリエーションスポーツや健康づくりを意図した健康スポーツなど，多種多様な形で存在しており，これらの運動・スポーツ行動の採択，継続，効果に感情は深く関わっている。よって，運動・スポーツ心理学の研究領域では，感情は運動・スポーツ行動やパフォーマンスにかかわる重要な変数として扱われ，これまで運動遂行の成果や競技パフォーマンス発揮の要因として研究が進められてきた。そこで，本章では，競技パフォーマンス発揮にかかわる不安感情と運動に伴う感情に焦点をあて，まず感情のポジティブ感情とネガティブ感情の側面について述べ，運動・スポーツ心理学における感情研究から得られた知見を概観するとともに，運動に伴う感情変化のメカニズムについて解説する。そして最後に，近年ポジティブ心理学の運動が北米を中心に起こっているが，運動に伴うネガティブ感情の改善ではなく，ポジティブ感情の醸成に目を向け，その最大化の設定法としての「快適自己ペース」について解説および提案をすることにする。

1節　ポジティブ感情とネガティブ感情

　感情（affect）は，経験の情感的あるいは情緒的な面を表す総称や，情動，もしくは主観的に体験された気分のことと一般的に定義されているが，情動（emotion）や気分（mood）を含む概念である。情動は一時的な強い感情状態であり，気分は比較的長く続く弱い感情状態を指す。感情には，喜び，満足，充実，楽しさなどのポジティブ感情と，不安，抑うつ，怒り，嫌悪，恐怖，悲しみなどのネガティブ感情がある。これらの感情は様々な刺激（ストレッサー）に対する心理的反応として表れるものであり，外顕行動としても表出してくる。また感情には，上記の状態としての感情のほか特性としての感情もあり，主に抑うつ特性や不安特性などがストレス反応，メンタルヘルス，競技パフォーマンスとの関連で調べられてきた。

　運動・スポーツ心理学研究における感情の扱われ方は，運動行動の規定要因，競技パフォーマンス発揮要因，運動行動に伴う心理的効果の3つに大別できる。

つまり，運動行動の規定要因としての感情は，態度研究にみられ，認知，感情，行為傾向の態度の3成分のうち感情的成分として扱われており（Rosenberg, M. J. & Hovland, C. I., 1960；Fishbein, M. & Ajzen, I., 1975），運動行動や運動行動意図への一貫した強い影響力が見出されている（Hausenblas, 1997）。それゆえ，運動行動の変容・促進のために好意的な態度形成が強調されるのである。2つ目の競技パフォーマンス発揮の要因としての感情は，マーテンズ（Martens, R., 1977）に端を発する競技不安の研究にみられ，状態不安と競技パフォーマンスの関係が明らかにされるとともに，ピークパフォーマンス発揮あるいは実力発揮のためのメンタルトレーニング法の開発へと進展してきた。また近年では，ハニン（Hanin, Y. L., 1997）のIZOF（individual zones of optimal functioning）理論に基づく研究もあり，最高のパフォーマンスが発揮される個々人の最適な感情状態（ゾーン）の存在が報告されている。3つ目の運動の心理的効果としての感情は，健康運動心理学における中心的課題でもあり，これまで主に不安や抑うつなどのネガティブな感情に及ぼす運動の心理的効果に関する研究が行われている。このように，運動・スポーツ心理学における感情は，運動・スポーツ行動の"はじめ"（規定要因としての感情），"なか"（競技パフォーマンス発揮要因としての感情），"おわり"（運動の心理的効果としての感情）という一連のプロセスのなかでの心理的問題の1つとして扱われている。

　感情の構造は多くの研究者によって，種々提示されているが，「緊張－弛緩」「興奮－鎮静」「快－不快」の感情の三次元構造モデルが提示されている（九鬼，1981）。この3つの次元の感情は，運動・スポーツ行動の刺激によって惹起する感情とも符合し，それゆえこの感情の三次元構造を援用し，運動に伴うポジティブ感情尺度が作成されるとともに感情変化が調べられている（橋本，1993；1995；1996；2000）。

　ところで，心理学や健康運動心理学で扱われるポジティブ感情とネガティブ感情とでは意味合いが異なる。不安，抑うつなどのネガティブ感情は，健康状態や競技パフォーマンスに負の影響を与えるので，元に戻すという意味で「改善」という視点で扱われる。そのため，カウンセリング法や運動療法という手法が取られる。また，スポーツメンタルトレーニングはストレスフルな競技場面に遭遇するときに生じるネガティブ感情への対処法として行われている。一方，ポジティブ感情は，健康状態や競技パフォーマンスに正の影響を与えると考えられるので，さらなる「向上」という視点で扱われている。つまり，ポジティブ感情は行動を

促進するととともに、仕事や人間関係のような生活場面でうまくやっていくことに関係し、身体的・心理的な健康に関連する well-being の一要素としてみなされているのである（Reed, J. & Buck, S., 2009）。

2節　運動・スポーツ心理学における感情研究

1　スポーツ競技における不安感情の変化過程

　スポーツ競技での試合場面というのは、勝つことを目的として戦うがゆえに選手は極めてストレスフルな状況に晒され、様々なネガティブな感情が生起し、競技パフォーマンスに影響してくる。極度の緊張状態や不安状態はいわゆる「あがり」として説明されるが、研究としては不安という概念が用いられている。

　不安には一時的な情動状態としての状態不安と、その不安状態に陥りやすい傾向性を表すパーソナリティ特性としての特性不安がある。また、状態不安には認知的不安と身体的不安に区分されるが、この考えに基づき、マーテンズ（1990）はスポーツ競技特有の「競技状態不安尺度（CSAI-2：Competive State Anxiety Inventory）」を作成した。この尺度には認知的不安、身体的不安のほか自信とい

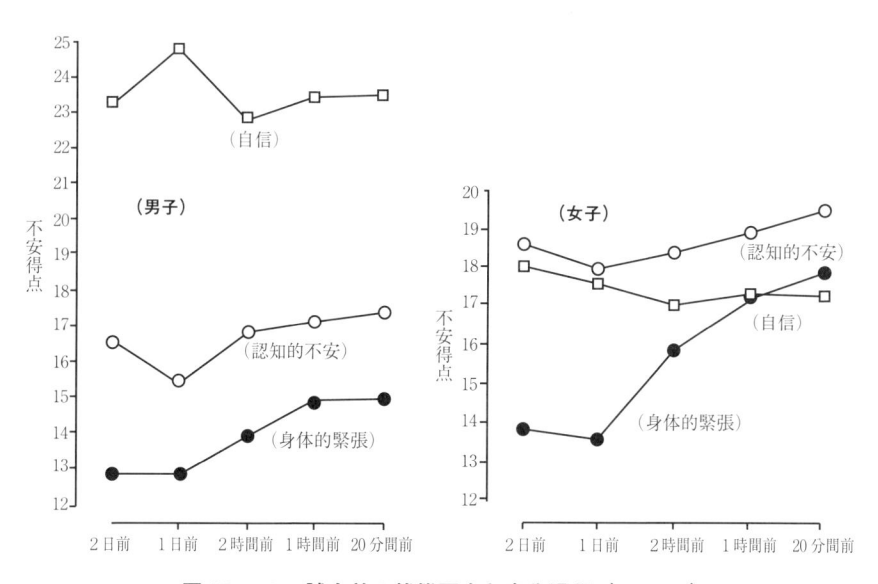

図13－1　試合前の状態不安と変化過程（CSAI-2）
（橋本ら，1984）

う下位尺度も含まれる。この CSAI-2 尺度を用いて，大学生の試合前の不安状態がどのように変化するかを調べてみた。図 13 - 1 に試合 2 日前，1 日前，2 時間前，1 時間前，20 分前（試合直前）の状態不安の変化過程を男女別に示している。男女の状態不安のレベルを比較すると，男子のほうが女子より認知的不安は低く自信が高いといえる。また認知的不安は男女とも試合 1 日前に最も低いが，試合当日に増加し，試合直前に最高値を示している。身体的不安は試合 1 日前までは低いレベルであるが，試合 1 時間前から増加し，試合直前に最大値を示している。これらに相対して自信は若干低下傾向にある。この状態不安の変化過程は男女とも類似しているが，女子のほうが顕著であり，ストレスフルな状況に敏感に反応していることがわかる。このように選手は一般的に試合が近づくにつれて，認知的不安と身体的不安が同時に増加し，自信が低下した状態で試合に臨んでいることになる。この試合直前の不安状態が個々人にとって最適なレベルであれば，競技パフォーマンスに良い影響を及ぼすと考えられるが，過剰な状態不安であれば，競技パフォーマンスの低下は目に見えている。よって，競技ストレスに対処するためのメンタルな側面のマネジメントや強化が必要となり，今スポーツメンタルトレーニングが注目されている所以である。

2 運動に伴う感情の変化過程

健康運動心理学における感情研究では，エアロビック運動（ウォーキング，ランニングなど）やノンエアロビック運動（トレーニング，柔軟運動など）を用いて主に運動強度の側面から感情状態の変化が調べられている。歴史的にはやはり不安や抑うつなどのネガティブ感情を改善するという運動療法，非薬物療法という視点から，1960 年代に始まり，臨床的な身体疾患者を対象として，気分・感情に及ぼす運動の効果が調べられている。1970 年代には，精神的疾患者への運動の心理的効果をはじめ，実験室実験による精力的な研究が始まっている。1980 年代になると，健常者を対象とした感情研究や不安，抑うつの改善効果とその生物学的・心理学的なメカニズムの研究がなされ，1990 年代には蓄積された感情研究のレビューが行われるとともに，研究の方法論が模索されている。このような長年の研究によって，運動・スポーツ活動の不安低減効果，抗抑うつ効果，ストレス解消効果は多くの研究で明らかにされ，国際スポーツ心理学会（ISSP，1992）は，運動のメンタルヘルス効果に関し，①運動は状態不安を低減させる，

②運動は軽度から中等度の抑うつ状態を低減させる，③強度の抑うつには，種々の治療の補助的役割を担う，④長期的運動は神経質や特性不安を軽減させる，⑤運動は様々なストレスの低減をもたらす，⑥運動は性・年齢に関係なく情緒的な効果をもたらす，というステートメントを提示している。

しかし近年，健康運動心理学においても，1998年にセリグマン（Seligman, M.）が提唱したポジティブ心理学の影響を受けて，運動に伴うポジティブ感情の側面に関心が寄せられている。リード（Reed, J., 2006；2009）は，ポジティブ感情に及ぼす短期的（一過性）・長期的なエアロビック運動の効果を調べた研究をレビューし，今後の研究の方向性を探っている。リードとワンズ（Reed & Ones, 2006）は一過性のエアロビック運動によるポジティブ－活性感情（PAA: Positive Affective-Activate，感情の円環モデルの第一象限）の効果に関する研究のメタ分析を行い，その結果，運動終了直後にポジティブ感情は増加し，30分以上は続くことを明らかにしている。特に，低運動強度，35分以上の運動時間，低〜中等度の運動量（強度／時間），運動前の低いPAAで効果がみられると述べている。また，リードとバック（Reed & Buck, 2009）は，長期的なエアロビック運動のPAAに及ぼす影響に関するメタ分析を行い，エアロビック運動プログラムはPAAの好意的な増加をもたらすこと，また，PAA向上のための最適な運動様式の組み合わせとして，1回30〜35分の低強度運動を週3〜5日，10〜12週間実施することという運動処方を提示している。今後，このような運動やスポーツ活動に伴うポジティブ感情の研究が増加することが予想されるが，ポジティブ感情の獲得・醸成は運動行動の遂行に対する動機づけを高めるため，運動行動の継続との関連の研究も重要であろう。

ところで，運動・スポーツ活動では様々な感情が生起するが，運動自体の感情に及ぼす影響を調べるには，ウォーキングとかランニングのような単一の運動課題を遂行させ感情の変化を調べることになる。これまでの研究では，すでに述べたように抑うつや不安を中心とした運動に伴う感情の変化が調べられ，ネガティブ感情の改善への運動の心理的効果が明らかにされてきた。しかし近年，運動の継続との関連で，爽快感，満足感，リラックス感などの運動にかかわるポジティブな感情について調べられているので，これを紹介する。図13－2に，橋本（1993；2000）が提唱している快適自己ペース（Comfortable Self-established Pace: CSEP）という自己決定・自己選択される主観的運動強度を用いた15分

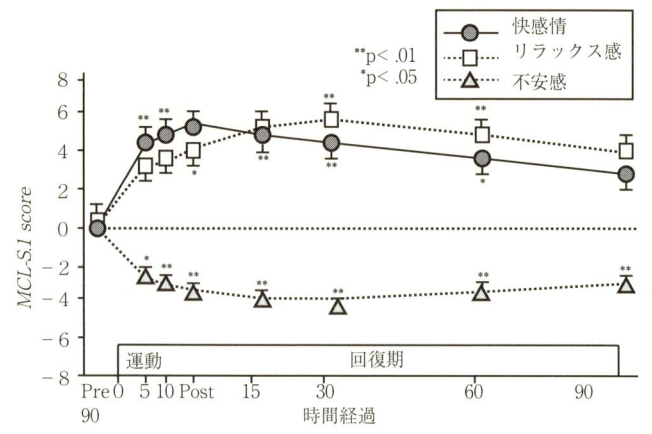

図13－2　ランニングに伴うポジティブ感情の変化過程（MCL-S.1）
（橋本ら，1996）

間のランニング（快適自己ペース走）に伴う感情変化を MCL-S.1（Mood Check List-form S.1）尺度を用いて，快感情，リラックス感，不安感の変化過程を示した（橋本，2000）。運動開始後5分ですでに感情は動き，快感情，リラックス感の顕著な増加と，不安感の減少がみられる。これらは運動中にさらに増加・減少し，爽快感は運動終了直後に最大値を示し，徐々にベースラインに戻っていく。一方，リラックス感は運動終了後も増加し回復期30分にピークがあり，その後減少している。このように爽快感とリラックス感の変化過程には時間的なずれが見られるのである。なお，快適自己ペース走を用いた場合，不安感は低下・減少するので，状態不安は生じないことになる。

　我々は運動やスポーツ活動を行った後に「心地よい疲労感」や「何となくいい気分」を味わっているが，この"気分がよくなる"現象は運動後の回復期における爽快感の残存とリラックス感の増加という気分の高揚感で説明できるであろう。この運動後のポジティブ感情の増加が，次の運動行動への積極的な動機づけとなり，運動の継続化が促進されるものと考えられる。

3節　運動に伴う感情変化のメカニズム

　なぜ不安，抑うつ，気分などのネガティブな感情が運動やスポーツ活動によって改善されるのか，そのメカニズムはまだ仮説の域を出ていないが，いくつかの

生物学的仮説と心理学的仮説が提示されている。

1 生物学的仮説

生物学的仮説としては，モノアミン仮説，エンドルフィン仮説，反動処理仮説，温熱仮説などがある。

「モノアミン仮説」は，脳内のモノアミン系のノルエピネフリン，ドーパミン，セロトニンといった神経伝達物質の分泌量が運動によって増加するので，抑うつなどが改善されるというものであり，「エンドルフィン仮説」は，下垂体前葉で生成され，鎮痛作用，麻薬作用をもつβ-エンドルフィンという内因性モルヒネ様物質が運動によって増加するため，気分の高揚や不安の低減が生じるというものである。「反動処理仮説」は生理学的メカニズムを用いて心理的変化を説明するもので，神経系は強い刺激を受けると行動的，主観的，生理的要素を含む感情反応が生起し，この過程が活性化されると，有機体をホメオスタシスの状態にもっていく中枢神経の働きによって逆の過程（opponent process）が自動的に起こる。つまり，不快に対して快，緊張に対してリラックスのような感情反応が逆の過程で生じることを意味し，強い運動刺激後の不安低減がこの仮説で説明されている。「温熱仮説」は，運動に伴う不安低減は運動によって生じる深部体温の上昇によるという仮説であり，入浴やサウナ後の気分の爽快さを考えれば理解できる。

2 心理学的仮説

心理学的仮説としては，マスタリー仮説，活動の楽しみ仮説，心理的恩恵期待仮説，気晴らし仮説などがある。

「マスタリー仮説」は，身体的有能感の増加が達成感・成就感を増加する，つまり成就感がポジティブな気分を増加するというものであり，「楽しみ仮説」は興奮あるいはリラックスした，個人的に有益な，意味のある楽しい経験からもたらされる活動が気分をよくするというものである。また，「心理的恩恵期待仮説」では，ある行動が気分の恩恵をもたらすという強い信念をもっている人はもっていない人に比べ，その活動へ参加したとき大きな恩恵を受けると説明されている。「気晴らし仮説」は，運動の不安低減効果を調べる研究のなかで，運動群（トレッドミル歩行）や瞑想群（リラクセーション）はもとより，コントロール群（座位安静）にも同様の不安低減がみられたことから，一時的にストレスフルな状況から気を

晴らすこと，あるいは日常的に繰り返される活動から休息をとることで不安は低減すると解釈し，この仮説を提示したものである（図13-3）。

以上，運動やスポーツ活動に伴う感情の変化を説明するいくつかの生物学的仮説と心理学的仮説を示したが，決定的なものはなく，恐らくはこれらのいくつかが複合して生じているものと考えられる。反動処理仮説や温熱仮説などは，運動後のネガティブな感情の測定だけでなく，快感情やリラックス感などのポジティブな感情を測定することによって検証できるかもしれないが，モノアミンやβ-エンドルフィンなどのホルモン物質は脳内の濃度を直接的には測定することはできず，これらの物質で運動後の感情の変化を説明するまでには，かなりの時間が必要であろう。また，運動に伴う達成感，活動の楽しみ，気晴らしなどは経験的に理解されやすいが，それらを伴わない単純なランニング走行中にも，快感情やリラックス感などのポジティブな感情の増加がみられる（橋本ら，1996）ことから，これらの単一の仮説で運動に伴う感情の変化を説明するには無理があると思われる。また，心理的恩恵期待仮説も感情の変化に及ぼす要因の1つではあると思われるが，ジョギングが嫌いな者でも快適自己ペース走を用いると，運動後に顕著なポジティブな感情（爽快感と満足感）の増加がみられる（橋本ら，1993）ので，この仮説も確定的ではない。

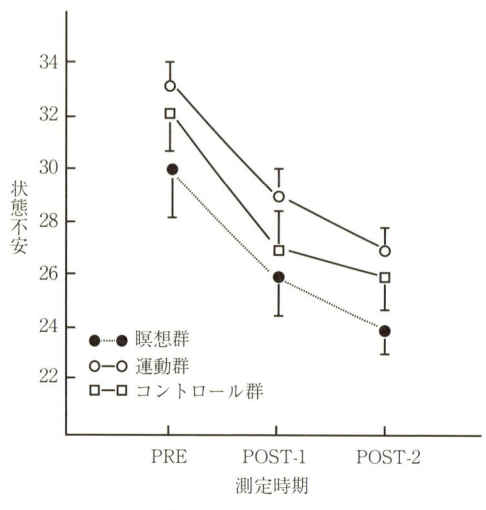

図13-3 運動，瞑想，コントロール実施前後の不安の変化
（Bahrke & Morgan, 1978）

4節　運動に伴うポジティブ感情の醸成の設定法 ―快適自己ペース―

さて，運動・スポーツによって精神的・心理的効果があることがわかってもそれを実行し，継続しなければ意味がない。運動の継続を促すために，運動後にポジティブ感情状態になっておくことは重要なことであるが，問題はどのように

してポジティブ感情を醸成するかである。運動後にポジティブ感情となるかネガティブ感情となるかは運動中にどのような体験をしたか，つまりどのような運動強度で運動を行ったかに規定される。よって，これまで様々な相対的運動強度（最大酸素摂取量に対する割合：%VO_2max，最高心拍数に対する割合：%HRmax）や自己選択的な運動強度（自己選択，好み，快適自己ペース）が用いられ，感情の変化が調べられてきた。橋本ら（1993，2000）は，運動・スポーツに伴うポジティブ感情を最大化する至適運動強度の設定法として先述した快適自己ペース（CSEP）を提唱しているが，ここではなぜ快適自己ペースなのか，どのようにして快適自己ペースを設定するかについて述べることにする。

1　なぜ快適自己ペースなのか

　健康・体力づくりのための運動処方では，運動の強度，時間，頻度の組み合わせにより，個々人の最適な運動量が設定される。なかでも運動強度は時間や頻度を規定するので，その設定は重要である。一般的には各自の体力（最大酸素摂取量）に応じた中等度の相対的運動強度（%VO_2max）が設定され，心拍数に換算される。%HRmax は最高心拍数（220 − 年齢）を用いて年齢に応じた中等度の運動強度が心拍数として処方される。しかし，健常者を対象とした健康・体力づくりの指導現場では，果たしてこの心拍数に合わせてトレッドミル上を走ったり，自転車をこいでいるのであろうか。意外と処方された心拍数とは別に運動者は自分に合った最適なペース（スピード）で運動を遂行しているのではないだろうか。指定されたものでなく，自己決定や自己選択こそが継続の秘訣なのである。相対的運動強度には運動の効果，効率，安全という視点はあるが，この運動の継続という視点がない。健康・体力の向上は運動を継続しなければ期待できないので，運動処方に運動の継続化の概念を導入する必要があるだろう。「継続こそ力」であり，継続のあとに健康・体力の向上という結果がついてくるのである。そこで考え出されたのが「快適自己ペース」という主観的運動強度である。ここでいう「快適」とは「不快を感じない」という意味であり，建築学やアーバンデザインでいうところの「快適さ」はまさにこの「不快を感じない」ということであろう。

　なぜ快適自己ペースか，その理由として，①相対的運動強度は運動の継続とは関係しない，②処方された相対的運動強度を運動者が好むとは限らない，③自己決定・自己設定された運動強度が指定された運動強度より運動継続に役立つ，④

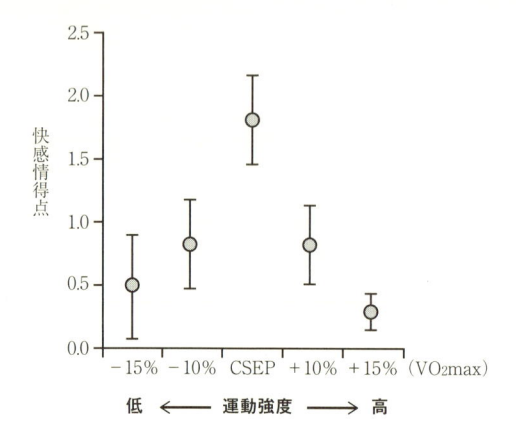

図13－4 快適自己ペースを基準とした5段階の運動強度によるランニング後の快感情（MCL-S.1）（丸山, 2002）

日々ランニングやウォーキングなどの単一運動を継続している人は自分で獲得した一定のペースを保って遂行している。⑤個々人が「快」を感じる主観的なパーソナルテンポ（精神テンポ）というものが存在する。⑥快適と感じる強度での運動は必ずポジティブ感情をもたらす。⑦ポジティブ感情の獲得は運動への動機づけを高め、運動の継続に役立つ、等々が挙げられる。これらのすべてが検証されているわけではないが、例えば⑥に関して、快適自己ペースという運動強度と運動後のポジティブ感情（快感情）の関係を実験データで示してみよう。図13－4は運動遂行者の快適自己ペースを基準として、それよりも±10％および±15％ほど強度をずらした5つの運動強度でトレッドミルを用いて15分間のランニングを遂行させ、運動終了後の快感情（得点）を示したものである（丸山, 2006）。結果は快適自己ペースのとき快感情は最大値を示し、それよりも走行スピードが速くても遅くても快感情は低下するのである。つまり、快適自己ペースでの運動強度を中心とする逆U字曲線の形を呈している。このことは快適自己ペースがポジティブ感情の獲得を最大化する至適運動強度であることを意味している。

2　快適自己ペースの利点と設定法

人の体調は常に一定とは限らない。日々の体調によって相対的運動強度は変更できないが、快適自己ペースは自己選択的な主観的運動強度であるので変更が可能である。また、長時間運動において、快適自己ペースは運動中の疲労度に応じて変更が可能である。さらには、快適自己ペースを設定するのに、運動専門家の指導を必要としない。当然ながら、快適なペースでの運動となるので、運動が快適に遂行できる。このように、快適自己ペースという主観的運動強度には、様々な利点がある。自己選択・自己決定は自己責任・自己動機づけを生み継続に役立

つ。よって，快適自己ペースは個々人の体力を基準とする相対的運動強度より実用的で有益と考えられるのである。

　ではどのようにして個々人の快適自己ペースを設定するのか。快適自己ペースとは個々人が選択しうる不快を感じない一定のペースのことである。果たして個々人固有の「快」を感じる一定のペースがあるのか。例えば，トレッドミル上を快適自己ペースでの15分間ランニングを10回ほど遂行させると，1回目から10回目まで相対的運動強度（%VO_2max）は一貫して変わらず，9回目と10回目の施行間の相関係数は.95となる。つまり快適自己ペースの再現性は極めて高いことが明らかにされているのである（橋本，1998）。このことは個々人が「快」を感じるペースは異なり，個々人において一貫していることを意味している。

　快適自己ペースの設定は極めて簡単である。電信柱，建物，道路，グランド等々を利用し，走行，歩行スピードを変えながら一定の距離を快適と感じるペース（不快を感じないペース）を探す。それを何回か試行錯誤で試してみながら所要時間を測定していくと，所要時間が一定してくるであろう。この一定となったペースこそが各自の快適自己ペースである。他者の快適自己ペースを設定するときは，「自分の心とからだと相談しながら，快適と感じる（不快を感じない）ペースで，ランニングあるいはウォーキングをしてください」と言語教示を用いて設定することになる。

　このように，快適自己ペースは運動後のポジティブ感情を最大化させ，運動の継続を意図した主観的運動強度であり，健康・体力づくりはもとより体育授業での運動指導の現場において応用展開が可能な運動処方の1つと言えよう。

　1998年，アメリカ心理学会の会長となったセリグマンは，戦後の心理学が人間のネガティブな側面に目を向け，それを改善するという形で発展してきたが，人間にはポジティブな側面，例えばポジティブ感情，ポジティブ特性，ポジティブ社会などもあり，これらをもっと研究する必要があるとして，ポジティブ心理学運動を提唱した。今このポジティブ心理学の研究領域が急速に発展しているなか，運動・スポーツ心理学においても，ポジティブ感情はもとより，ポジティブ特性と運動・スポーツとの関係を調べていく必要はあると思われる。その意味で，本章ではスポーツの感情に与える影響として，ネガティブ感情ばかりでなくポジティブ感情についても触れてみた。ポジティブ感情と運動の継続の問題やメカニズムの解明はこれからの研究課題でもあるので，今後の研究の発展を期待したい。

第14章 スポーツ行動の性差とジェンダー

　日本の若い世代は男女平等の教育をうけ，社会的にも男女共同参画社会を目指している。しかしスポーツは男性しか参加しない時代が長く，女性のスポーツ参加への偏見が見られる。
　男女を社会的に意味づけた分類を社会的性（ジェンダー）といい，子どもは成長とともにその社会の規定する男らしさ，女らしさという性役割を身につけていくが，スポーツは長い間男性役割に分類されてきたため，スポーツをすると男性的になるという認知の枠組み（ジェンダー・スキーマ）が根強く残っている。心理学は男女を分けて分析する視点があり，社会的な性差は文化が作り出したという立場をとるジェンダー研究からの批判は強い。体育・スポーツ心理学ではジェンダーについての研究はあまり多くない。

1節　スポーツへの女性の参加

　古代ギリシャで始まった多くの競技スポーツでは，神にささげる宗教的な意味合いも強いが，競技者は全て男性で衣服を着用しなかった（図14－1）。スポーツの歴史では女性がスポーツをすることは全く考えられていなかった。女性はスポーツをしていなかったかというとスパルタの女性は強い息子を生むためにスポーツ活動を行っていたが，男性の歴史家はそのことを重視していないために話題にならないという（Costa & Guthric, 1994）。
　女性のスポーツはアメリカから始まったと言えるであろう。女性はこうあるべきであるというような伝統にしばられない社会的背景や，男女の別なく国を作るために働くことが必要であった新しい国では，女性の地位が相対的に高くなり，様々なスポーツ活動が行われるようになったのである。
　1960年代にはアメリカで女性の権利を主張する女性解放運動が非常に盛んになり，スポーツの世界でもオリンピックに参加する男女の数の不平等が大きな問題となった。1972年アメリカ合衆国では連邦法タイトルIXが施行され，教育プログラムや活動での男女差別が法律上禁止された（ホール，A., 2001）。
　女性のスポーツ参加者の増加は，女性の参加できるオリンピック種目の増加

という形につながり，日本では2004年アテネ夏季オリンピック大会で女性選手の参加人数がはじめて男性選手を上回り（男子141名，女子171名），陸上女子マラソンでは2大会連続で金メダルという快挙も成し遂げ，競技成績でも女性の活躍が増加した（日本オリンピック委員会ホームページより）。

現代は，女性が様々なスポーツ種目に参加し，高い競技力をもつ女性選手の活躍が見られる。女性だからという理由でスポーツができないという環境的な障害はかなり縮小したといえよう。ただし，イスラム教国は，女性の行動制限（ブルカ着用，スポーツ活動を男性に見せてはいけない）など厳しい宗教的戒律をもち，女性のスポーツ活動はそれほど自由には行われていない。

図14-1　競技者の像
（アテネ国立博物館所蔵）

2節　ジェンダーと性役割

有性（オスとメスという2つの性に分かれていること）生物の世界では，性別は重要なカテゴリーである。これは純粋に生物学的な視点でこれを生物学的性（セックス）という。有性生殖を行う人間もこの原則に従っているが，生物学的な性の分類が社会的カテゴリーとして様々な場面で行き渡っている。例えば男女別のトイレ，男女別の更衣室，男女別のおもちゃ，男女別の服装の色，男性は仕事で女性は家庭などで，このように男女を社会的に意味づけた分類は社会的性（ジェンダー）と名づけられた。

1　ジェンダー・スキーマ（男らしさ，女らしさ）

男性と女性について人々が共有する構造化された思い込み（信念）は，ジェンダー・ステレオタイプと呼ばれている（Lippa, 1990）。男性は，活動的，強い，攻撃的，支配的など，女性は，従順な，感受性のある，やさしい，弱い，依存的

ななどの性格特性が，25カ国の男女大学生が評定した結果であった（Williams, J. E. & Best, D. L., 1982）。

ステレオタイプとは社会や国，年齢を越えて，ある程度人々に共有された思い込みであるが，それが個人の心のなかでは認知の枠組み（スキーマ）として働く（土肥，2004）。男女のカテゴリーに基づいたものがジェンダー・スキーマで，ジェンダー・スキーマが強いと男性は男性，女性は女性であることを強く意識し，男性は男性らしい行動をとるべきと強く考えるようになる。

ベム（Bem, 1974）は女性性（女らしさ），男性性（男らしさ）という2つのジェンダーを併せ持つアンドロジニー（心理的両性具有）を提唱した。しかし，女性らしい男性，男性らしい女性など，様々な様子のひとがいるということが性のあり方であることがわかり，近年では性による様々な行動の差別が見直されるようになってきている。

2　性役割の発達

社会の期待する男らしさ（masculinity），女らしさ（femininity）は性役割（gender role）と名づけられている。子どもはその属する文化の性役割ステレオタイプの知識を体系化するだけでなく，ジェンダーに関する様々な情報処理を行うという（Golombok & Fivush, 1994）。

伝統的性役割観を内在している親ほど「女の子らしさ」「男の子らしさ」に基づくしつけを行う傾向がみられた（田中・佐藤，2002）。また，坂口・橋本（2009）は，教育のなかでは男女平等が当たり前のこととなっているが，社会全体としては「女の子は女の子らしく」「男の子は男の子らしく」という子育て文化が残っていることを指摘し，親の性役割態度が幼児の社会的行動の発達にどのような影響を与えるか，子どもの性別によって親の養育態度が異なるか，性別による養育態度の違いが子どもの社会的行動に影響を与えるかを3〜6歳の幼児を対象に調べた。その結果，この研究では，分析対象の6割を占める専業主婦の母親の性役割態度のみが，子どもの社会性の発達に影響する可能性が示され，子どもの性別による養育態度の違いは明確ではなかった。

従来の性役割研究では，子どもの性役割の認知が伝統的な性役割ステレオタイプにどのように一致するかという視点での研究が多かった。しかし，近年，女性も男性も同じ行動（活動，職業，服など）ができること，かならずしも全女性や

全男性が同じやり方でふるまわなくてもよいことを認識する能力として、性役割態度の「柔軟性」という新しい概念が示された。児童期の性役割の「柔軟性」の発達を調べた相良（2000）の研究では、小学2年生から6年生にかけて、性役割の認知的、感情的態度が年齢とともに柔軟になることが見出された。また、女子では「親の男性的職業に対する期待の認知」が柔軟な態度と関連することが見出された。つまり、親が女子に対してスポーツ選手や医者など性にこだわらない職業を期待すると、女子は性役割に対する柔軟な態度をもつようになるというのである。

いずれにせよ、性役割は親の養育態度に大きく影響されると考えてよいだろう。

3節　女性のスポーツ行動を阻むジェンダー観

1　女子のスポーツ活動への関心

第二次性徴期にいる中学生のスポーツ活動への関心は男女差が見られるだろうか。阿江（2004b）は首都圏の公立中学校の1年生から3年生364名（男子212名、女子152名）を対象に2002年に運動部への参加の様子を男女別に調べた。その結果、全体では男子は87％が運動部に参加し、女子は45％しか加入していなかった（図14-2）。男子は学年に関係なく8割が運動部に加入していたが、女子では1年生で7割加入していたものが、学年が上がるとともに減少し、3年生では3割に落ち込んでいた。

女子のスポーツへの参加が少ないことについては、女子運動部の種類が男子に

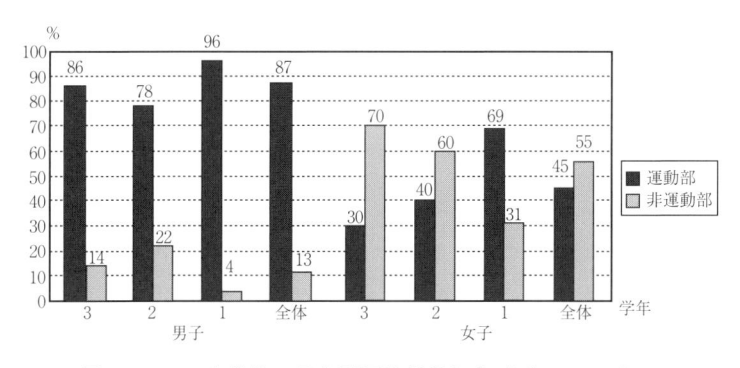

図14-2　中学生の男女別運動部参加率（阿江, 2004b）

比べて少ない，施設が限られているので男子優先，という理由が考察されているが（阿江，2004b），スカリーほか（Scully, et al., 1997）は，アメリカでも女子のスポーツへの参加が男子よりも少ないことを示し，その理由として，練習，指導，試合に時間が費やされることが女子に好まれない，男子は過度の競争特性を示し女子は自己発達のためにスポーツに参加するという動機づけの違いによる，と指摘している。

　大学では高等学校までとは異なり，体育の必修の時間が減少している。本多（2010）は九州の女子大学生74名のバスケットボールの授業での感情の変化を調査したが，74名の対象者は，バスケットボールが苦手54.1％，どちらとも言えない・やや得意が45.9％であった。また，体育が必修でなければ履修しないという消極的態度が認められた。

　女性のスポーツとしては認知度の低い軟式野球の全国大学女子軟式野球選手権大会（現在は全日本大学女子野球選手権大会に改名）に出場した選手たち12チーム156名に野球を選択した動機を調査すると，1位「野球をしたい」27.3％，2位「今までやっていたスポーツに似ている」23.4％，3位「やったことのないスポーツをしたかった」「スポーツをしたかった」「友人に誘われた」11％であった（阿江，1999）。練習日数は週平均3.0日，野球を女性が行うことへの肯定が強く積極的に野球にかかわっていることが示された。全国で29チーム（1998年），その後減って2010年は26チームの参加であった。予選なしで参加できることが評価されてか，多くのチームが継続して参加しているが，体育系大学の50名を超えるチーム人数に対して，チーム編成ぎりぎりのチームのほうが多い。若い女性のスポーツ活動への参加は，全般的には後退傾向である。

　スポーツは生物学的性差である身体に関わるため，歴史が示すように，長い間男性中心のものであった。そのためスポーツ世界の男性中心傾向は簡単には変化しないであろう。

　女性のスポーツ参加の問題を考える一方で，男性は全てスポーツ好きかというとそうではない。阿江（2004a）は体育専攻女子大学生に「スポーツの苦手な男性をどう思うか」についても調査を行った。その結果，弱そう，頼りがいがない，運動能力が低いのはイヤ（格好が悪い）など，本来その個人の人格とは直接関係のないイメージが多く見られた。体育専攻学生なので，男性イメージとスポーツが一致し，スポーツのできない男性に否定的であった。その意味で，スポーツの

苦手な男性はスポーツのもつ「男性イメージ」に苦痛を感じているのではないかと推測される。

2 体力認識

飯田 (2004) は関西地方の高校生，大学生 573 名を対象に，スポーツ経験，スポーツに対する態度を調査した。スポーツ・体育専攻生には男女差は認められなかったが，その他専攻生でスポーツが「どちらかといえば嫌い・嫌い」が同じ回答内容の男子の 2 倍であった。「スポーツや運動をしているときに，女性は男性に比べて体力がないと感じましたか」という問いには，女性側の回答で肯定は 72.4％，男性は女性を体力がないと感じている者は 47.7％であり，女性の体力がないという自己認識が顕著であった。

女性が男性に比べ体力に劣ると「思い込まされている」，というのが飯田の指摘である。特に，体力を測定する体力テストは男性に有利な項目のため，結果として女子の平均値は男子を下回ることになるという。スポーツ・体育は競技スポーツの視点でしか体力を考えてこなかったが，高齢化社会の結果として，女性の体力が違う形で将来検討されるであろうことを指摘しておきたい。

3 女性スポーツ選手のジェンダー観

スポーツは男性だけのものとして発展したため，男らしさを示すステレオタイプであった。したがってスポーツに参加する女性は女性らしさをなくすとか，静かさや従順というものと拮抗しがちと考えられている (土肥，1998)。小出 (1996) が作成したジェンダー・パーソナリティ尺度を用いて，体育専攻女子大学生が女性らしくないかを検討した阿江 (2004a) は，一般女子大学生と女性型，男性型の出現率に違いはないことを見出した (表 14-1)。しかし，スポーツを行うと

表 14-1　類型の出現率

類型	小出 (1996) の結果	阿江 (2004a) の結果
女性型	51.7	55.4
男性型	3.4	1.5
両性具有型	33.6	24.6
未分化型	11.2	18.5

数字は％

きは男性的であると認識するものが多く，体育専攻女子大学生にスポーツが男性的というジェンダー・スキーマが出来上がっていることが示された。

「女性らしくありたい」と思うことから生じる悩みでは，筋肉がついて「ごつい」体型になり腕や足が太くなること，日焼けすること，スリムな洋服が似合わないなどがあげられた。「女性らしくありたい」と悩む点に，スポーツを行う女性への社会的圧力を指摘できる。「女性は筋力がない」というステレオタイプから逃れたスポーツ好きな体育専攻女子大学生も，結果として「筋肉がつきたくましい」という現象を受け入れられない。これはジェンダー議論だけではなく，身体をどのように評価するかについての教育が不十分なせいではないかと考えられる。

山中（2007）は，女性スポーツ選手がどのような性役割態度をもつか調べた。その結果，スポーツ経験年数が長いほど伝統的性役割態度や強い性差観という女性役割を身につけていることを見出した。スポーツという男性役割と相反する態度がみられる理由として，女性スポーツ選手は，トレーニングを行うことで男らしい要素を獲得するが，多くの異性的特性をもつと同性の周囲から受容されにくくなるため，女らしさを強調するようになっていくのではないかと考察された。また，スポーツ場面が女性スポーツ選手に対して伝統的なジェンダー構造を再生産するように働く側面をもつことも指摘されている。

近年，一流女性競技者の競技引退年齢が上昇している。硬式テニスの公子・クルム・伊達選手は，30代後半で現役復帰をし，40歳（2010年）になっても国際的に活躍している。引退する年齢が遅くなったことや，結婚しても競技スポーツを継続する女性スポーツ選手が増えてきたことも女性のスポーツ行動への態度の変化としてとらえることができるだろう。このように伝統的な性役割からかけ離れた行動が出現してきているので，女性の性役割観は確実に変化している。

1974年と2004年のジェンダー行動の比較を行った関根（2005）は，「積極的」「信念を持った」「たくましい」「行動力のある」「頼りがいのある」「大胆な」は両年とも男性性として意識され，「言葉のていねいな」「かわいい」「繊細な」「色気のある」「優雅な」「愛嬌のある」「おしゃれな」「静かな」「子ども好き」は女性性項目で年代の変化はないことを見出した。しかし，「自己主張のできる」「冒険心に富んだ」「政治に関心のある」「学歴のある」「頭の良い」は両性化しており，女性の高校進学率が2004年に男性を上回り，女性の大学・短期大学への進学率が48.7％と男子の51.1％に肉薄していることの影響ではないかと考察している。

その状況のなかで，青年期の女子スポーツ選手たちだけが，伝統的スポーツ観，性役割観にとらわれているように見えるのは，スポーツ環境の影響と考えてもよいだろう。

4節　男性優位種目への女性の参加動機

女性の野球への参加は，女性のスポーツ種目が拡大した現代日本でもまだ少ない。軟式野球については，大学女子野球連盟の全国大会が 2010 年に 24 周年を迎えた。高校男子野球部に加入した女子選手，男子硬式野球連盟に加入した大学女子チーム（2006 年中京女子大学）など野球に加わる女子選手にはいくつかのパターンが見られる。そして 2010 年には女子プロ野球チームが設立された。阿江 (2006) は大学女子軟式野球部員 47 名に半構造化面接を実施して，野球参加動機を明らかにし，野球の男性イメージから生じるジェンダー観の揺らぎを詳細に検討した。動機づけの強さを目的変数とした偏相関係数を求めた結果，動機の強さは重要な他者（父親，兄），野球型種目の体験と関連が深く，野球選択に父親や兄弟という男性が重要な役割を果たしていた。女性がスポーツをするために，身近な男性のサポートや影響が重要であることは，ジェンダー視点では大きな意味をもつと考えられる。

また，スカートという女性のユニフォームへの抵抗感が見られた（スカート好き 14.9%，スカートに抵抗感 36.2%）。女性性の否定なのか，女性のほうが自分のアイデンティティをもちにくいのか，興味深い。

5節　ジェンダーに関わる解決されていないスポーツ参加問題

2009 年の陸上競技世界選手権大会で優勝した南アフリカの女子選手の性別疑惑が発生した（朝日新聞，2009）。意図的な性別詐称ではなかったためメダルはく奪には至っていない。生物学的に男性，女性が完全に 2 つに分かれるものでないため，女性のなかに男性に近い人がまざるということは起こりうる。女性が男性ホルモンを強化することはドーピングになるとして認められていないが，自己の性に違和感を感じる「性同一性障害 (Gender Identity Disorder)」の人たちがどちらの性グループでスポーツを行うか，参加を認めるのかは，十分に解決され

ていない。
　国際オリンピック委員会は2004年に性転換手術後2年経過すれば新しい性別での競技会参加を認める決定をした。性を変更した人のオリンピック参加が可能になったのである。それでも同性の人たちと一緒に着替えをしたり，活動することに違和感を感じ続け，性ホルモンを注射した後では，ドーピングのため，スポーツ参加は認められないなど，途中のプロセスを考えると，性別に違和感をもつ人たちのスポーツ参加については解決できていない部分が多い。

第15章 アスリートのアイデンティティ形成とキャリア移行

　アスリートのアイデンティティ問題は，大きく2つの側面に分けることができる（吉田，2006）。1つは，アスリートとしてのアイデンティティ形成（アスリートキャリアの形成）に関わる問題と，もう1つは引退後のキャリア移行（セカンドキャリアへの移行）に関わる問題である。両者が密接な関連をもっていることは，想像に難くない。なぜならば，アスリートとしてのアイデンティティがどのように形成されたかについては，セカンドキャリアへの移行に大きく影響し，そして，そこでの取り組みは，その後の人生に，大きく影響すると予測できるからである。

　本章では，アスリートのアイデンティティ問題について，1）アスリートのアイデンティティ形成，2）アスリートのキャリア移行問題，といった2つの側面から解説していく。

1節　アスリートのアイデンティティ形成

1　アイデンティティとは何か

　そもそも，アイデンティティ（identity）とは何か。アイデンティティとは，いわゆる自己と他者との兼ね合いのなかで感じられる「自分らしさ」の感覚を意味している。詳しく述べると，エリクソンは，アイデンティティ（同一性もしくは自我同一性とされる場合もある）を「過去において準備された内的な斉一性と連続性が，他人に対する自分の存在の意味の斉一性と連続性に一致すると思う自信の積み重ねである」としている。また，エリクソンは発達段階説のなかで，各発達段階で解決されなければならない心理社会的発達課題を危機（crisis）としてとりあげ，成長と退行といった対立的な概念として表記した。ここで着目すべきは，青年期の発達課題がアイデンティティ形成にあり，漸成図式（図15-1）のなかでは「同一性　対　同一性拡散」と表記されている点にある。

　アイデンティティ形成とは，青年期を通じて様々な自己像を統合し，「これこそが自分だ」という自己像を形成することを意味する。その感覚をもつことで，青年期以降，社会に出てからも自分の役割を把握させ，生き甲斐を感じながら社会生活を送れるようになる。もし，青年期にアイデンティティ形成に失敗すれば，

		1	2	3	4	5	6	7	8
老年期	Ⅷ								統合 対 絶望, 嫌悪 英知
成人期	Ⅶ							生殖性 対 停滞 世話	
前成人期	Ⅵ						親密 対 孤立 愛		
青年期	Ⅴ					同一性 対 同一性拡散 忠誠			
学童期	Ⅳ				勤勉性 対 劣等感 適格				
遊戯期	Ⅲ			自主性 対 罪悪感 目的					
幼児期初期	Ⅱ		自律性 対 恥, 疑惑 意志						
幼児期	Ⅰ	基本的信頼 対 基本的不信 希望							

図15－1　エリクソンの漸成図式（エリクソン，1977）

社会での自分の役割がわからず,「自分らしさ」の感覚を見出すことができなくなる。極端な言い方をすれば，アイデンティティ形成は，大人になるための「こころの準備」（レディネス）といえよう。

また，マーシャ（Marcia, 1964）は，より実践的な検証を行うためアイデンティティ・ステイタス（identity status：同一性地位）といった概念を提唱した。すなわち，マーシャは，危機的体験（crisis）と積極的関与（commitment）の２側面から，アイデンティティがどの程度達成されているのかを類型化し，その特徴を捉えたのである。それは，アイデンティティ達成，アイデンティティ早期完了，モラトリアム，アイデンティティ拡散であった（表15－1）。これらを発端としたアイデンティティ研究は，多くの成果を残してきている（鑪ほか，1984―2002）。

アイデンティティは，一旦確立されれば，それ以降，恒久的に変化をしないというものではない。例えば，アイデンティティの発達的径路を検討する研究は

表15-1　マーシャのアイデンティティ・ステイタス（Marcia, 1964）

アイデンティティ ステイタス	危機 crisis	積極的関与 commitment	概略
アイデンティティ 達　成 (Identity Achiever)	すでに経験した	している	自分らしさについて真剣に悩んだ経験をもち，その経験を通して獲得した自己の規準に基づきながら，現状に対して積極的に行動している。
モラトリアム (Moratorium)	現在経験している	している	現在，自分らしさについて積極的に模索している状況にある。積極的モラトリアムと称することもあり，自分は何者であるのかという自分探しの最中にある。
早期完了 (Foreclosure)	経験していない	している	親の目標と自身の目標にズレがなく，様々な選択場面において，何事もこれまでの経験を補完するにとどまっている。頑固さが特徴で，また，融通の利かなさも著しい。
アイデンティティ 拡　散 (Identity Diffusion)	経験していない	していない	自分らしさを模索した経験に乏しく，それ故に何事に対しても積極的に取り組むことができないでいる。
	すでに経験した	していない	自分らしさについて真剣に悩んだことがあるものの，しっかりとした自分の感覚を得ることなく，いわば冷笑的に自分らしさのなさを受け入れている。

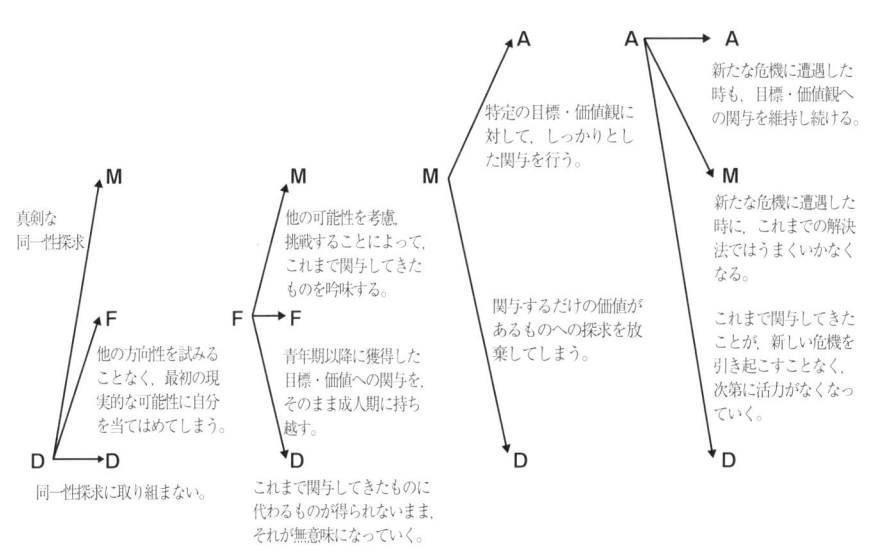

注）A：アイデンティティ達成　M：モラトリアム　F：アイデンティティ早期完了　D：アイデンティティ拡散

図15-2　アイデンティティ発達の連続パターン
（Waterman, 1982）

表15-2　中年期のアイデンティティ再体制化のプロセス（岡本，1994）

段階	内容
Ⅰ	身体感覚の変化の認識にともなう危機期 ・体力の衰え，体調の変化への気づき ・バイタリティの衰えの認識 ↓
Ⅱ	自分の再吟味と再方向づけへの模索期 ・自分の半生への問い直し ・将来への再方向づけの試み ↓
Ⅲ	軌道修正・軌道転換期 ・将来へむけての生活，価値観などの修正 ・自分と対象との関係の変化 ↓
Ⅳ	アイデンティティ再確定期 ・自己安定感・肯定感の増大

これまでの生涯発達をテーマとしたなかにみられる。特に，ウォーターマン（Waterman, 1982）は，アイデンティティは，一旦，確かな感覚として個人に根づいても，更に，発達・成熟していくものであることに着目し，アイデンティティ・ステイタスを参考にしてアイデンティティ発達の連続パターンを図示した（図15-2）。同様に，岡本（1994）は，中年期の心性を発達的観点から捉えている。そこでは，青年期のみならず，その後の中年期においても個人の生活世界の変化やその受け止め方の変化によってアイデンティティが変容することから，アイデンティティ再体制化（identity reconfirmation）という概念を明らかにしている。特に，①体力の衰え，②時間的展望の狭まりと逆転，③生産性における限界感，④老いや死への不安，などの心理社会的変化に直面することで自己を改めて問い直し，新たなアイデンティティを獲得していくことが指摘されている（表15-2）。

このように，アイデンティティ形成は，一生涯を通じて取り組まねばならない心理社会的発達課題でもある。決して，青年期に完成されるものではない。その後の人生においても，アイデンティティは，個人的・社会的な生活のなかでの変化を契機に，問い直され，再吟味され，必要であれば軌道修正され，再確立されていくのである。

このような研究成果は，アスリートアイデンティティを考える上でも，有益な知見を提供してくれることとなる。

2　アイデンティティ形成におけるスポーツの役割

まず，思春期・青年期のアイデンティティ形成を考えるとき，スポーツ参加やスポーツ競技経験がどのような役割を果たすのかを把握しておく必要があろう。

先述したが，エリクソンは，青年期の心理社会的発達課題としてアイデンティティ形成を挙げている。この時期は，アスリートがスポーツ競技場面へ最も取り組みを強化すべき時期でもある。したがって，この時期に獲得される「アスリートとしての自己」は，アスリートのアイデンティティの中核となりうる。アスリートのアイデンティティ形成において，スポーツ競技場面は重要な対象領域であり，そこでの自己投入を通じて重要な自己像の一面を獲得しているのである。

そして，このような自己投入の結果，アスリートが好成績をあげると，周囲に認められるようになる。その経験は，自己が何者であるのかを確認し，自己を定義づける機会となりうる。このような時期に，アスリートとしてのアイデンティティの感覚が芽生えることになる。そして，アスリートが所属するチームは，明確な帰属集団として位置づけられ，彼らにとってアイデンティティを形成していく上で重要な拠り所となりうる。すなわち，チームの仲間やコーチは，アスリートのモデルとしての役割を果たすこともある。

このように，スポーツ参加やスポーツ競技経験は，アスリートの全体的なアイデンティティ形成に大きな役割を果たしているといえよう。

3 アスリートのアイデンティティ形成における諸相

中込（1993）は，体育専攻の学生選手を対象とした研究のなかで，アスリートアイデンティティの特徴について検討している。特に，アスリートアイデンティティ形成のあり方を検討した結果，大学生アスリートは，他の青年期にある者と比較して，アイデンティティを形成する上で，①危機経験が少なく，②対象（ここではスポーツ）に自己投入している，といった早期完了型（自分が何者であるのかを模索することなく，現状に傾倒している状態）が多いことを指摘した。

アスリートアイデンティティを強めることは，いわばアスリートとして健全な姿と捉えることもできる。しかし，アスリートがアスリートであるためには，スポーツ状況への自己投入が求められている一方で，スポーツ以外の対象を無視しながらアイデンティティ形成を進めることは問題視すべきであろう。スポーツのみへの同一化（sport only identification）は，深刻な問題へと発展しかねない（Ogilvie, B. C. & Howe, M., 1986）。というのも，アスリートとしての自己が何らかの理由（成績低下や怪我，引退など）で妨げられる時，深刻な危機に発展することが危惧され，そこでの取り組みは，アスリートとしての自己を形成してき

様相に影響を受けざるを得ないからである。

4　危機はチャンスでもある

ところで，杉浦（2001）は，転機（turning point）を鍵概念とし，アスリートとしての危機経験が，彼らの心理的成熟に影響していることに着目した。すなわち，スポーツ競技場面における危機体験が，スポーツに取り組む目的や意味を明確化し，スポーツに自律的に取り組む姿勢につながることを確認したのである。アスリートのそのような取り組みは，競技に対する自己投入を高め，ひいては，パフォーマンスの向上をもたらすことにもつながる場合があると杉浦は指摘している。

一方，中込（1993）は，相互性の高い取り組みこそがアスリートのアイデンティティを形成する上で，重要になると指摘している。詳しく述べると，「対象に働きかけ，それと同時に働きかけられるという相互性のある取り組みがアイデンティティ形成を促すのであり，危機に対する解決に向けての探求や努力の経験を経て確固たる信念のもとに自己投入できる対象を発見する過程が，アイデンティティ形成と関係する」としている。すなわち，アスリートがスポーツ領域への取り組みを強化するなかで，何らかの重大な決定を下さなければならない局面に遭遇した場合，主体的かつ積極的な解決を図ることで「自分らしさ」の感覚を強めていくことができるのである。そして，スポーツ競技場面において，このような相互性の高い積極的な対処や取り組みを行うことで，将来，直面する危機においても着実な取り組みが期待できることを指摘した。アスリートアイデンティティをどのように形成するのか。そのことが，その後の人生の取り組みにも大きく影響するのである。

このような立場からすると，アイデンティティは，一旦形成されれば完成されるものではなく，一生涯を通じて，達成と拡散を繰り返しながら成熟していくものといえる。そのターニングポイントとでもいうべき危機場面における取り組みは，アスリートにとって，競技生活のみならずその後の人生を積極的に生きるためのチャンスとなろう。

2節　アスリートのキャリア移行問題

1　競技引退とは

　競技引退（Athletic Retirement）とは，どのようなレベルのアスリートであっても，いずれ必ず直面しなければならない発達課題（developmental task）である。昨今では，キャリア移行（career transition）と呼ぶことが多い。いずれにせよ，この「アスリートがアスリートでなくなる」という大きなライフイベントは，アスリートにとって重大なアイデンティティ危機（identity crisis）となり，そこで経験する諸々の不適応は深刻な心的外傷（trauma）へと発展する可能性を有している。

　キャリア移行の契機となる出来事は，目標の達成（メダルを獲った）や思わぬ敗北体験（負けると思わなかったからショック），競技力や体力の低下（思い通りに動けない），将来の見通し（そろそろいい歳だから），怪我や病気（元通りに復帰できない）など，個性的なライフイベントであることに相違ない。また，それが突然の出来事であるのか，それとも予期できていたのかによって，その後の適応問題も大きく左右されると予測できる（豊田・中込，2000）。

2　競技引退研究の流れ

　競技引退をテーマとした研究はまだまだ少ない（豊田・中込，2000；中込，2004；Levy, et al., 2005）。遡ってみてみると，スポーツ社会学領域で取り上げられたのが1950年初頭のことであり，プロボクサーが引退後に引き起こす心理・社会的問題の深刻さ（チャンピオンであったことによる社会的横柄さ，巨額なファイトマネーを獲得したことによって形成された無謀な金銭感覚，様々な形での対社会不適応など）へ焦点が当てられていた。その後，スポーツ心理学領域にも広がり，アスリート特有の問題としての競技引退を，詳細に分析できるような理論モデルの構築が急務であるとされた。

　その後，研究対象は，プロフェッショナルアスリートからアマチュアアスリートへと拡大され，同時に，そこで扱われる研究課題が3段階にわたって変遷していったようである。すなわち，①競技引退に関連する問題の把握（競技引退に伴ってアスリートが直面する心理社会的問題を明らかにする），②競技引退後の生活

適応に影響する要因の同定（引退後の生活への適応に寄与する要因とそれを阻害する要因を検討する），③具体的な介入方略の探究（キャリア移行を支援するプログラムはどのような理念の下，どのような介入を行えばよいのかを検討する），といった課題の変遷を遂げていた。そして，1990年代には，これらの研究成果を背景に，欧米諸国を中心にアスリートの競技引退問題への専門的介入・支援を具体的施策として構築・運営される段階へと至っている。

3 アスリートのアイデンティティ再体制化

アスリートは，競技引退を経ていく過程を通じて「アスリートである自分」から「アスリートではない新たな自分」へのアイデンティティ再体制化（identity reconfirmation）を迫られることになる。豊田・中込（1996）は，トップアスリートの競技引退に伴うアイデンティティ再体制化プロセスを導き出した（図15－3）。

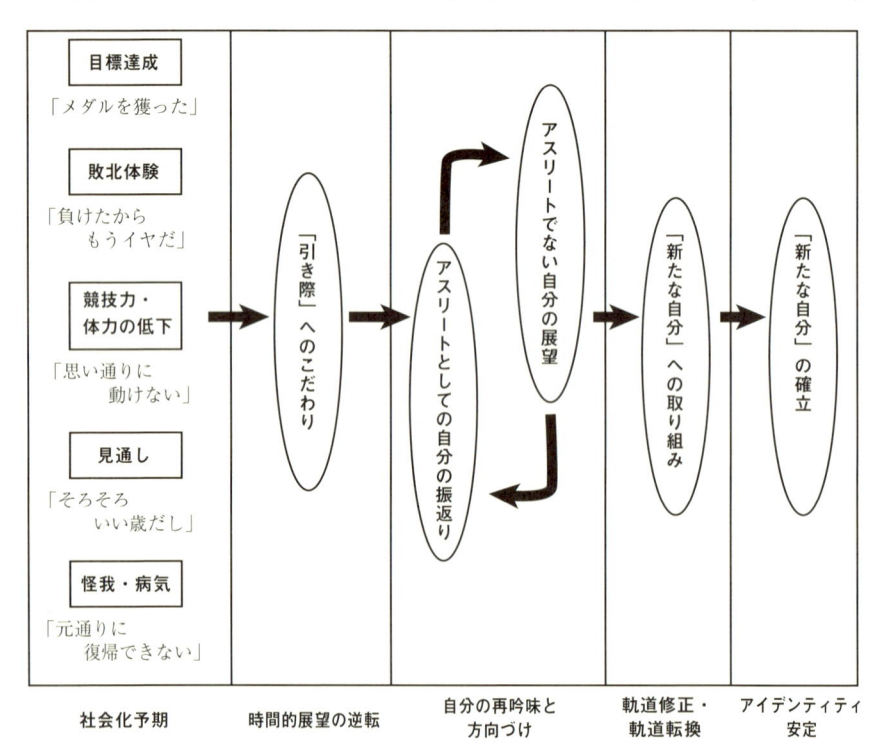

図15－3　競技引退に伴うアイデンティティ再体制化プロセス
（豊田・中込，2000に加筆）

そのなかでは，彼らが現役中に，もうこれ以上，競技を継続できないことに気づくこと（社会化予期；participation socialization）と，引退後の将来に向けた自己の在り方を主体的に選び取っていくこと（時間的展望；time perspective）によって，引退後の生活への適応を促せることを確認している。すなわち，引退後の適応問題を左右するのは，現役中の取り組みにあるといえる。

また，豊田・中込（2000）は，中年期危機を経験した元オリンピアンの事例から，競技引退を通じて体験したアイデンティティ再構築の課題の積み残しは，中年期に再び問い直されることもあるといった仮説的知見を導き出した。彼らは，引退を契機とした自己実現の課題に一生涯を通じて取り組むことになり，いわば個性化のプロセスを歩んでいくことになる。

先にも触れたが，昨今では，競技引退をアスリートのキャリア問題として捉える傾向にある。すなわち，アスリートとしての（ファースト）キャリアをどのように構築し，アスリートではない新たな（セカンド）キャリアをどのように再構築していくのかという2つの側面から捉え，ファーストキャリアからセカンドキャリアへの移行に伴う諸問題に着目している訳だが，その取り組みが多いとは言い難い現状にある（吉田，2006）。

4　キャリア移行支援

最後に，アスリートのキャリア移行支援についての取り組みを紹介しておく。まず，諸外国では，専門的プログラムが多くの功績を上げている（筑波大学トップアスリート・セカンドキャリア支援プロジェクト，2006）。オーストラリア

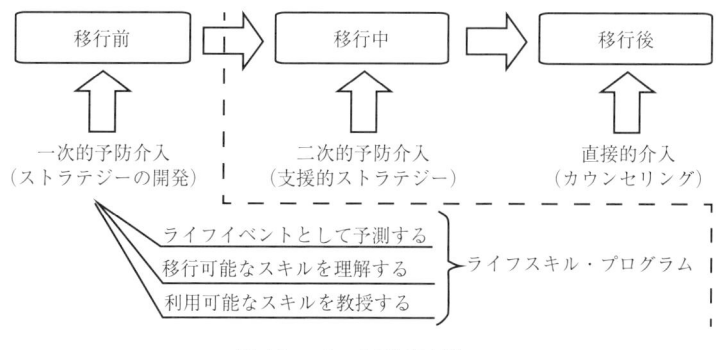

図15－4　LDIモデル
（Danish et al., 1993）

のACE（Athlete Career and Education Program: 1992—）やアメリカ合衆国のCAPA（Career Assistance Program for Athlete: 1993—）は，その先進的な取り組みから多くの功績を残している。これらのプログラムは生涯発達の視点からキャリア移行を捉え，現役中から引退後の準備を始めることを重視していることはいうまでもない。

このようなプログラム介入には，基本的な枠組みが求められている。特に，ダニッシュら（Danish, et al., 1995）のLDIモデル（Life Developmental Intervention）（図15-4）はこの種の問題に対する具体的な介入策を講じる際に参考になる。このLDIモデルは，移行前—移行中—移行後といった期分けを行い，各時期の介入ポイントを明らかにしている。例えば，キャリア移行前には，一次的予防介入としてキャリア移行に役立つようなストラテジーを開発すべく，ライフスキル・プログラムを展開している。次に，移行の最中では，二次的予防介入として支援的ストラテジーを発掘すること，すなわち，移行を支援してくれる組織を利用することを勧めている。そして，移行直後には，直接的介入としてカウンセリング方略の有効性を訴えているのである。

このような諸外国の動きに追随して，わが国においても2002年にはJリーグキャリアサポートセンターが，そして，2004年にはJOCセカンドキャリアプロジェクトが，それぞれ独自のセカンドキャリア支援プログラムを立ち上げている。これらのプログラムは，アスリートへのセカンドキャリア紹介・斡旋のみならず，移行に直面して苦悩しているアスリートへの心理的な支援（psychological support）にも重きを置いている。

例えば，田中（2010）は，国内において①キャリア移行教育プログラムと②セカンドキャリア支援プログラムを積極的に展開している（表15-3）。前者①は，現役選手を対象としており，自らの引退後の人生を見通すことで，現役中に獲得しておかねばならない心理的スキル（自己認識能力の向上，価値観の構築，目標設定，キャリアプランニング，集中，コーピングスキルの向上）についての講義を展開している。一方，後者②は，競技引退を目前に控えた選手を対象としており，引退後のセカンドキャリアを開拓していく上で求められるべき支援活動（現役中のキャリア支援，引退後のキャリア支援，起業支援，復学支援）を展開している。

このように，国内における取り組みも今後拡がっていくことが期待できる。

表 15 - 3　国内におけるキャリア教育・支援プログラム（田中，2010）

実施年	実施機関	プログラムの名称	実施対象	プログラムの目的
2002	Jリーグ キャリアサポートセンター	キャリアサポートセンター	現役選手	選手のセカンドキャリア支援 選手のセカンドキャリアデザイン
2004	JOC	JOCセカンドキャリアプロジェクト 現キャリアアカデミー	現役選手 Jr.エリート 指導者	キャリアトランジション教育 キャリア支援
2004	日本女子プロゴルフ協会		新人研修	現役時代からのキャリアプランニング研修
2004	プロ野球OB会			
2005	筑波大学	筑波大学トップアスリートセカンドキャリア支援プロジェクト	トップアスリート	トップアスリートのセカンドキャリア開発モデル構築
2005	日本プロスポーツ協会			
2005	日本プロバスケットボールリーグ			
2005	四国アイランドリーグ		現役選手	選手のキャリアサポート

第16章　発達的視点から見た青年・成人スポーツの現状と課題

　生涯スポーツでは，文字どおり人間の生涯にわたるスポーツ・運動を取り上げることになる。そこでは特に人間の心身両面にわたる発達が深いかかわりをもっている。本章では青年期と成人期の発達段階を取り上げ，青年期を前期と後期に分けて，また成人期を中年期の前の壮年期（30～50歳）とし，それぞれの段階のライフステージとしての特徴，また心身の特徴等についてまとめた上でさらに各段階におけるスポーツとのかかわり方を考察する。次に青年・成人のスポーツの現状について特にスポーツ・運動の実施状況について公的機関によって実施された調査結果をもとに検討し，スポーツ・運動への参加状況，またどのような種目へ参加しているのかなどの点について検討した。最後に，青年・成人スポーツについて発達的視点から見て，どのような課題があるか，前述した現状分析を基に，身体的，人格・情動的，知的及び社会的側面について考察を試みた。

1節　青年・成人期の発達的理解とスポーツ

　発達的視点から青年期，成人期を取り上げる場合，それぞれの発達段階区分をどのように取り上げるかはそれぞれの取り上げ方や領域によっても異なっており，一様ではない。
　ここではスポーツとの関連で発達段階区分を取り上ることから"生涯スポーツ"の領域で一般的に使われてきている発達区分を取り上げることにする。ちなみに文部科学省の保健体育審議会答申（1997）においてはライフステージとしての青年期を前期と後期に分け，前期は子どもからおとなへと移り変わる境界期として，また後期は学生時代から社会人としての生活独立時期へと移行していく段階として位置づけている。さらに本章における成人期は壮年期として中年期に移行する前段階とし，社会人または家庭人として新たなライフステージを迎える時期として位置づけることにする。
　まず，青年前期はいわゆる思春期に相当する時期であり，急激な身体的変化を特徴とし，生理的変化ではホルモン等の内分泌線の発達が見られ，第二次性徴が体験される。また身体の形態，運動能力の発育・発達において個人差，性差が著

しくなる時期でもある。精神的な発達においても子どもからおとなへの移行期として不安や葛藤，感受性の高まりなど不安定な感情や情動を体験しながら成長していく時期である。この時期におけるスポーツの問題としてはスポーツ参加を志向するグループと志向しないグループへの二極化現象が進み，両者の間で体力，運動能力，運動意欲などの点で大きく差が開き，その後のスポーツライフに影響することが挙げられよう。また青年後期は特にスポーツ志向のグループにおいて筋力や持久力，瞬発力などの身体能力が最高度に達し，スポーツ技能の進歩が顕著に見られる時期であり，他方において適切な身体活動量を確保するだけのスポーツ習慣が未形成なグループが出来上がってくる時期でもある。この期はまた精神的な面において"疾風怒濤な時期"と言われ，自分とは何か，自分に何ができるか，なぜ自分をわかってくれないかなどを自問し，行動の様態として感情の昂揚と沈鬱，劣等感と優越感，不全感と傲慢，集団への帰属と孤立など両極端な行動の間を揺れ動く不安定な特徴を示す。さらに成人期（壮年期）に入ると全体的にみて加齢とともに身体面における成熟は完了し，体力，運動能力が緩やかに低下し始める。また精神的，行動的な面においては安定化が進み，成熟した人間関係がもてるようになり，社会人または家庭人として新たなライフステージに移行し，集団のなかで主体的，合目的な活動が行えるようになる。スポーツに関連しては仕事などを含む社会的活動による時間的制約のなかでスポーツ活動から遠ざかる傾向も見られるようになる。このため，栄養と身体活動のバランスが崩れ，肥満傾向も増大していき，また様々な生活上のストレスが増大するなど心身の健康を阻害する要因が多くなる。このような健康上の問題を解決するためにスポーツ活動がますます重要になる時期でもある。

2節　青年・成人スポーツの現状

1　青年期においてスポーツや運動はどのようなものがどの程度行われているのか

　青年前期はほぼ学校制度における中学，高校期と重なっており，また後期は特に大学期と関連している。2001年から2005年にかけて笹川スポーツ財団（SSF）が実施した"10代のスポーツライフに関する調査"において10〜19歳の青少年のスポーツ実施状況が3つの観点（実施頻度，運動時間，運動強度）から分析されている。この調査においてはまずスポーツの実施レベルを表16−1のようにレベル0（ス

表 16 − 1　頻度，時間，強度による 10 代のスポーツ実施レベルの設定（笹川スポーツ財団，2006）

レベル 0	過去 1 年間にまったく運動・スポーツをしなかった
レベル 1	年 1 回以上週 1 回未満（1 〜 51 回／年）
レベル 2	年 1 回以上週 5 回未満（52 〜 259 回／年）
レベル 3	週 5 回以上（260 回／年以上）
レベル 4	週 5 回以上，1 回 120 分以上，運動強度「ややきつい」以上

ポーツを全く行わなかったもの）からレベル 4（週 5 回，1 回 120 分，運動強度はややきつい）まで 5 段階に設定している。性別，学校期別に見た調査結果は図 16 − 1 のように報告されている。全体的に 10 代における性差についてはスポーツを全く行わなかったレベル 0 で男子の 7.3％に対し女子が 16.1％，スポーツを最もよく行ったレベル 4 では男子が 33.0％に対し女子が 24.1％となり，男子が女子に比べ，相対的にスポーツ参加への頻度が高い傾向が見られている。また青年期に相当する中学期から大学期および勤労者についてみると，まず，レベル 0 の割合は中学校期 6.1％，高校期 15.6％，大学期 24.0％，勤労者 35.7％となり，学校期が進むにつれてスポーツを行わない者が増加していく傾向が見られる。他方，スポーツを最もよく行ったレベル 4 では中学校期 46.4％，高校期 36.9％と相対的に高いが，逆に大学期，勤労者それぞれ 9.6％，4.3％と低くなっている。これらのデータは青年前期から後期に移行する段階でスポーツへの参加が顕著に減少していることを示している。

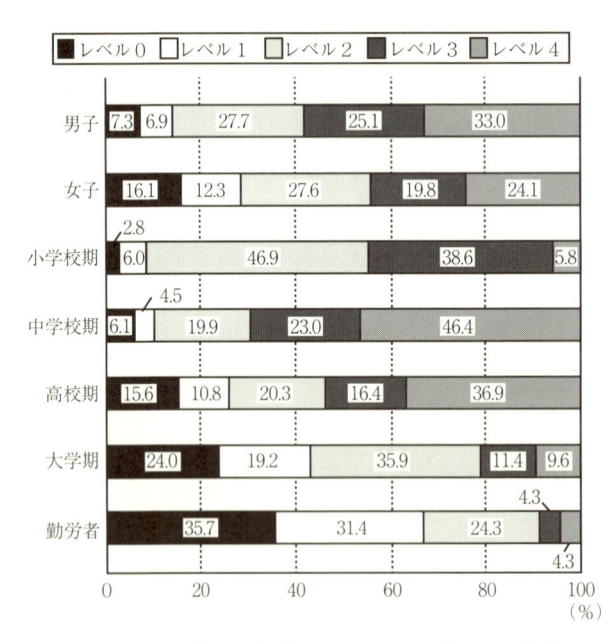

図 16 − 1　性別・学校期別運動・スポーツ実施状況
（笹川スポーツ財団，2006）

また前述した調査で行われた青少年運動・スポーツ種目別の実施率の

第16章 発達的視点から見た青年・成人スポーツの現状と課題

分析においては特に学校期に共通してサッカー，バスケットボール，バドミントンなどの種目に実施率が高く見られている．さらに高校期以降では筋力トレーニング，ジョギング・ランニングなどの実施率も，よく行った種目のなかで上位10種目のなか（それぞれ9，10位）に入っていたと報告されている．

2 成人期においてスポーツや運動はどのようなものがどの程度行われているのか

成人期はここでは特に壮年期として30〜50歳代ぐらいまでの範囲を取り上げ，特に内閣府が2006年に実施した"体力・スポーツに関する世論調査"などを参考に成人スポーツの現状について述べる．図16－2は運動・スポーツの1

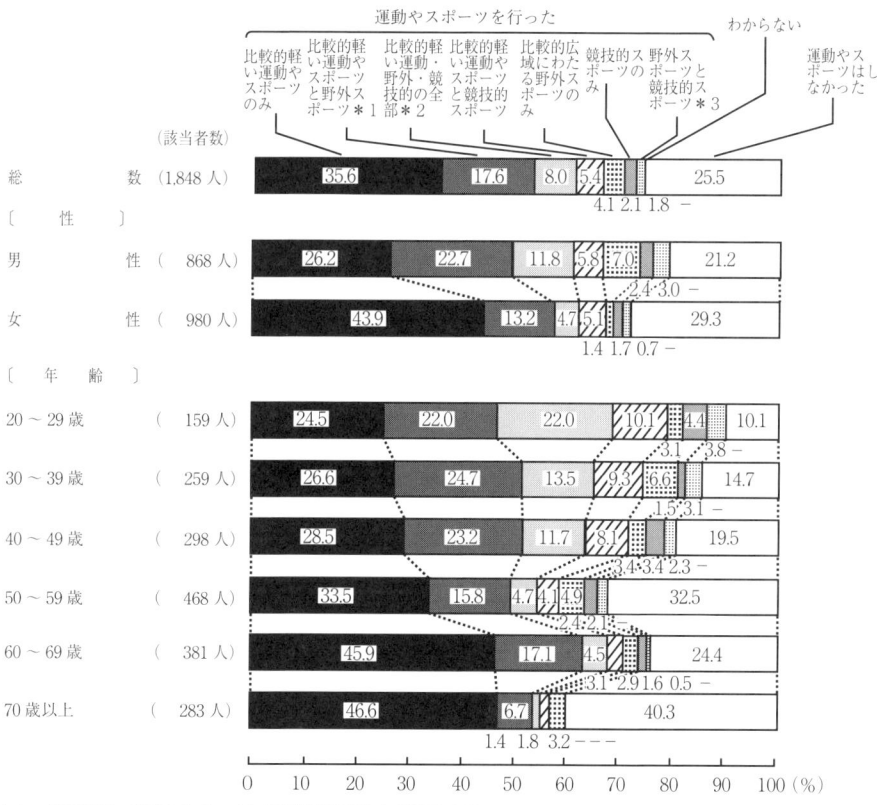

区分	該当者数	比較的軽い運動やスポーツのみ	比較的軽い運動・野外・競技のスポーツと野外スポーツ*1	比較的軽い運動・野外・競技のスポーツの全部*2	比較的軽い運動やスポーツと競技的スポーツ	比較的広域にわたる野外スポーツのみ	競技的スポーツのみ	野外スポーツと競技的スポーツ*3	わからない	運動やスポーツはしなかった
総数	(1,848人)	35.6	17.6	8.0	5.4	4.1	2.1	1.8	—	25.5
男性	(868人)	26.2	22.7	11.8	5.8	2.4	3.0	7.0	—	21.2
女性	(980人)	43.9	13.2	4.7	5.1	1.4	1.7	0.7	—	29.3
20〜29歳	(159人)	24.5	22.0	22.0	10.1	3.1	4.4	3.8	—	10.1
30〜39歳	(259人)	26.6	24.7	13.5	9.3	1.5	3.1	6.6	—	14.7
40〜49歳	(298人)	28.5	23.2	11.7		3.4	3.4	2.3	—	19.5
50〜59歳	(468人)	33.5	15.8	4.7	4.9	2.4	2.1		—	32.5
60〜69歳	(381人)	45.9	17.1	4.5		3.1	2.9	1.6	0.5	24.4
70歳以上	(283人)	46.6	6.7			1.4	1.8	3.2	—	40.3

*1 比較的軽い運動やスポーツと比較的広域にわたる野外スポーツ
*2 比較的軽い運動やスポーツ・比較的広域にわたる野外スポーツ・競技的スポーツの全部
*3 比較的広域にわたる野外スポーツと競技的スポーツ

図16－2 運動・スポーツの1年間の実施状況
(内閣府大臣官房政府広報室，2006)

年間の実施状況について，性別，年代別に"運動やスポーツを行わなかった"を含め，比較的軽い運動やスポーツ，競技的スポーツなど7つの分類項目（わからないは除外して）ごとの割合を示したものである。まず，この1年間に何らかの運動・スポーツを行ったとする者は30歳代で82.2％，40歳代で78.3％，50歳代で65.4％であった。また反対に運動・スポーツは行わなかったと答えた者は30歳代で14.7％，40歳代で19.5％，50歳代で32.5％であった。このように成人期においては年代が進むにつれ，やや運動する者の割合が減少し，運動しない者の割合が増加する傾向が見られる。特に50歳代になると運動をしない者の割合が30歳代に比べ2倍近く増加している。またどのような運動・スポーツ種目を実施したかについては全体として図16－3に示されたとおり，ウオーキングなど44.2％，体操（ラジオ体操，職場体操，美容体操など）22.6％，軽い球技（キャッチボール，円陣パス，ピンポン，ドッジボール，バトミントン，テニスなど）15.0％，軽い水泳11.7％などが上位に挙げられている。青年期と比較し，スポーツの実施種目が競技性のあるサッカーやバスケットなどのチーム種目から大きく変わり，成人期においてはウオーキングや体操など個人的な種目，またリクレーション的な性格の強い種目へと移行していく傾向が見られる。さらにスポーツへの動機づけに関連した運動・スポーツを行った理由（表16－2）については"健康・体力づくりのため"を挙げた者の割合は50歳代から，"楽しみ，気晴らしとして"を挙げた者の割合は20〜30歳代で，また"運動不足を感じるから"を挙げた者の割合は40〜50歳代で，それぞれ相対的に高くなっている。このような結果は，成人期におけるスポーツ参加の動機が青年期（特に前期）まで内発的で

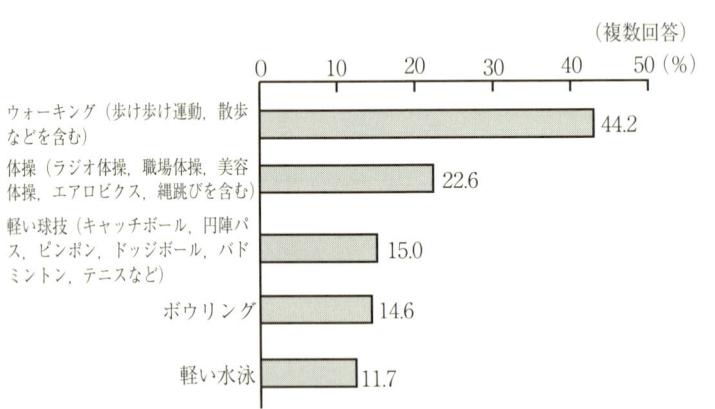

図16－3　この1年間に行った運動・スポーツの種目（上位5種目）（内閣府大臣官房政府広報室，2006）

表16－2　運動・スポーツを行った理由（内閣府大臣官房政府広報室, 2006）

	該当者数(人)	健康・体力つくりのため(%)	楽しみ,気晴らしとして(%)	運動不足を感じるから(%)	友人・仲間との交流として(%)	美容や肥満解消のため(%)	家族のふれあいとして(%)	自己の記録や能力を向上させるため(%)	精神の修養や訓練のため(%)	その他(%)	わからない(%)	計(M.T.)
総数	1,377	55	50.1	41.2	35.4	15.2	15	4.4	3.2	1.5	0.1	221.1
〔性〕												
男性	684	51.9	53.1	37.7	39.3	8.8	14.8	5.3	3.8	1.6	0.1	216.1
女性	693	58	47.2	44.7	31.5	21.5	15.3	3.8	2.6	1.3	0.1	226
〔年齢〕												
20～29歳	143	35.7	65	34.3	53.8	19.6	11.2	11.2	4.2	0.7	1.4	237.1
30～39歳	221	35.3	60.2	34.8	38	19	30.3	3.2	3.6	0.9	－	225.3
40～49歳	240	46.7	55.8	47.5	34.6	17.1	27.9	4.6	3.8	0.8	－	238.8
50～59歳	316	59.8	46.8	46.8	34.5	17.7	8.2	2.8	2.5	2.5	－	221.8
60～69歳	288	67.7	38.5	42	28.8	11.1	7.3	3.5	3.5	1	－	203.5
70歳以上	169	78.1	42	34.9	30.2	5.9	5.9	4.1	1.8	2.4	－	205.3

あったことに比べ，健康維持や運動不足の解消など外発的である可能性を示唆している。

3節　青年・成人スポーツの課題

1　青年スポーツにおける課題

　発達的視点から見た課題は一般的に，身体的側面，人格・情動面，知的側面，社会的側面に分けて考えることができる。まず，身体的側面における課題は身体的成熟に相応した体力，運動能力の習得が課題として挙げられるだろう。特にスポーツ参加における二極化現象のなかで，競技などに積極的に参加するグループにおいてはいわゆるスポーツのやり過ぎによる弊害（オーバートレーニング，ステルネスなど）の防止，またスポーツ不参加や消極的なグループにおいては見るスポーツを含め多様なスポーツを経験するなかで，楽しさや喜びを体感しスポーツを継続的に楽しむ習慣を作っていくことが課題となろう。スポーツに関連した人格・情動面における課題としては特にこの期が人格発達上，アイデンティティの確立という問題に直面していることから，日常生活を含め，自己コントロール能力の向上が重要な課題として挙げられる。このためにメンタルトレーニングなどによる心理的スキルの習得などがスポーツの場において重要な課題になる。また知的側面において青年前期はピアジェの形式的操作段階に相当することから習

得された知識や理論を，スポーツの様々な具体的状況へと主体的に応用していくことなどが課題として挙げられる。さらには社会的側面から見て青年期は仲間集団が一層，組織化されまた構造化され（Newman, 1982），仲間との団結，秘密の共有，他者の排除，役割分化などが一層顕著に現れる時期でもある。先述したように青年期においてサッカー，バスケットボールなどいわゆるチームスポーツへの参加が多く見られるのもこのような社会的側面における青年期の特徴が1つの原因になっていると考えられる。青年期のスポーツの場における社会的側面の課題としては特に所属する集団やチームなど狭い範囲に留まらず，広く社会的に責任のある行動を望み，それが実行できるようになることを挙げておきたい。さらにトップレベルの競技に参加している者についてはキャリアトランジッションプログラムなど次のライフステージに向けた移行準備が重要な課題の1つになる。

2　成人スポーツにおける課題

この期は学校期を終了し，社会人，家庭人として新たなライフステージへと移行していく時期であり，職場や家庭生活などによく適応し，心身ともにバランスのとれた安定的発達が期待される時期である。身体面では体力や運動能力が緩やかに低下し始めることからスポーツの場のみならず，生活全般にわたって適切な身体運動量を確保することが基本的な課題になる。具体的には自由時間の有効利用，スポーツ・運動のための環境づくり，運動や休養についての科学的理解などが必要になろう。このような身体面での課題を成就すれば，同時に健康や体力に関する自己概念，あるいは有能感も改善され，職場や家庭における生活態度も積極的な方向へと変化していくことが期待できる。また知的側面においては運動やスポーツについての科学的理解に留まらず，個人の運動経験，興味や関心，体力などの客観的な分析をとおして，その個人に最適な運動やスポーツを主体的に実行できるようになることが課題として挙げられる。さらにスポーツを文化として捉えるなど，スポーツを幅広く理解していくことも課題の1つとして挙げておきたい。社会的側面においては家庭を中心としたスポーツがある。運動活動をとおして家族間のコミュニケーションを高め，また地域や職場におけるスポーツ，余暇活動等に積極的に参加し，仲間や友人と適切な人間関係を構築していくことなどが課題として挙げられる。

Ⅳ部
中・高年期

第17章 中・高年期の運動発達の特徴とスポーツ活動

　身体が自由に動き，自分の行きたいところに自由に行ける生活こそが，人の基本的で最も重要な身体的条件である。高齢者が運動を生活のなかで習慣化することによって，虚弱状態から，より自立度の高い状態へと改善する事例は多い。日々の生活運動とスポーツ活動は中・高年者の健康資源として重要である。生活運動の体育化により，鬱や不安が軽減され，生活の自立度や自律能力が高められること，ひいては認知症発症の予防にも一定の効果をもつことが明らかとなっている。老いるほど日々，体を動かさなくなり，生理的には運動不足病に陥るが，意識レベルではさほどの運動不足感は感じていない傾向が認められる。意図的に運動への動機づけを高める行動変容理論の活用が求められる。

1節　高齢期の健康と体力

1　運動の加齢サイクル

　身体が自由に動き，自分の行きたいところに自由に行ける生活こそが，人の基本的で最も重要な身体的条件である。しかし，高齢になると歩行は何とかできても，1人暮らしなどの自立した生活を送る能力に障害が出てくる人が多くなってくる。移動の不自由さは，体力低下や生理機能の減退に止まらず，心理・社会的活動にも支障が生じてくるという悪循環を生む。高齢になって運動をしないことが心身に与える悪影響については，様々な研究や仮説が存在する。バーガーとヘクト（Berger, B. G. & Hecht, L.M., 1989）の「運動の加齢サイクル」というモデル（図17－1）によれば，加齢につれて日常生活に占める運動量が減少すると，肥満，筋力低下，精力減退が起こり，さらに老いの自覚が増し，ストレスや不安・抑鬱の増加と自尊心の低下が起きる。このような心身の不調は，一層の身体活動の減少に導き，やがて予備体力の減退から心臓病，高血圧，各種の痛みなどの慢性病（生活習慣病）が発症すると解説している。このような加齢につれて生じやすくなる「運動の悪循環」を断ち切る個人的努力とともに社会的な啓蒙・指導が必要とされる。

第17章　中・高年期の運動発達の特徴とスポーツ活動　　183

予備力の減退
心臓病
高血圧
各種のからだの痛み

年齢を重ねること

運動の減少

身体的能力の減退
体脂肪の増加
筋肉の衰え
精力減退

社会心理学的加齢
老いを感じること
年相応に振る舞うこと
ストレス，不安，抑うつの増加
自尊心の低下

身体活動のいっそうの減少

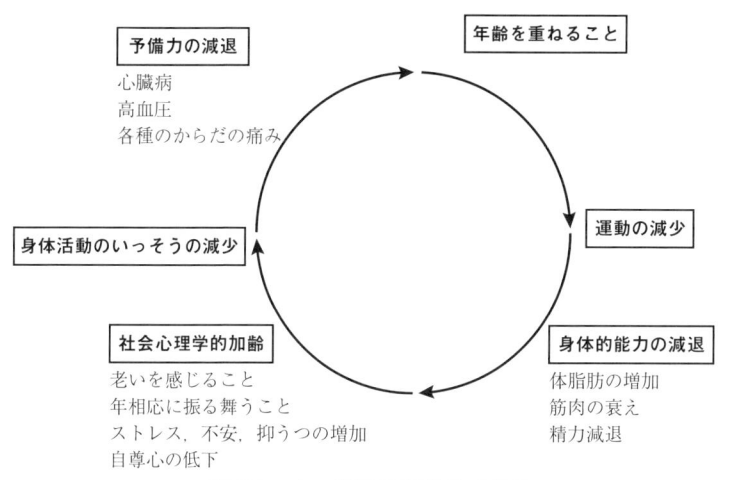

図17－1　運動の加齢サイクル
(Berger & Hecht, 1989)

2　高齢者のための運動指針

　WHO（1997）は，高齢期の身体活動（physical activities）を促進するための包括的なガイドラインを公表し，健康な高齢期を過ごすための不可欠の構成要素として，定期的な身体活動の役割を強調している。意図的身体活動としてのスポーツ（sports）や運動（physical exercise）から，生活行動としての日々の家事・仕事に含まれる無意図的活動まで様々な範囲の身体活動がある。厚生労働省（2006）は，生活運動と運動・スポーツにおける運動強度（Mets, Exercise）別の運動種目を挙げて，それに見合う所用時間を算定した新運動指針を公表している。定期的身体活動の恩恵は，生理学的・心理学的・社会的な面で運動を実施する個人に対しても，社会に対しても認めることができる。

　定期的身体活動が個人に及ぼす生理的効果として，短期的には「グルコース・レベル」，「カテコールアミン活性」，「睡眠の促進」が期待されており，長期的には「有酸素性／心臓血管系の持久性」，「レジスタント・トレーニング／筋力強化」，「柔軟性」，「平衡性／協応性」，「動作速度」の面で運動の改善効果が認められている。個人に及ぼす心理学的効果として，短期的には，「リラクゼーション」，「ストレスや不安の減少」，「気分の高揚」の効果が期待されている。長期的には，「全般的幸福感の向上」，「精神的健康の改善」，「認知的能力の改善」，「運動統制感とパフォーマンスの向上」，「技能の獲得」の面で，その効果が認められている。個

人に及ぼす社会的効果として，短期的には「高齢者の権能の拡大」，「社会的，文化的統合力の向上」などの効果が期待できる。長期的効果として，「統合力の向上」，「新たな交友関係の形成」，「社会的・文化的ネットワークの拡大」，「役割の維持と新たな役割の獲得」，「世代間活動の拡大」の効果が認められる。また，運動の実践は当該社会にも好ましい効果を与える。すなわち，「医療費や公的介護経費の削減」，「高齢者の生産性の向上」，「高齢者についての積極的で活動的なイメージ作り」に役立つと考えられている。特に，エイジズム（Ageism）（Butler, 1983）という老人・老化に対する偏見や誤解が蔓延している社会においては，身体的に健康で活発な高齢者の増加は，新たな積極的な高齢者像を社会（他世代層）に抱かせる上でも効果的な手段となると考えられる。

3　高齢者に望ましい身体活動

次に，高齢者にとって望ましい身体活動とは，どのような運動であるべきかについてWHO（1997）は，次のような提言をしている。

①運動を行うに際して，特別に高価な施設や機器は必要でなく，限られたスペースと運動環境で効果的に行うことが必要であること
②身体活動には，個人活動とグループ活動が含まれ，個人とグループの双方の要求に応えることができること
③ストレッチング・リラクゼーション・美容体操・エアロビクス運動・体力トレーニングを含む様々なタイプの身体活動が組み合わされていること
④具体的な活動としては簡単で適度な身体活動（ウォーキング・ダンス・階段上り・水泳・サイクリング・チェアエクササイズ・ベッドエクササイズなど）が中心となること
⑤運動はリラックスして楽しむべきであり可能な限り運動は定期的に行うべきであること

などが挙げられる。

4　高齢者スポーツ種目の開発条件

長寿社会開発センター調査（1992）によれば，高齢者が好むスポーツのタイプとして，①1人でできるもの，②普段着でできるもの，③1年中できるもの，④毎日やれる軽度のもの，⑤何人かの集団でやるもの，などの条件が挙げられる。

表17-1　高齢者のための新しいスポーツ種目の開発条件
（長寿社会開発センター，1992を元に作成）

配慮する側面	条件
事故面	高齢者の禁忌事項である次のような運動の要素を避けること ・力むこと，最大努力に近い運動を避けること ・急激に走る，急激に止まること ・ぶつかる，転倒するなどの直接的な身体活動を避けること
技術面	過去のスポーツ体験を必要とせず，技術差があまり現れず，初心者でも気軽に参加できること。ルールが複雑でないこと，それでいてゲームに奥深さがあり，やればやるほど技術的に向上が見られるもの
体力面	特別な体力を必要とせず，運動量が多くなく，あまり疲れないもの
社会面	仲間と一緒にできるもので，家族の理解が得られやすいもの
心理面	活動そのものが楽しく，仲間との共同体感覚があり，健康面での効用感があるもの
経済面	特別な用具を必要とせず，費用がかからないもの
施設面	実施場所が身近にあり，利用しやすいこと

　また，高齢者が好むスポーツの心理的特徴として，①ルールがわかりやすい，②技術的に入りやすい，③技術的・作戦的に奥行きがあり，上達の喜びが得られる，④基本的には個人型の種目で仲間と楽しめる，⑤運動強度があまり高くない，などの条件が挙げられている（表17-1）。スポーツの社会的，心理的効果が強調される中高齢者スポーツにおいては，上記のようなスポーツ種目開発の条件を考慮しつつ，ゲーム性を失わない，体力維持と仲間作りにも資する種目を工夫することが重要である。

5　高齢者の体力の評価法

　体力とは端的に言えば，仕事や運動を行う肉体的能力，病気に対する抵抗力として捉えられる。前者を行動体力と称し，後者を防衛体力と称する場合がある。高齢者の体力を考える場合，行動体力よりむしろ防衛体力が重視される。すなわち，ADLを基本として自分の生活をどれだけ維持する能力があるか，生活を楽しむ余力があるかがより重要な意味をもつ。池上（1988）は，体力を「トップ・スポーツに要求される体力」，「緊急事態の対処に必要な体力」，「余暇活動・スポーツを楽しむのに必要な体力」，「職業活動に必要な体力」，「生命維持に必要な体力」に分類している。このなかで，高齢者の健康保持と生活自立に要求される体力は，「余暇活動・スポーツを楽しむのに必要な体力」と「生命維持に必要な体力」で

あろう。小野（1977）は，高齢者にとって必要な体力を，「日常生活を送るのに必要な体力」，「生活をエンジョイできるための体力」と定義し，それに見合う体力を確保することが重要であるとしている。宮下（1986）は，福祉体育論的視点から高齢者に必要とされる体力を，4 km を正しい姿勢で余裕をもって歩けるほどの体力，30 段程度の階段をしっかりした足取りで上れる体力などと提案している。柴田（1987）は，高齢者の体力の現状を的確に測定するための体力テストの要件を，日常生活における心身の機能を反映しうること，余命や ADL の変化などの転帰を予知しうること，また体力の測定が安全かつ簡便にできることと述べている。また日本体力医学会の高齢者の体力研究プロジェクト（1988）は，高齢者体力テスト（フィールドテスト）の開発には，簡便にできること，安全であること，移動が可能であること，遊び感覚でできること，拘束時間が少ないこと，測定方法が基準化しやすいこと，などが測定項目の選定条件に含まれるべきであると述べている。

以上のような高齢者に適した体力の定義と測定要件を満たした体力検査が幾つか開発されている。その一部を紹介すると，「生活体力テスト」（AAHPERD, 1990）がある。本検査は高齢者の生活自立に必要な基礎体力を測る検査として，AAHPERD（全米健康体力レクリエーション・ダンス連盟）によって開発された 60 歳以上の人のための機能的体力評価（Functional Fitness Assessment over 60 years）で，60 歳以上の人の機能的体力を測定できるフィールドテストである（Yaguchi, et al., 1998）。機能的体力を「日常生活の通常の諸要求，もしくは予期せぬ諸要求に対して，安全かつ効果的な仕方で応じることのできる個人の身体的能力」と定義して，3 種類の形態測定（身長，体重，身長と体重の比から算出するポンデラル指数）と 5 種類の体力測定項目（柔軟性／長座体前屈，敏捷性と動的平衡性／バランス歩行，巧緻性／缶置き換え作業，筋持久力／腕屈伸テスト，全身持久力／804 m ウォーク）から構成されている（表 17 - 2）。この体力テストは，健康度において「普通レベル」にある高齢者の体力を測定できる検査として有効である。本検査の利点は，個々の検査課題の実施手続きが簡便で，レクリエーション的要素を併せもち，参加者の参加動機を高める内容の測定であることである。

このテストは，機能的可動性に対しての信頼のある妥当な簡易診断テストである（Podsiadlo & Richardson, 1989）。虚弱高齢者の運動プログラムの恩恵を決定

表17-2　高齢者のための機能的体力の測定項目
（AAHPERD, 1990を元に作成）

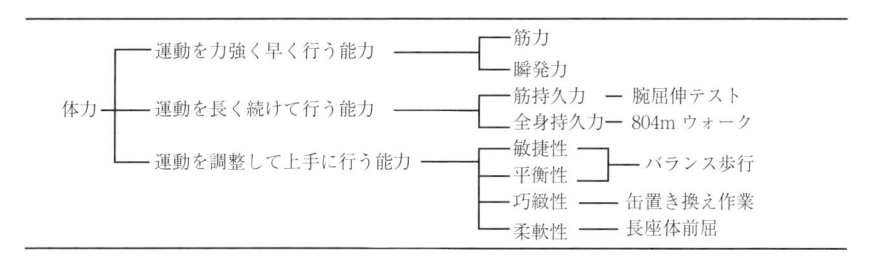

体力
- 運動を力強く早く行う能力 ── 筋力
  　　　　　　　　　　　　　　瞬発力
- 運動を長く続けて行う能力 ── 筋持久力 ── 腕屈伸テスト
  　　　　　　　　　　　　　　全身持久力 ── 804mウォーク
- 運動を調整して上手に行う能力 ── 敏捷性 ┐
  　　　　　　　　　　　　　　　　平衡性 ┘── バランス歩行
  　　　　　　　　　　　　　　　　巧緻性 ── 缶置き換え作業
  　　　　　　　　　　　　　　　　柔軟性 ── 長座体前屈

するためには，ADLを処理する能力，有酸素能力，筋力，柔軟性に関して体力レベルに応じた標準化テストが開発される必要がある。

　これと同様の意図で，わが国で開発された高齢者用の機能的体力テストに「生活体力テスト」（明治生命厚生事業団・体力医学研究所，1992）がある。生活体力とは，日常生活でよく行われている人の基本的動作が，どの程度の余裕をもってできるかの程度を表す概念である。60歳以上の男女を対象として標準化された高齢者用の機能的体力テストである。測定項目は，「起居能力」（立ち上がったり，座ったりする時間を測定），「歩行能力」（10mをジグザクに歩く時間を測定），「手腕作業能力」（木棒を所定の箇所に差し込む時間を測定），「身辺作業能力」（ロープを両手でもち肩に回す時間を測定）の4項目である。各項目の測定値をもとに，体力水準に応じて5段階評価ができるようになっており，また個々の評価値を集計することによって，総合評価値を求めることができる。その結果，どの体力要素が同年代の標準と比較して，どの程度の水準にあるかを知ることができ，標準以下の項目に関しては，その維持・向上のための運動処方ができるように，推奨する運動種目の提示や体力指導・助言体制の用意がされている。

　以上のような高齢者の介護予防に役立つ体力を客観的に測定する機能的体力（生活体力）の測定に向けての先駆的研究を基礎にして，今日，介護予防のための体力テスト（握力─筋力，下肢伸展筋力，最大歩行速度（11m）─歩行能力，timed Up & Go test─複合動作能力，片脚立ち（開眼／閉眼）─静的バランス能力，長座体前屈─柔軟性，全身反応時間─敏捷性などのテスト項目から構成）が開発・公開されている（財・東京都高齢者研究・福祉振興財団，2004）。

　人口の高齢化と介護力が社会の側に不足しがちな現代社会では，高齢者自身に可能な限りの生活自立能力が要求されるようになり，そのための最低限度以上の

生活体力が要請されるようになってきた。

2節　新体力テストの結果の概要

1　合計点からみた対象年齢別の一般的傾向

近年になって高齢者用の生活自立に必要な体力を測ろうとする機運が高まり，毎年体育の日を中心に全国規模で実施されている新体力テストの項目に，65〜79歳までの高齢者のための体力項目が新たに加えられた（文部省，2000）。65歳以上の測定項目7項目（①握力，②上体起こし，③長座体前屈，④ADL，⑤開

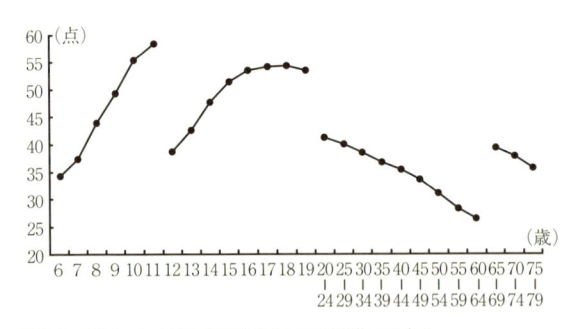

(注) 1．図は，3点移動平均法を用いて平滑化してある。
　　 2．合計点は，新体力テスト実施要項の「項目別得点表」による。
　　 3．得点基準は，6〜11歳，12〜19歳，20〜64歳，65〜79歳並びに男女により異なる。

図17-2　加齢に伴う新体力テスト合計点の変化（男子）
（文科省，2009）

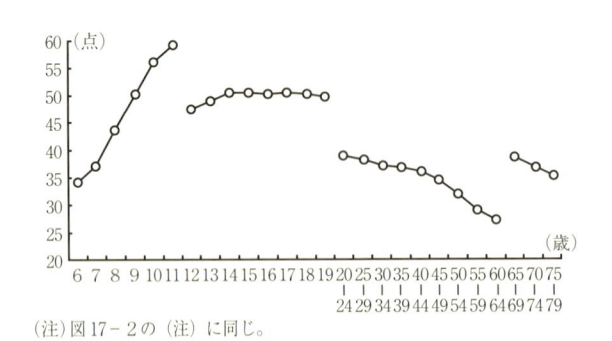

(注) 図17-2の（注）に同じ。

図17-3　加齢に伴う新体力テスト合計点の変化（女子）
（文科省，2009）

眼片足立ち，⑥10m障害物歩行，⑦6分間歩行：①〜③は，全年齢共通の項目）の評価の基礎となるデータ収集をしていく作業が，21世紀に招来する超高齢社会に向けて，漸く始まったのが現状である。以下に，平成21（2009）年度の新体力テストの結果の概要を述べておく。

平成21（2009）年度に発表された結果を見ると，調査票回収状況は，小学生から高齢者まで74,194人（全体の回収率94%）であった。とくに，成年は33,840人（回収率88%），高齢者層5,640人（回収率99%）の結果である。その合計点の加齢に伴う変化の傾向を，各年齢段階別に，図17－2（男）及び図17－3（女）に示した。新体力テストの合計点からみた6歳から11歳の体力水準は，男女とも加齢に伴い急激で著しい向上傾向を示している。12歳から19歳では，男子は17歳までは著しい向上傾向を示し，その後緩やかな低下傾向を示す。女子は14歳までは緩やかに向上し，19歳まではその水準が維持される。20歳以降は，男女ともに体力水準は加齢に伴い低下する傾向を示しているが，その傾向は，ほぼ40歳代頃までは女子の方が男子よりも比較的緩やかである。40歳代後半からは，男女ともに著しく体力水準が低下する傾向を示し，65歳から79歳でも，男女とも加齢に伴いほぼ直線的に低下する傾向を示している。

2　運動・スポーツの実施頻度と体力

運動・スポーツの実施頻度と新体力テストの合計点との関係を，年齢段階別に図17－4（男子）及び図17－5（女子）に示した。6，7歳では，運動を実施する頻度による合計点の差は小さいが，8歳頃からは加齢に伴って合計点が増加し，運動を実施する頻度が高いほど，合計点も高い傾向にある。20歳以降の合計点は，運動・スポーツの実施頻度にかかわりなく低下し，低下の度合いは，特に40歳代後半から大きくなるが，ほとんどの年代において運動・スポーツを実施する頻度が高いほど，合計点も高い傾向を示している。要約すると，運動・スポーツの実施頻度が高いほど体力水準が高いという関係は，8，9歳頃から明確になり，その傾向は79歳に至るまで認められる。したがって，運動・スポーツの実施頻度は，生涯にわたって体力を高い水準に保つための重要な要因の1つであると考えられる。

3　高齢者の検査項目別の体力の推移

高齢者における握力，上体起こし，長座体前屈，開眼片足立ち，10m障害物

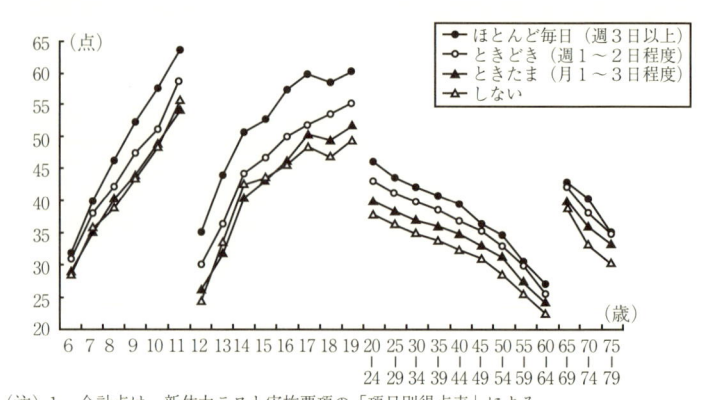

(注) 1. 合計点は，新体力テスト実施要項の「項目別得点表」による。
　　 2. 得点基準は，6〜11歳，12〜19歳，20〜64歳，65〜79歳及び男女により異なる。

図17－4　運動・スポーツの実施頻度別体力テスト（男子）
（文科省，2009）

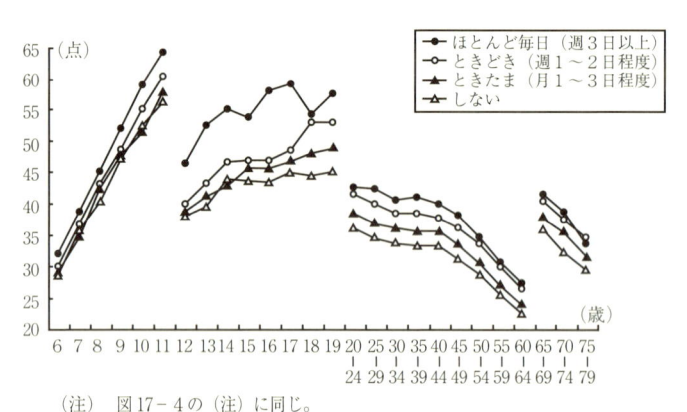

(注)　図17-4の（注）に同じ。

図17－5　運動・スポーツの実施頻度別体力テスト（女子）
（文科省，2009）

歩行，6分間歩行及び新体力テストの合計点についての年次推移をみると，握力については，ほとんど変化が見られないが，その他の多くの項目が向上傾向を示している。合計点についても向上傾向が見られ，日々の運動の定期実行者の増加と呼応している。

3節　運動能力の発達

1　運動技能の発達段階区分

成長と発達の問題は，厳密にいえば受胎から死までの過程である。その全過程を見渡すと，幾つかの特徴的な成長・発達の段階が存在している。タイペル（Teipel, 1988）は，ウィンター（Winter, 1987）の発達段階モデルを，さらに精密に区分し，表17-3のような「運動の発達段階モデル」を提唱した。その運動発達モデルについて，市村（1993）は，自書において，発達段階ごとの運動能力の特徴を，以下のように解説している。

学童前期（7～10歳）は，運動の発達水準も運動技能の学習も急速な進歩を見せる時期である。筋力，スピード，持久力，運動の協応能力（調整力）の発達と相まって，様々な運動技能の進歩をもたらす時期である。

学童後期（11～13歳）は，運動技能のレパートリーが拡大してくる時期であり，

表17-3　運動の発達段階モデル
（市村・タイペル，1993を元に作成）

◇胎児期	
胚児期（1～2カ月）	―
胎児期（3～9カ月）	器官や組織の分化
◇前就学期	
新生児期（1～3カ月）	方向づけの不確かな全身的運動
乳児期（4～12カ月）	最初の協応動作の出現
幼児期（1～3歳）	様々な動きの習得
就学前期（4～6歳）	運動の組み合わせが可能になる
◇学童期―青年期	
学童初期（7～10歳）	運動学習の急速な進展期
学童後期（11～13歳）	基本的な技能学習の最重要期
青年前期（14～15歳）	運動能力・運動技能の再構成期
青年期（16～18歳）	技能の安定・性差・個人差の増大
◇成人期	
成人前期（19～35歳）	運動成績の高度な達成期
中年期（36～45歳）	運動成績の徐々の低下
成人後期（46～60歳）	運動成績の大きな低下
高齢期（60歳以上）	運動成績の顕著な低下

様々な運動経験を通して多様な運動能力・技能が習得されるようになる。

青年前期（男子13〜15歳，女子12〜14歳）は，最初の運動技能の成熟期であり，運動の再構成の時期でもある。青年中・後期（男子15〜19歳，女子14〜18歳）は，運動技能の第二成熟期である。習得した運動技能が安定し，その性差が拡大し，個人間差が多様化することを示している。イチムラ（Ichimura, 1991）は，個人による運動技能の得意・不得意もこの時期に分化してくることを運動能力の発達の多変量解析によって明らかにしている。

成人前期（19〜35歳）は，運動技能の成果としてのスポーツの成績も，最も高いレベルに達する。ボールゲーム，水泳，陸上競技においては，この時期に最高の成績が発揮される。成人中期（36〜45歳）は，運動技能は加齢に伴い低下し始める時期である。筋力と持久力は，トレーニングをしていない者の低下が始まる。成人後期（46〜60歳）では，運動能力・技能の低下は明らかになる。日常生活で必要とされる運動技能レベルではさほどの低下は見られないが，スポーツ競技での技能の低下は明らかとなる。とくに筋力，パワー，持久力の低下は顕著であるが，器用さや判断力はトレーニングを続けることでかなり水準を保つことができる。この時期までに習得したスポーツ技能を生かして，年齢別競技会に出場したり，レクリエーションとしてのスポーツを楽しむことに切り替える時期である。テニス，ゴルフ，水泳，ハイキングなどのスポーツがこの時期に適したスポーツとなる。

高齢期においては，日常生活のなかでの運動においても，正確性や安定性が低下してくる。スポーツにおける運動の協応能力は，まだ幾分保たれているが，新しいタイプの協応技能を習得することは極めて困難となる。高齢期の特徴の1つは，スポーツを続けている人と止めてしまった人との能力差が大きくなることである。高齢になってもスポーツを楽しみたい人は，定期的にスポーツを続けることである。軽体操，水中体操，水泳，散歩などが推奨できるスポーツとなる。

4節 運動を介した健康づくり

筆者等は，地域の退職者世代の参加のもとに，住民の健康づくり活動を続けている。大学と周辺Ｉ市との協働事業として，Ｔ大学市民健康スポーツ大学を2年前から開講している。現在は，文部科学省の推進事業である総合型地域スポー

クラブとして正式に認可されており，その活動資金を主要な財源として本活動が継続されている。参加者はおおむね男女半々で平均年齢60歳半ばの市民が中心であり，参加人数は約100名である。2週間に1回のペースで大学の教室やアリーナならびに市営の体育館で運動を中心とした健康講座（その他に栄養・休養・メンタルヘルスに関する講義と実習などを含む）が定期開講されている。市民会員の運動を介した健康づくりへの高いニーズとそれを支援する大学（学校法人）と行政（市役所・教育委員会）との強い協働意識が，その活動の源泉である。健康科学部（看護学科，社会福祉学科），体育学部（生涯スポーツ学科）の教員団が連携して，市民のための健康づくりプログラムを計画・実施しているのが特徴である。会員の融和と仲間作りを目指すグループワーク，体組成・体力検査，栄養指導，生活体力の維持と運動の習慣化を目指した運動・レクリエーションの理論と実技指導などから構成されている。退職高齢者特に前期高齢者は，心身の自立度は依然として高い人が多く，自己実現欲求も旺盛であり，地域の活動拠点として大学への郷愁もある。特に日々の生活に役立つ健康情報の宝庫として大学に期待するところは大きい。その意味で，超高齢社会におけるサードエイジ（高齢期）に対する地域貢献の場として，さらに地域に開かれた大学を志向すべきであろう。

（2010 T大学健康科学部ホームページより）

5節　運動が高齢者のメンタルヘルスに及ぼす影響

1　高齢者のQOLに対する運動の寄与

　超高齢者を対象とした8年間の前向き研究において，認知機能（MMSE, 言語理解）は，転倒率や転倒リスクを予測することを実証している（Kaarin, J. A. et al., 2006）。また，女性高齢者を対象とした長期間にわたる身体活動は，認知機能を有意に改善し，その低下を少なくする効果をもつことが実証されている（Weuve, J., Kang, J. H. et al., 2004）。高齢期における身体活動や運動は，健康状

態を維持し，機能的喪失や能力低下を最小限に抑え予防することを過去の幾多の研究が実証している．特にウォーキングは，筋力を増し，有酸素能力を高め，機能的限界を減少させることが実証されている（Keysor, J. J., 2003）．6年間のうち，アルツハイマー型認知症を発症した高齢者群のなかで，週3回以上運動を実施していた人々の発症率は1,000人中13人，それ以下の運動実施者の発症率は，1,000人中20人であった．これらの結果は，定期的運動は，アルツハイマー病や他の認知症の発症を遅らせることを実証している（Larson, E. B., Wang, Li. et al., 2006）．米国スポーツ医学会と心臓学会（ACSM/AHA, 2010）は，高齢者の健康を改善し維持するために必要な身体活動のタイプと量に関する勧告を行った．すなわち，高齢者の身体活動を高める場合，中強度の有酸素活動，筋力強化の活動，不活発な座業的行動の減少，危機管理を特に強調している．

また，運動と睡眠が良好な高齢者は，健康度自己評価が良好であり，原因帰属理論による内的帰属（努力，能力）の傾向が高く，自己コントロール感（自己統制感，自己有能感など）が高く，主観的幸福感（自己概念，生活満足感，自尊心など）が高いという良循環に繋がることを明らかにしている（Spirduso, W. W. & P. Gilliam-MacRae, 1991）．

身体活動が高齢者のQOLに対して，どの程度に寄与するかは，個々の高齢者によって異なる．高齢者が虚弱状態から，よりよい健康状態へと改善する事例をみるにつけ，運動は高齢期の人々の健康資源として効果が大きいことを示している（Birren, J. E. et al., 1991）．

2　ジェロントロジー・スポーツ

老年学（Gerontology：ジェロントロジー）とは，加齢による人生と高齢化による文化の成熟化を実現するための学際的学問である．長ヶ原（2007）によれば，ジェロントロジー・スポーツとは，老年学の一分野であるとともに，加齢とともに成熟化するスポーツライフを目指すことであり，ヘルススポーツ，レジャースポーツ，マスターズスポーツの3分野に分類される，と述べている．さらに，この捉え方をマズロー（Maslow, A. H., 1954）の欲求（動機）の階層説と対応させるとき，身体運動とは，生理的動機と安全と安定の動機の実現を主に目指すものであり，スポーツはそれ以降の所属と愛情の動機，自尊と尊敬の動機，自己実現の動機の達成を可能にするための行動様式であると解説している．井上（2007）

によれば、ジェロントロジー・スポーツとは、エイジングの多様な在り方をさらに学習することを通じ、最適エイジングの個性化を引き出す発達学習の分野をスポーツをすることで刺激し、スポーツを通じて知力のプラグマティックスを活性化させ、自己完結と社会関係を良好な環境にすることが目的である主張している。

　高齢者の健康度の個人差は拡大していくために、自発的で活発なスポーツ活動を志向できる健常な高齢者から、生活運動の実践が主となる虚弱な高齢者まで健康度の範囲が広い。特にスポーツの実践と指導において配慮が必要となる虚弱な高齢者に対して行われる運動プログラムの目的は、日常生活動作の機能を維持し、疾病を予防し治療することである。また高齢者の運動は、じっとして動かないこと、寝た切り状態、肺炎、褥瘡、食欲不振、不安感、不眠症、抑鬱状態など認知症者に現れやすい二次的結果を予防するために有効な手段となる。そのための未解決の課題は以下のようである（Spirduso, W. W. et al., 1991）。

① 運動の身体的恩恵、精神的恩恵、社会的恩恵に関する過去の実証的データは多い。しかし、これらの身体活動の恩恵が、日々の高齢者の生活において、どのように介入すれば、罹患率を減らし、健康ケアの資源の浪費を少なくし、生活満足を高めることに寄与するかを明らかにすることが重要である。

② 運動することによる各種の身体の痛みと傷害を生じる危険を避けるプランは、どの年齢層でも重要である。特に70歳代、80歳代の高齢者の運動に伴う危険を評価し、統制することがジェロントロジー・スポーツの研究において優先されるべき課題である。

③ 高齢者ボランティアが高齢者の施設で行われる運動指導者になってもらうための教育指導や動機づけを高める戦略と評価が必要である。

④「運動が高齢者の生活の一部として、十分に浸透していないのは何故か」、「高齢者が身体活動に参加することを妨げる要因は何か」。それは、エイジズム（年齢差別）だけの課題であろうか。

⑤ 虚弱高齢者自身とその援護者が懐く、運動に対する態度はどのようであるか。

⑥ 施設における運動プログラムの実行を妨げている要因には、どのようなものがあるか。

⑦「年齢にふさわしい運動」という観点が、自由な運動プログラムの実施を妨げてはいないか。

6節　結論

　一般の自立高齢者の身体的健康状態と生活満足（QOL の一面）との関係は複雑であるが，虚弱高齢者においては両者の関係は，さらに複雑になる。

　高齢者の加齢に伴う生物学的，心理学的な運動への適応機制を解明する基礎的研究は不可欠である。特に運動プログラムに参加することで，機能の劇的な改善が認められることは，老化の過程に（一時的にしても）逆行する証拠と言える。この逆行の機制（anti-aging）を説明することは，老化自体の過程に対して大きな洞察を与えることになろう。

　身体的に活発な生活スタイルを求め続けている高齢者は，個々の生活満足が高く，社会的にも有益な関わりを続けており，たとえ虚弱状態になっても ADL 機能の自立と高い QOL を有している傾向がある。生活運動の体育化は，サードエイジにおいては，QOL の維持に有効な手立てとなると思われる。

第18章 スポーツによる体力と健康の保持増進

　高齢社会において，QOLの高い生活を享受しながら健康寿命・活動寿命を延伸していくことは，高齢者の誰もの願いである。本稿では，健康体力や活動のレベルが徐々に低下し，しかもその個人差が大きくなっていく高齢者の健康体力づくりのあり方について考える。

　本稿では，表題のスポーツを広く身体活動［運動（いわゆるスポーツ等を含む）＋生活活動］としてとらえておくこととする（厚生労働省，2006）。また，体力と健康については，体力を行動体力と防衛体力に大別する立場（猪飼，1961）から見ると，前者を体力，後者を健康としてとらえることができるが，行動体力を運動能力（motor fitness）と健康関連体力（health-related fitness：心肺持久力，柔軟性，筋力・筋持久力，身体組成）に分けて見る見方（文部省，2000：ペイト（Pate, R. R., 1983）の論文に基づく）もあり不可分のところもあるので，ここでは健康体力として曖昧なままにとらえておくこととする。なお，中齢期と高齢期の健康体力づくりについては，目的等が大きく異なるので分けて論ずるべきであると考えられるが，ここでは中齢期を壮年期後半の高齢期への準備期とみなし，高齢期（高齢者）に焦点をあてて論じることとする。

1節　高齢社会の現状と心や体から見た高齢社会の問題点

　わが国の2009（平成21）年における平均寿命は，男子が79.59年（世界5位），女子が86.44年（世界1位）であり，男女とも過去最高である（厚生労働省，2010）。一方，平成22年版高齢社会白書（内閣府，2010）によると，65歳以上の高齢化率は22.7％（65歳以上の前期高齢者12.0％，75歳以上の後期高齢者10.8％）である。また，65歳以上の高齢者人口は2020（平成32）年頃までは急速に増加し，その後は安定的に推移するが，高齢化率は総人口の減少に伴い増加し続け，2055（平成67）年には40.5％に達すると予測されている。そのうち，75歳以上の後期高齢者は26.5％に達するとみられているので，2.5人に1人が65歳以上，4人に1人が75歳以上の超高齢社会（高齢化社会：高齢化率7％以上，高齢社会：高齢化率14％以上）が待ち受けていることになる。

このような高齢社会において，QOL（Quality of Life；生活の質）の高い生活を享受しながら健康寿命（WHO提唱，2000）・活動寿命を延伸していくことは，高齢者の誰もの願いである。しかし，それを達成するためには，スポーツ科学や教育の対象の1つである心や体の健康面にかぎっても様々な問題をかかえている。例えば，独居生活や夫婦のみでの生活，行動範囲の縮小等に伴うグループ活動の減少（社会的孤立）などによる心に不安をもつ者や自殺者の増加がある。また，飽食・過食・偏食，運動不足などによる代謝症候群（metabolic syndrome；メタボリックシンドローム（メタボ））・生活習慣病（肥満症，脂質異常症，高血圧症，糖尿病など）の罹患者の増加，運動不足や加齢にともなう運動器機能不全などによる運動器症候群（locomotive syndrome；ロコモティブシンドローム（ロコモ））（日本整形外科学会，2010（2007年に提唱））の罹患者の増加，転倒による骨折や交通事故に遭う者の増加，およびこれらに起因する要支援者，要介護者，寝たきり者の増加がある。

2節　高齢者の健康体力づくりに対する国のスポーツ施策

上述した高齢社会における心と体の問題に対処するために，2000（平成12）年に当時の厚生省は，2010（平成22）年までの10年間を目途に，壮年期死亡の減少，健康寿命の延伸，QOLの向上の実現を目的とした「健康日本21（21世紀における国民健康づくり運動について）」をまとめ，地域等における健康づくりのための環境を整備し，特に「一次予防」に重点を置いた国民運動の推進を図る施策を発表した（厚生省，2000）。

「健康日本21」では，9分野（a.栄養・食生活，b.身体活動・運動，c.休養・こころの健康づくり，d.たばこ，e.アルコール，f.歯の健康，g.糖尿病，h.循環器病，i.がん）の指標について具体的な目安を提示している。しかし，2007（平成19）年の中間評価では，いずれの分野の項目も十分な成果が得られていないために，改めて今後取り組むべき課題が提示された（厚生労働省，2007）。スポーツ科学や教育と関わりの深い「身体活動・運動」では，運動習慣者の割合，日常生活における歩行数などが目標値に達していないために，今後取り組むべき課題として「エクササイズガイド2006」（厚生労働省，2006）の普及啓発，指導者の育成促進，健康増進施設の整備などがあげられている。

一方，2000（平成12）年には，当時の文部省が「スポーツ振興基本計画」を策定し，2001（平成13）年から10年間の達成目標を掲げている（文部省，2000）。このなかには，地域におけるスポーツ環境の整備充実方策として，生涯スポーツ社会実現のための総合型地域スポーツクラブの全国展開がある。

総合型地域スポーツクラブの「総合型」には，種目や技能レベルの多様性に加えて，世代・年齢の多様性が含まれているので，高齢者も対象になっている。しかし，2006（平成18）年の中間評価では，総合型地域スポーツクラブの取り組みに地方公共団体による格差があるために，全国展開に向けたさらなる取り組みを図ること，およびそれを支えるスポーツ指導者の養成・確保・利用を図ることなどが見直すべき事項としてあげられている（文部科学省，2006）。

このように，高齢者の健康体力づくりについては，国の施策として厚生労働省と文部科学省が個別に推進しているが，その成果は十分とはいえない状況にある。

3節　高齢者に適した健康体力づくりの行い方

高齢者の健康体力づくりは，どのような考え方の基に行っていけばよいのであろうか。一般に，健康体力づくりを合理的に進めていく際には，PDCAサイクルにしたがって行われる。

  P（planning）：①目標を設定する　②手段を準備する　③計画を作成する
  D（doing）　　：④実践する
  C（checking）：⑤効果を評価する
  A（action）　 ：⑥見直す

この手順は高齢者の健康体力づくりにも適用できるので，次に，この手順に沿って高齢者の健康体力づくりのあり方について論じていくこととする。

（1）目標について

高齢者の健康体力づくりの目標として，下記のことがあげられる。

 a. 身体活動（運動＋生活活動）を楽しむ
  ①爽快感を味わう（汗をかく）　　②達成感・充実感を味わう
  ③レクリエーションを図る　　　　④コミュニケーションを図る
  ⑤ストレスを発散する，など
 b. 免疫力の保持増進を図り疾病を予防する

c. 生活習慣病や骨粗鬆症を予防する
　　d. 運動器症候群を予防する
　　e. 転倒などの危険な状況から身を守る
　　f. 楽しく豊かで健康な日常生活を送る
　　g. 充実した職業生活を送る，ほか

　これらは，より充実したQOLを確保し，健康寿命・活動寿命の延伸を図るものであり，ピンピンコロリ（PPK）[1]（北沢，1980）を具現するものである。しかし，高齢者になると，健康体力のレベルや疾病の有無に加えて，生き方・生きがい，生活環境，興味関心などに大きな個人差が生じてくるので，各人の目標を何にするかについてはきわめて大きな個人差が生じることになる。

　なお，高齢者が身体活動を行う目標には，次のこともあげられる。

　　h. スポーツ競技力の向上を目指す（マスターズ競技，プロスポーツ，など）
　　i. 冒険的達成感を味わう（山海空のアドベンチャースポーツ，など）
　　j. 伝統技芸能を伝承する（日本泳法，日本舞踊，能，など）
　　k. 無形文化財を伝承する（蹴鞠，流鏑馬，など），
　　l. 道を追求する（特定の運動・スポーツに限定できない），ほか

　上記の目標は，誰もが取り組めるものではない。また，取り組んでいる人たちには生き甲斐やチャレンジ精神があり，目標達成のために健康体力づくりについて格別の配慮をしているとしても，健康体力づくりを直接の目標にしたものとは言えないことが多い。したがって，ここではこれらについては取り上げないこととする。

（2）手段について

　健康体力づくりの手段の中心的なものは身体活動であり，一般に用いられているものとして次のものがあげられる。

　　a. 各種の意図的な健康体力づくり運動
　　b. 各種のスポーツ，ダンス，野外活動
　　c. 各種の伝承遊び
　　d. 生活のなかでの各種の身体活動（生活活動），ほか

---

[1] 日常用語としてよく使われる言葉である。この用語が学会で使われたのは，1980（昭和55）年に開催された日本体育学会第31回大会（長野県教育委員会・北沢豊治氏発表）であると思われる。病気やけがで苦しむことなく，ピンピンとした健康体からコロリと逝きたいという，健康長寿の願いを込めた言葉であろう。

各手段のおもな特徴は,次のとおりである。

a. 各種の意図的な健康体力づくり運動

健康体力づくり運動　体操,太極拳,エアロビック運動,ストレッチ運動,筋力・筋持久力運動,動きづくりの運動(コーディネーション運動)

　この手段は,免疫力の保持増進による疾病の予防,生活習慣病や骨粗鬆症の予防,運動器症候群の予防,および寝たきりの原因となる転倒などの危険な状況から身を守ることに加えて,活動的な生活の基礎をつくることなどを目的として,意図的に健康体力づくりを行おうとするときに用いる運動である。1人でできる・仲間とともにできる,あるいは特別の用器具がなくてもできる・専門的な用器具を用いてより安全に効率よくできる,などの特徴を有するものが多いので,高齢になっても継続しやすい運動である。

　体操：もっとも代表的なものはラジオ体操である。全身の筋・腱機能や呼吸・循環機能に適度な刺激を与え体の調子を整えることができる。健康体力レベルの低い高齢者にとっては,健康関連体力の保持増進も期待できる。なお,このほかにも,職場体操,県民体操,美容体操,あるいは西式体操,真向法,自彊術,腰痛体操などの医療体操,ヨーガ体操など,多数の体操がある。

　太極拳：中国では日本のラジオ体操以上に普及しており,日本でも愛好者が多い。腹式呼吸をしながら,ゆっくりと軽やかに,静かに円を描くような動作によって呼吸・循環機能を活発にし,全身の細胞を活性化することを目的としているので,高齢者にも適した運動である。

　エアロビック運動：ウォーキング,ジョギング,スイミング,サイクリングなどの全身運動によって,全身持久力／有酸素性持久力(呼吸・循環機能)の保持増進を図る運動である。これらの運動では,低強度から中強度の運動を,持続的にあるいは間欠的に(休息を適時挟みながら)比較的長時間行うので,呼吸・循環機能に加えて,糖や脂質の代謝機能にも適切な刺激を与える。まさに,生活習慣病の改善・予防が期待できる,高齢者の健康体力づくりの核となる運動である。

　ストレッチ運動：体の各部位の筋・腱を静的に伸展する各種の運動によって,柔軟性(体の各部位の関節の可動性：関節機能)の保持増進を図る運動である。また,柔軟性の保持増進によって安全な動きも期待できる。体操(動的ストレッチ運動)と同じように,誰もが,いつでも,どこででもできる運動である。

筋力・筋持久力運動：自分の体重を利用したり，ダンベルなどの簡易な用具を用いて，体の各部位の筋力・筋持久力（筋機能）の保持増進を図る運動である。また，筋量の保持増進によって基礎代謝量の保持増進が期待できる運動である。普段の生活のなかで大きな力を発揮することが少なくなっているので，意図的に筋力・筋持久力を高める必要性が増している。とりわけ，下肢の筋力の保持増進は転倒防止のために重要である。

動きづくりの運動（コーディネーション運動）：高齢になると，動き（調整力；神経・筋機能）づくりの効果（トレナビリティ）は低くなる。しかし，これまで身につけていた様々な動きを保持することに加えて，少しでも新しい動きを身につけることは，身のこなし，体のふるまい，体のさばきがよくなり，安全に効率よく様々な身体活動を行うことが期待できる。運動器症候群を予防し，いつまでも自律した高齢者を目指すためには，様々なバランスを保つ身体活動に加えて，巧みさ・器用さが要求される身体活動を，安全性を絶えず配慮しながら少しずつ取り入れていくことが勧められる。なおこれまで，高齢者の健康体力づくり運動では，転倒の予防と関連づけてバランス運動が勧められている。

上述のように，それぞれの運動はその運動に特有の効果を有する。しかし，高齢者になると健康体力レベルが低下しているので，それぞれの運動の効果は様々な効果を有するようになる。たとえば，ジョギングのようなエアロビック運動を行っても，筋力や筋持久力にも大きな効果がみられる場合がある。したがって，高齢者の健康体力づくりでは，このような1つの運動がもつ多面的な効果について考慮しておくことが大切である。

b. 各種のスポーツ，ダンス，野外活動

スポーツ　陸上運動，水泳，スキー，ボーリング，ゴルフ，グラウンドゴルフ，ゲートボール，卓球，テニス，バドミントン，バレーボール，弓道，剣道，など

ダンス　フォークダンス，社交ダンス，民踊，盆踊り，など

野外活動　ハイキング，登山，釣り，山菜取り，海や山でのキャンプ，野鳥・植物・天体観察，森林浴，など

スポーツ，ダンス，野外活動を生活のなかに取り入れている人は多い。スポーツ，ダンス，野外活動に内包する様々な活動は，それぞれ歴史的，文化的，社会的，医科学的に見て，また心技体の関わり方から見て特性がある。これらの活動に興

じている人たちは，その特性と触れ合う喜びを享受することが生き甲斐になっているのであろう．ただし，高齢者が健康体力づくりの手段としてこれらの活動を行う場合には注意を要する．それぞれの活動においてより高い達成感・充実感を味わうために活動がより高度になり，その結果，体や心の健康面から見て思いがけない事態を招く場合があるからである．

　スポーツ，ダンス，野外活動は，行う人のレベルに応じて適切に実践すれば，生き甲斐になる，仲間とのふれあい・コミュニケーションの場となる，ストレスが解消できる，など心の健康面にとって有益である．加えて，それが体の健康面にも有益となれば，高齢者にも現状以上に推奨されるべきではなかろうか．とくにスポーツやダンスには様々な動きが内在しているので，上述の動きづくりの運動と同じように，これからの高齢者の健康体力づくりの手段として奨励すべきであろう．ただし現状を見ると，特にスポーツにおいては高齢者向きの種目が少ないようである．これからの高齢社会に生きる高齢者に相応しいスポーツを，若者のスポーツを高齢者向きにアレンジすることに加えて，高齢者の心技体を考慮しながら新たに考案すべきではなかろうか．

c．各種の伝承遊び

　伝承遊び　べーごま，めんこ，竹とんぼ，あやとり，おはじき，お手玉，など

　わが国には，古くから各地域に特有な様々な遊びが存在し，子どもたちや家族あるいは地域社会で楽しんできた．しかし，時代とともにこれらの遊びは廃れてきたが，最近ではあちこちの地域で世代間交流等の手段としてとりあげられている．また，学校体育においても，これらの遊び（伝承遊び）が「体ほぐしの運動」のねらいである自己や他者に対する気づき，交流，体や心の調整にも役立つとして取り上げられている（文部科学省，2008）．

　伝承遊びは，運動の強さはそれほど強くなく，手の器用さや手と目の協調が要求されるものが多いので，中枢・末梢神経機能を活性化するのに役立つ．またこれらの遊びをとおして，高齢者間のコミュニケーションに加えて，孫等との世代間コミュニケーションの推進にも役立つ．まさに，高齢者向きの運動であるといえよう．高齢者のなかには，子どものときの遊びを今さらとして敬遠する人もいるようであるが，このように見ると体と心の健康づくりとしてのみでなく，家庭の教育力や地域の社会力の醸成にも活用できると考えられる．

　なお，最近，痴ほう高齢者に伝承遊びや古い童謡・歌謡曲を用いて昔を振りか

えさせることの有効性が確認されてきている（近藤，2001）。伝承遊びが高齢者の認知症の予防や治療にも活用できることを示唆するものであろう。

d. 生活のなかでの各種の身体活動（生活活動）

生活活動　家事（食事の支度，買い物，洗濯，など），食事，排尿・排便，入浴，更衣，庭仕事，家庭菜園，通勤等での歩行，体を使う趣味（スポーツ等を除く），体を使う仕事，など

　ここでの生活活動は，日常生活や余暇生活の場，仕事の場などで行う様々な身体活動である。これらの活動は，誰でも，いつでも，どこででも行うことができ，また活動の強度や量，頻度（1日または1週間の回数）を加減しながら行うことができるので，高齢者にとって取り組みやすい活動である。またこれらの活動により，1日の総運動量（歩行数）を多くできるので生活習慣病罹患者やその予備群にはとくに大切な活動になる。高齢になるにつれて，健康体力レベルが低下するとともに何かの疾病をかかえるので，生活空間が狭くなり，スポーツ等の運動に対するやる気も失せてくる。生活活動は，このような状況下での健康体力づくりの柱になろう。

e. その他

知的活動（脳活動）　新聞・ラジオ・テレビ等の視聴，読書，音楽や絵画等の鑑賞，詩・俳句・短歌等の創作，将棋・囲碁・麻雀・トランプ・百人一首等のゲーム，パソコン・携帯電話等の操作，思索，など

発声活動（呼吸運動）　独唱・合唱，カラオケ，詩吟，小唄・端唄，民謡，など

　われわれの生活では，上記の活動のように，いわゆる身体活動（運動＋生活活動）とは言えないものにおいても，身体の諸機能を働かせている場合が多い。

　その1つに知的活動がある。知的活動は中枢神経機能の働き（脳活動）によるものである。中枢神経機能は身体機能の一部であり，健康体力のきわめて重要な一面を表すとみなすこともできる。ここでは，いわゆる身体活動ではない知的活動も，健康体力づくりの重要な1つの手段として位置づけておくこととする。高齢者では，認知症防止（痴ほう防止・ボケ防止）は誰もがかかえる大きな問題である。知的活動を生活のなかでどのように取り入れていくか，ここに高齢者の健康体力づくりのカギがあるように考えられる。

　一方，カラオケなどを好む高齢者も多い。これらの発声活動は，呼吸運動（胸

郭運動や横隔膜運動）により大声を発生するので呼吸機能に適切な刺激を与える。健康体力づくりが徐々に困難になってくる高齢者にとっては，知的活動とともに健康体力づくりの手段として位置づけておくことができよう。

なお，高齢者の健康体力づくりでは，最初にウォーキング，ジョギングなどのエアロビック運動が推奨されてきたが，その後ストレッチ運動，筋力・筋持久力運動，バランス運動などが推奨され，最近では生活活動の重要性が指摘されてきている。いずれも重要であるが，上述のように考えると，いわゆる身体活動に限る必要もないように考えられる。

（3）計画について

高齢になるにつれて，生き方・生きがい，興味関心，健康体力レベル，疾病の有無などに大きな個人差が生じるので，健康体力づくりの目標に大きな個人差が生じてくる。また，住んでいる生活環境にも大きな個人差があるので，健康体力づくりの手段にも大きな個人差が生じてくる。そこで，ここでは，健康体力づくりに用いる手段によって，健康体力づくりの計画をいくつかのタイプに分けておくこととする。

　　a．各種の健康体力づくり運動によるタイプ
　　b．各種のスポーツ，ダンス，野外活動によるタイプ
　　c．各種の伝承遊びによるタイプ
　　d．各種の生活活動によるタイプ
　　e．脳活動，発声活動などによるタイプ
　　f．いくつかの活動を組み合わせるタイプ

このようにいくつかのタイプに分けられるが，実際にはタイプfのように，いくつかの活動を何かに重点を置きながら組み合わせて行うタイプが多いのではなかろうか。

計画を作成する際には，生活が1週間単位で行われていることから，月曜日から日曜日までの各曜日に行う内容を考慮しながら，1週間の計画をつくることが一般的である。高齢者も各自の1週間（平日，週末）の生活を見渡し，いつ（時間），どこで（空間），誰と（仲間），何ができるかを考慮しながら，1週間の計画を作成することが勧められる。実際には，1週間の基本的な計画を体調の変化や季節・気候の変化などに即して臨機応変に変えていくことになる。このことは，とくに高齢者において配慮すべきことである。

（4）実践について

前項で述べたように，1週間の計画を作成する際には，いつ，どこで，誰と，何ができるかを考慮することが重要である。このことは，言い換えると実践する場に大きく限定されることでもある。そこで，ここでは健康体力づくりの実践の場をいくつかに分けておくこととする。

a. 家庭で行う　　b. 町内会で行う　　c. 同好の仲間と行う
d. 自治体等が主催する教室等で行う　　e. 総合型地域スポーツクラブで行う
f. 民間のスポーツクラブ等で行う　　g. いくつかの場を組み合わせて行う

このようにいくつかに分けられるが，前項とも関連づけると，実際にはタイプgのように，どこかに拠点を置きながらいくつかの場を組み合わせて行うことになろう。しかし，誰もが高齢になるにつれて外出するのが困難に億劫になってくることを考慮すると，徐々にタイプa・bになるのではなかろうか。それだけに，身近でできる手段を普段から多用する必要があると考えられる。

（5）効果の評価について

健康体力づくりでは，その効果に加えて現在の心や体の状況を，下記のような客観的または主観的テストを用いて定期的に評価することが一般的である。このことは高齢者においても重要である。

a. 客観的テスト：健康診断，運動負荷テスト，新体力テスト（文部省，2000），
　　　　　　　　生活体力テスト，など
b. 主観的テスト：ADL（Activities of Daily Living）テスト（日常生活活動
　　　　　　　　テスト）（文部省，2000），ストレスチェック，など

しかし，高齢になるにつれて心や体の状態は日差変動や日内変動が大きくなるので，生活のなかでの様々な行動や応答を，五感（視覚，聴覚，嗅覚，味覚，触覚）を最大限に働かせた自己観察・他者観察をとおして絶えず把握することが重要である。何を，誰（自分自身や家族など）がチェックするかをリストアップしておき，日常的に観察することが大切になろう。

4節　高齢者の健康体力づくりにおける身体活動の強度・量，頻度

健康体力づくりでは，身体活動（運動＋生活活動）の強度・量，頻度が重要である。それは，健康体力づくりの効果は，一般にオーバーロード（overload）の

原則[2]，超回復（super compensation）の原則[3]にしたがって活動が行われた時に得られるからである。このことは，健康体力づくりにおいてさらなる効果を得ようとする場合には，少しずつ活動の強度を高くし量を増やさなければならないこと，および毎日あるいは1週間のなかでの活動の行い方と休息のとり方が重要であることを示すものである。

　上記の2つの原則は，健康体力や活動のレベルが徐々に低下していく高齢者にも当てはまるのであろうか。高齢者にとって，活動の至適強度・至適量，至適頻度をどのようにとらえておけばよいのであろうか。

　厚生労働省の「エクササイズガイド2006」によれば，3メッツ[4]以上の身体活動を，スポーツ等の活発な運動を4エクササイズ[5]以上含めて，1週間に23エクササイズ以上行うことを推奨している。これは，活動の強度・量を数値化し客観的に示したものである。ここでは，頻度についてはとくに示していないが，それは1週間に23エクササイズ以上の身体活動を何日で行うのかによって決まる。ただし，「健康日本21」のなかで毎日の歩行数を目標値として掲げているので，生活活動のような比較的弱い活動も含めて毎日行うことが勧められるのであろう。

　なお，「エクササイズガイド2006」を活用する場合には，エクササイズ（活動量）が同じでも，メッツ（強さ）と時間（量）の組み合わせが異なると，健康体力づくりの効果は必ずしも同じにならないことを念頭に入れておくことが必要である。加えて，個人差の大きい高齢者には注意深く適用することが必要である。

　一方，文部科学省（2010）は「スポーツ立国戦略」のなかで，ライフステージに応じたスポーツ機会の創造のために，また生涯スポーツ社会の実現のために，できる限り早期に，成人の週1回のスポーツ実施率を約65％，週3回のスポーツ実施率を約30％となることを目指すことを提案している。参考までに，2000（平成12）年に発表したスポーツ基本計画のなかでは，成人の週1回のスポー

---

2) 健康体力づくりの効果は，現在の活動水準より強い活動・量の多い活動で得られるという原則である。
3) 健康体力づくりの効果は，活動後の適切な休息によって得られるという原則である。
4) メッツ（Mets）は，身体活動の強度を示す指標で，活動の強度が安静時の何倍であるかを表す単位である。3メッツ以下の活動は，健康体力づくりに有効な運動とはみなされない。「エクササイズガイド2006」には，3メッツ以上の「運動」と「生活活動」，およびそれぞれの活動で1エクササイズとなる時間が表示されている。
5) エクササイズ（Mets・時）は，身体活動の量を示す指標で，例えば6エクササイズは3メッツの活動を2時間行ったときの活動量である。

実施率を50％になることを目指すとしていた。

　なお，ここでのスポーツには生活活動は含まれていないと思われる。また，頻度のみに言及し，強度と量についてはとくに言及されていない。加えて，「成人」でまとめられているので，個人差の大きい高齢者には注意深く適用することが必要である。

　上述のように，厚生労働省と文部科学省はそれぞれの立場から国民の健康体力づくりに関する施策を提示しているが，その内容を見るといくつかの問題点もある。健康体力や活動のレベルが徐々に低下し，しかもその個人差が大きくなっていく高齢者に対する活動の至適強度・至適量，至適頻度を示していないことである。それを示す1つの考え方として，次のことがあげられる。

　健康体力レベルが各人の目標に達していない人は，オーバーロードや超回復の原則にしたがって，目標に達するまで少しずつ活動の強度を高くし，量を増やし，頻度を多くしていく。一方，目標に達している人は，行っている活動の強度・量，頻度を維持していく。目標に達しているか否かの基準は，医学的健康診断や新体力テスト・ADLテスト，あるいは五感をとおして毎日把握している観察の結果などに基づく。おそらくこの基準は，寝起き・寝付きがよい，食欲がある，排尿・排便がよい，活動にハリがあるなど，起床してから就寝までの毎日の生活が快適であるか否かで判断していくことになるが，高齢者では生活の快適さ，健康体力の状況が時々刻々変化することに留意しておくことが必要である。

　これは1つの考え方である。高齢になると，あらゆることに個人差が大きくなってくる。心や体に医学的な問題を抱える人も多く，それも千差万別である。それらを考慮しながら生活が快適であるかどうか，それを日々の活動の内容（手段）とその強度・量，頻度の目安にするという考え方である。生活の快適さという実に曖昧なものを手がかりにしているが，これも高齢になると心や体の状況が日々揺れ動いているからである。

5節　高齢者の健康体力づくりにあたって配慮すべき事項

　上述したことを基にすると，高齢者の健康体力づくりにおいては，次のことを特に配慮する必要があろう。

　① 高齢になるにつれて，生き方・生きがい，生活環境，興味関心，健康体

力レベル，疾病の有無などの個人差が大きくなってくる → 個人差を重視していく
② 高齢になるにつれて，健康体力の状況が時々刻々変化する → 日常的に自己観察・他者観察を重視していく
③ 高齢になるにつれて，生活空間が狭くなってくる → 身近な場で行うことができる身体活動（運動＋生活活動）を重視していく
④ 高齢になるにつれて，オーバーロードや超回復の原則を適用できなくなってくる（適用する必要がなくなってくる）→ 毎日の生活が快適になるような身体活動の継続的な取り入れ方を重視していく
⑤ 高齢になるにつれて，中枢神経機能や呼吸機能が衰えてくる → いわゆる身体活動とはいえない知的活動（脳活動）や発声活動（呼吸運動）も重視していく

　これらの配慮事項は，画一的に見がちな高齢者の健康体力づくりのあり方を考える1つの視点である。これによれば，これからの高齢者は，自律した生涯をまっとうするために，PDCAサイクルにしたがって自分自身であるいは身近な人の協力を得て，健康体力づくりを推進していくことのできる知識・智恵が求められる。それは，生涯にわたって健康体力づくりの面倒をみてくれる主治医的な人がいないことにもよる。それだけに，自律した健康体力づくりができる高齢者の養成を，若年者のうちから将来を見越して取り組んでいく長期システムを創る必要がある。このことは大変至難のことであるが，こうして創られていく自律した高齢者で満ちあふれた社会は，これから超高齢社会に向かっていく諸外国のモデルにもなるものである。超高齢社会の最先端をいくわが国には，そのようなモデルを示していく使命があるのではなかろうか。

　なお，これまで，高齢者の健康体力づくりに関する研究論文や実践報告，「体力・スポーツに関する世論調査」（内閣府，2009）のような調査報告が数多く発表されている。本稿ではこれらに言及しなかったが，これらを基にして高齢者の健康体力づくりのあり方をさらに考える必要のあることを付記する。

第19章　健康行動変容のための動機づけと実践への介入

　平均寿命の伸びにつれて私たちの人生は長くなった。それに伴い長期化した中高年期をどう生きるかは，社会の全体のテーマなっている。中高年期は人生の統合期にあたり，社会的な責任や役割などが大きく変化する。一方で，その発達特性として身体機能の低下や疾病罹患リスクの上昇など，避けることができない変化も訪れる。これらの変化や衰えを自覚しながらもそれらを乗り越え，自己を統合していくことが中高年期の課題といえる。それには健康の維持がきわめて重要な条件となる。誰しも健康でありたいとは願う。しかし，誰もが常に健康行動をとるかといえば，そうではない。老化と考えられている機能の低下の多くは身体の不活動の影響が大きい。にもかかわらず，歳をとるにつれ人は活動性を低下させていく。いつまでもいきいきと活力のある生活を営むためには，心身機能の低下を自覚し始める中高年期においてこそ，これまでの生活をふり返り，意識的により活動性の高いライフスタイルを身につけていきたいものだ。とはいえ，慣れ親しんだ生活習慣を変えるのは簡単ではない。本章では，中高年期の発達をテーマに，生きていく本質としての健康の意味を考えながら，より活動的な生き方を目指すための行動変容，そしてそのための動機づけについて述べていく。

1節　中高年期のライフステージと発達課題

　一般的に心理学では，発達は身体的に成熟して成人になるまでを意味する。しかし，伸張する平均寿命によって，現代人は中高年期以降の生き方を再認識する必要性に迫られている。生涯発達論の先駆者エリクソン（Erikson, E. H., 1963）はライフサイクル論のなかで，この時期はアイデンティティの喪失の危機に面する時期だとしている。40歳代から50歳代にかけては，人は職場では主体として働くなど，生産性においては，人生のなかで最も達成感や充足感が高くなる時期である。しかし，60歳を迎えて訪れる定年を境にそうした機会は減少し，それに伴う喪失感から自尊心を低下させる経験が多くなる。高齢期においては，これまでの人生を十分受け入れることができれば，人生は統合に向かい引き続き関心をもって生き続けることができる。しかし，もしそれができなければ，これまでの

人生を悔いながら余生を送ることになる。私たちには長い高齢期が控えている。やがて訪れる危機をどう克服していくかは，以前にも増して深刻な課題といえる。

ハヴィガースト（Havinghurst, R. J., 1953）は，発達の過程で面する様々な困難を課題としてとらえ，発達とは生涯学び続けることであるとし学習の重要性を説いた。発達課題は，個人のライフステージとして生涯にめぐりくる時期に，必要なものとして生じる。それらの課題に対し，学習しスキルを獲得していくことによって，人は幸福で健全な成長を得ることができる。しかし，うまく学べなければ社会で認められず，その後の人生も困難になる。最近は各地で高齢者大学が設置されるなど，多くの高齢者が学ぶ姿が見られる。今を生きる私たちにとっては，何歳になっても次の段階を目指して学び続ける姿勢は大事である。ちなみに，ハヴィガーストは，中高年期の発達課題として，「生理的変化の理解や適応」や「身体の強さと健康の衰退への適応」をあげている。これらは，今日では，健康教育の重要なテーマの1つとして認められている。

エリクソンもハヴィガーストも，漸成論的であるが基本的には受け身的である。最近になってバルテス（Baltes, P. B., 1987）は，人は常に獲得と喪失を繰り返しながら成長するものだとし，可変性を強調する新たな視点をもたらした。一般に，身体機能は加齢に伴い低下していくが，正確な動作を必要とする課題にはまだ発達の余地がある。また，知的能力では機械的な暗記力は低下するが，洞察力や判断力は経験の積み重ねで発達していくものである。何歳になっても発達の可能性があるとする視点は，超高齢化へと向かうわが国には重要な方向性を示してくれる。とはいえ，これには健康であればという条件がつく。特にこれからの健康は，疾病への対応という治療への依存ではなく，より積極的にリスクファクターを予測し，それを減じていく行動をとる予防の重要性が強調される。床に座してただ時間を過ぎるのを待つ老後ではなく，より活動性の高い日々を送り，少しでも長く自立を維持することによって，長く生きることがリスクとはならない生き方を目指したいものだ。

2節　生きる目標と健康の動機づけ

1　中高年期における健康の意味

健康は，疾病に対峙する概念として捉えられた時代があった。しかし，今日の

健康観は，生きるための価値や生きがいを含む概念へと広がっている。これは，社会の高齢化に伴うQOL重視の経緯があり，健康の判断として主観や満足感などを含む必要性が高まったことによる。こうした考え方は，健康の概念としての予防の重要性をより強く認識させる。今や世界中で多くの中高年が高血圧や糖尿病などの慢性疾患に苦しめられている。これらは若い頃からの生活習慣が要因となり，気づかないうちに進行する。こうしたリスクを回避し，将来これらの疾患に罹患しにくい行動そのものが，健康を表す指標となる。しかしながら，健康に良いとわかっていながらも，日常的にそうした行動を実践しない人は多い。

ヘルスケアの専門家は，人は皆健康を求めて生きていると思いがちである。しかし，何の工夫もなく健康教室を開き身体活動を呼びかけても，多くの参加者は得られない。中高年者を対象とした調査では，身体活動を行う理由は，健康ではなくむしろ仲間との親交など，社会的な理由が主であったとの報告もある(Stead, 1997)。この結果は，誰もが身体的な健康を願ってはいても，それだけでは予防行動にまで至る理由として，不十分なことを示している。

とはいえ，生きていくうえでは社会的な交流は，QOLの重要な指標である。どのような理由であれ，活動的な生活を送っていれば，やがて随伴的な効果として健康増進を実感することができ，身体活動のもつ本来の価値に気づくはずである。人生の統合期にある中高年期においてこそ，身体活動の参加を呼び掛ける際には，個人の生き方としての信念や価値を重視する必要がある。

2 生きる目標と健康の関係

身体活動の動機づけには，健康に対する個人の信念や価値が強く影響する。個人の信念は人生の目標と大きく関連するなど，生きていくうえでの重要な概念である。人はある目標を達成したいと思っていても，それができるという信念がなければ行動を起こさない。その逆も同じで，達成する自信があっても，その目標に興味がなければ動機づけは起こらない。一方，身体活動が，生きていくうえでの目標達成につながる機能をもつとの信念に至れば，行動を生起させる大きな動機づけとなる。目標に関して有名な理論に，マズロー（Maslow, 1943）の欲求階層論がある。しかし，マズローの理論はコア理論ともいえるもので，具体性や多様性に欠ける。近年，フォード（Ford, M. E., 1992）は，多職種の個人を対象とした実践や臨床の成果を構造的にモデル化したMST（Motivational System

表 19 − 1　フォードの目標の分類（Ford & Nichols, 1992）

個人における望ましい状態

情動目標（Affective Goals）
　　楽しみ：楽しく感情的に豊かな経験／退屈でストレス性不活性の回避
　　安らぎ：リラックスと安らぎの体験／過剰ストレスによる情動喚起の回避
　　幸福感：喜び，満足，well-being の経験／感情的苦悩や不満の回避
　　身体感覚：身体感覚，身体活動，身体的触れ合いに伴う喜び／
　　　　　　不愉快で不快な身体感覚の回避
　　身体的 well-being：健康，精力的，身体頑強の感覚／倦怠，虚弱，不健康の回避
認知目標（Cognitive Goals）
　　探究：個人的な価値のある出来事への好奇心を満足させる
　　　　／情報がなく混迷した状態を避ける
　　理解：何らかの知識を得，意味を理解する／誤認，誤信念，混乱の回避
　　知的創造性：独自で新鮮，興味深い活動への従事／思慮もなくありふれた思考の回避
　　肯定的自己評価：自信，プライド，自己価値の維持／失敗，自責，無力感の回避
主観的構成目標（Subjective Organization Goals）
　　融和：該博および人，自然，超越的な力との協調，調和，統一性の経験／
　　　　心理的な不和感や秩序崩壊感の回避
　　超越：最適，非凡な機能を持つ状態の経験／普通ではない経験への捕われ感の回避

Theory）を提唱し，詳細な 24 項目の目標を示した。

　MST の最も高位な目標は，個人内の目標（within personality goals）と社会や他者との関連における目標（between people and their environment）に分類される。表 19 − 1 に，健康の信念や価値と関連が深いと考えられる，個人内の目標に含まれる「情動（affective）」，「認知（cognitive）」，「主観構成（subjective organization）」の 3 つのカテゴリー，そしてそれぞれに含まれる 11 の目標を示した。表 19 − 1 を見ると，「楽しみ」と「冷静さ」，「身体感覚」や「身体的 well-being」，「肯定的自己評価」，「融和」など，身体活動と大きく関連すると思われる項目が多いことに気づく。これより，身体活動は，単に身体的な健康の維持や増進の役割だけではなく，生きるための目標を併せもっている可能性が高い。フォードは，人は目先の必要性にとらわれ，本来の目標に気づかないで行動していることが多く，それは個人が将来に達成したい状態の「心理的な価値」に気づいていないからだと指摘する。さらに，これらの目標は，単一で追求されるというよりも，ある目標のために行動することが他の目標の達成にも役立つなど，互いに影響し合っているという。健康の追求も同じ機能をもつと考えられる。とすれば，健康行動によってもたらされる「心理学的な価値」に気づくことが，行動を変えるための動機づけとして重要な意味をもつ。

3節　中高年者の身体活動と動機づけモデル

1　高齢者の身体活動の決定因

　身体活動を動機づける要因（決定因）は何か。人の健康でありたいと思うことが，必ずしもその行動を起こすわけではない。一方，直接的に関係がなさそうでも，身体活動に随伴して起こる変化が，将来の本質的な目標につながることも多い。ステッドら（Stead, et al., 1997）は，55〜75歳の高齢者を対象に面接調査を行い，身体活動を行う理由を調べている。その結果，身体活動は，社会心理的な誘因や行動を阻害する要因（バリア）の影響を大きくうけていた。ステッドらの結果をまとめると以下のようになる。

1）ライフスタイル
　身体活動を定期的に行っている人はそれがライフスタイルとなっていた。活動的な生活による自己イメージの強化が，体力への自信とともに活動の動機となっていた。しかし，ひとたび身体活動を停止すると再開は身体的にも精神的にも困難であった。重大なライフイベントや健康の悪化が活動停止の要因であった。

2）主観的な健康感
　患者あるいは虚弱な個人は，身体活動は，症状を悪化させると考える傾向にあり，それが日常における活動性を妨げていた。このように，主観的な健康に対するリスクの予測と身体に対する知覚が，不活動な生活を正当化する理由となっていた。

3）心理社会的報酬
　主要な動機づけ要因は，自尊心，自己や他者からのイメージ，出会い，交友，社交，孤立回避などの心理・社会的な利得で，身体活動自体は二次的であった。同年齢，同能力，同じ興味をもつグループや友人，新たな出会いが活動の動機づけとして重要で，社会交流の欠如は活動の妨げとなっていた。身体活動の支援者に，家族や医師，保健師の他，健康サービス提供者があげられた。

4）環境要因
　健康サービスの供給のあり方は，妨害要因とも促進要因ともなっていた。

サービスの提供は，時期や頻度が使用を決める重要な要因であった。高齢者のニーズには交友や活動性が日常的に継続することに重きがおかれ，短期的なプログラムは受け入れられない傾向があった。健康サービスについて詳細な情報を求めている人は多くはなく，サービスの受給を周囲に知られることは活動を妨げる要因であった。

これらの結果からは，中高年者は健康でいたいと思うだけでは身体活動を行う理由としては十分ではなく，むしろ個人の主観や価値，社会的な誘因の存在が，参加を決定づける要因となることがわかる。これは，個人が健康になりたいという気持ちと，そのために身体活動を行うということは段階的に考えることの重要性を示唆している。また，中高年者の身体活動を妨げる様々な要因（バリア）の影響が強いことが明らかにされた。

2 主観的な健康と意思決定 ―健康信念モデル―

健康信念モデル（Health belief model：HBM）（Hochbaum, 1958）は，個人の健康に対する信念による健康行動の変化を扱ったモデルである。1950年代に考案されて以来，HBMは，多くの健康教育のプログラムに適用されている。このモデルは，元々は結核検診が無料で受けられるにも関わらず，なぜ多くの人がそれを利用しないかについての分析から生まれた。健康行動はそれを促す要因と妨げる要因があり，それらが複雑に絡み合って生起する。HBMでは，それらの要因として，疾病は重篤である（主観的重篤度），その疾病に罹りやすい（主観的脆弱性）という2つの脅威の信念，ある行動をとれば脅威が低減する（主観的利得）という信念，その行動の妨げとなる要因（主観的バリア），きっかけ，そして自己効力感の6つをあげている。HBMは，予防の重要さを認識させ，そのための行動を起こす意思決定を促す際に有用とされる。例えば，専門家から見ると寝たきりリスクの高い個人も，本人は重篤だと感じていなくて，そのリスクも少ないと思っていれば予防行動は起こらない。一方，リハビリテーションが必要な患者は，少し痛くても必ず歩けるようになると信じていれば，頑張ってその行動をとるだろう。

HBMの初期モデルは，主観的な脅威と利得，障害を構成概念としていたが，後に自己効力感が加わり現在のモデルになっている。自己効力感は，特定の行動

を行う際にできると信じる信念である（Bandura, 1977）。つまり，個人が行動した結果として獲得できると思われる利得に気づいており，かつその行動を行う自信にあふれていれば，身体活動は生起しやすい。例えば，中高年者の身体活動の参加においては，様々なバリアへの対応が不可欠となるが，自己効力感の高い活動であれば，多少バリアが存在しても行うことは可能との認知に至り，行動しようという意思決定がなされる。さらに，行動を起こした後でも，行動を続けるプロセスにおいて面する様々なバリアに負けない自信があれば，行動は継続するだろう。このように，自己効力感は，行動変容の生起と継続には欠かすことのできない要因であり，高齢者を対象とした介入研究でも，特に身体的な自己効力感が重要であることが明らかにされている（Tsutsumi, et al., 2002）。

3 行動変容のステージとレディネス ―トランスセオレティカルモデル―

HBMは，意思決定を動機づけるイベントとしては有用ではあるが，実際の行動変容にはプロセスへのアプローチが必要である。プロチャスカとデクレメンテ（Prochaska, J. O. & DiClemente, C. C., 1992）によって開発されたトランスセオレティカルモデル（Transtheoretical model：TTM）は，そうしたプロセスに働きかけるためのモデルである。個人の行動変容のプロセスは，いくつかの特徴のあるステージに分けることができる。TTMはそれらを「今は変わる必要はない」と考えるステージから「行動変容を達成した」ステージへの変化のプロセスを，5つに分けモデル化した。それらは，前熟考期（必要性を感じていない），熟考期（必要性は感じるが行動を起こしていない），準備期（行動を変えるべく方法を探

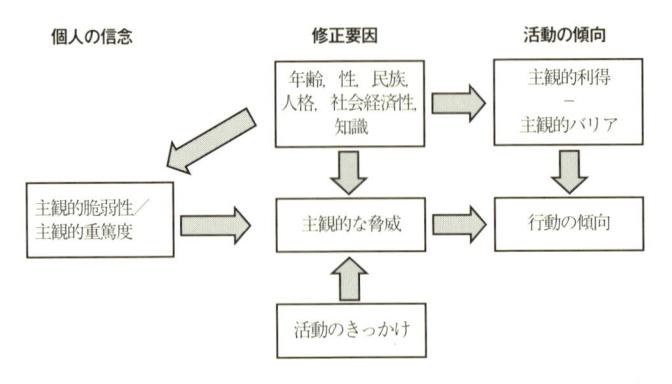

図19-1　健康信念モデル（Strether & Rosenstock, 1997）

している),実行期(実際に行動を始めている),維持期(その行動を6カ月以上継続している)である。元は独力で禁煙する喫煙者と専門的な禁煙治療を受ける喫煙者を比較する研究から生まれたTTMは,今では身体活動に加え,禁酒や栄養摂取,薬物依存などの幅広い領域に適用されている。

　ヘルスケアの専門家として,個人の行動変容に関わる際に重要となるのは,いかに的確に個人のニーズを把握し,それに応じた介入法を適用できるかどうかにある。TTMを用いて個人のステージを明らかにし,そのステージに適切な技法を用いた介入を行うことによって,個人が次のステージに向けて進むのを支援する。例えば,前熟考期では行動変容の必要性に気づかせるための動機づけ面接法,熟考期では変わることの意思決定を促すカウンセリングなど,初期においては認知的な関わりが有効である。さらに,準備期は具体的な目標設定,実行期は行動継続のための強化や社会支援,維持期では後戻りへの対策など,主に行動的なアプローチが用いられる。しかし,TTM自体は,ステージを変化させるための技法を示したモデルではない。ステージの移行に重要な役割を果たすのは,自己効力感だと考えられている。自己効力感は,初期のステージにおいては,行動の意思決定を促し,行動開始後はバリアの克服をとおして,行動継続を導く役割を果たす。このように,TTMを応用して適切な介入を行えば,自己効力感はステージ上昇に伴い増加していく(Marcus, et al., 1997)。

4節　健康行動変容の実際

　少子高齢化が進行するわが国では,中高年者を中心として疾病予防への関心が増している。しかし,今は健康であるがゆえに,予防の重要性に気づかない中高年者が大多数である。そこで,近年,ヘルスケアの専門家の間では,個人が有するリスクに気づかせ,予防行動をとらせるための行動学的なアプローチの重要性が認識されるようになっている。ここでは,中高年者を対象としたHBMとTTMを用いた研究を例にあげ,行動学的なアプローチによる実践について考える。

1　HBMを用いた骨粗鬆症予防プログラム

　骨粗鬆症は,骨の変形や痛みを経験するだけではなく,転倒の骨折による寝たきりや早死を導く重大な疾患である。罹患すると痛みや身体的な変化により

自尊心が低下し，社会的な交流を妨げることもある。また，転倒に対する恐怖は，不安やうつなどの否定的な感情を引き起こす要因ともなる。米国では女性を中心に2,500万人が罹患し，年間の医療費の増大が国家的な問題となっている（McBean, et al., 1994）。その主なリスクファクターは，カルシウム摂取不足と身体不活動による骨密度の低下である。ターナーら（Turner, L. W. et al., 2004）は，HBMを適用し，中高年女性を対象とした骨密度を向上させるためのプログラムによる介入を行った。プログラムには，骨密度の評価，健康教育，コンサルテーションの3つが含まれた。より多くの参加者を得るために，まずは，バリアとなる時間や場所，費用への対策がとられた。例えば，セッションは，参加者に合わせた柔軟な日程が組まれた。場所は街の中心部にある最新のコミュニティセンターで行い，参加費およびチャイルドケアを無料で提供した。

リクルートにも工夫がなされた。例えば，症状の写真つきのプログラムの案内紙を，街なかの様々な場所で配布し，より多くの女性の目に留まるようにした。それらの場所は，大学や教育機関，図書館，公民館，ヘアサロンやエステサロン，ショッピングセンターやモール，スーパーマーケットなどであった。さらに，保健センター，病院，医院，大学のe-メイルシステム，新聞，テレビやラジオをとおして情報の発信が行われた。コミュニティセンターでは複数回の説明会が開かれ，参加者に知人への紹介を依頼した。こうした工夫の結果，説明会には392人の参加者を集めることに成功した。プログラムは，健康教育のクラスから始まるが，クラスの終了時に栄養クラスへの登録が勧められる。そして，栄養クラス終了時にはサプリメントクラス，その終了時には身体活動クラスへの登録が促された。これら一連の流れが次の行動を促すきっかけとなり，最終の身体活動プログラムへ導かれて行く仕組みとなっていた。

健康教育クラスでは，参加者の主観的重篤度を高めるアプローチが強調された。参加者に骨粗鬆症が重篤な疾患だという意識がなければ，予防が必要だとの認識に至りにくい。クラスでは，視覚的資料を多く用いて参加者の気づきを促した。さらに，骨粗鬆症によって導かれる精神面や社会性へのネガティブな影響についての情報を与えた。栄養クラスでは，日常で見落としがちになるカルシウムの摂取法だけではなく，体重が気になる女性のための低カロリー食による摂取法，サプリメントクラスでは，健康に害のないサプリメントの選び方などを話題とした。そして最終の身体活動クラスでは，安全で効果的な身体活動の実演，ライフ

スタイル活動としてそれらの身体活動の適用の仕方，およびその継続法について論議した。特に強調されたのは，楽しめる活動を選択することの重要性などである。また，無理に運動をする必要はなく，例えば庭作業でも骨密度の向上には大きな効果があるなどのエビデンスが提示された。プログラムのまとめとなるコンサルテーションでは，喫煙や飲酒などの健康関連の話題も扱われるなど，中高年女性のライフスタイルに関する包括的なアドバイスがなされた。

この研究の目的は，1人でも多くの中高年女性を，骨粗鬆症予防プログラムに参加させることにあった。その結果，説明会に参加した392人のうち342人がすべてのプログラムを受講した。身体活動クラスには参加したのは350人であった。このように，HBMは，中高年女性の教室参加の意志決定を促し，クラス参加の動機づけを高めたことがわかる。また，プログラムでは単に骨粗鬆症のみの情報を扱うのではなく，体重の増加が気になる女性への心理面への対応やサプリメントの扱い方など，より良い生き方としての潜在的なニーズに応えるアプローチがなされている。このように，健康教育の初期においてHBMは，プログラムのあり方に大きなインパクトを与えた。とはいえ，実際の行動変容には，行動を始めてからの継続へのアプローチが必要となる。そこで，近年では，変化を促す認知行動モデルであるTTMが多用されるようになっている。

2 慢性疾患患者と身体活動ステージの変化

初期においては，若年層や成人を対象とした喫煙問題への適用が多かったTTMであるが，1990年あたりから，中高年者を対象とした様々な健康行動変容にも用いられるようになっている。その結果，高齢者の身体活動においてもステージモデルを適用することの有効性が認められている（Barke & Nicholas, 1990）。しかしながら，特に高齢者の場合は，様々な慢性疾患や症状を有している場合も多いなど，TTMを用いる際には，個人と疾病や障害との関係において，ステージの変化を見ていく必要がある。TTMを基として，慢性疾患を有する中高年者を対象に，身体活動のステージ変化を調べた調査がある（Romeder, 1997）。この調査は，セルフケア行動として行う独力の身体活動の変化を3年にわたって調べている。TTMを適用した研究の多くは，健康的な対象者への構造化されたプログラムの介入効果を検討したものである。本研究は，中高年の慢性疾患患者を対象とし，さらに自らの意志による身体活動のステージ変化を調べている点にお

いて興味深い。

　この研究の対象者は，関節炎，脳卒中，心臓病，高血圧のいずれかの症状をもつ50歳から95歳の中高年者904人である。調査は1995年から1998年の間に行われ，身体活動は，週3回，15分以上のセルフケアとして行う身体活動と定義され，調査期間内に三度の評価を行っている。すべての調査に参加したのは665人で，継続できなかった個人は疾病の重度化，あるいは他の疾病に罹患したかのいずれかだと考えられた。結果は，開始から終了まですべての期間をとおして維持期にあった中高年者は77％と多数を示した。その他のステージでも81％から100％の割合で中間期か最終期，あるいは両期での変化が認められた。また，最も変化しにくいと予測された前熟考期においても，81％の高齢者に変化が認められた。さらに，665人のうち616人（92.6％）は，5つのステージのどこかではセルフケアとしての身体活動を行っており，中高年者のセルフケアへの動機づけは高いことがわかった。一方で長期にわたって身体活動を維持することは困難であることも明らかにされた。

　これまでのTTM研究は，初期のステージでは，気づきを高めるための情報提示が望ましいとされていた。しかし，本研究より，疾患を有する中高年者層では，必ずしもそれが適切とはいえないことがわかる。例えば，初期のステージと判断されても，中高年患者は，情報を求めていたり意識が低いのではなくて，疾病の影響で自己効力感が低下している可能性が高い。さらに，先行研究は前熟考ステージでは，何らかの介入を行うことによってこそ，変化を起こすことができると報告されている（Cardinal, 1997）。しかし，この研究の中高年患者は，何の介入もなく独力で自ら身体活動を始めていた。さらに，TTMのステージアップは順を追って上昇するとされるが，この研究では，前熟考ステージから維持ステージに直接移行する中高年者も多く，ステージ移行に規則性は認められなかった。また維持期から一気に前熟考期へと後戻るケースも多い。これらの結果は，活動に興味を失ったのではなく，むしろ疾患の状態の変化によるものと考えられる。このように，慢性病を有する中高齢者を対象とした調査は，必ずしも先行研究におけるTTMのステージ移行を支持する結果とはなっていない。

　この調査はさらに，ステージの変化における個人の信念との関連性も検討している。その結果，ステージを上昇させた中高齢者は，主観的な健康度，身体活動の重要性，疾病に対する自己効力感が高かった。自己効力感を構成する2つの要

素，結果効力感と予期効力感に関しては，一部のステージの移行を予測したが，疾病に対する効力感は予測し得なかった。研究者はこの結果を，自己効力感は行動の予測には重要な要因ではあるが，個人の疾病に対する知覚はそれに勝る影響力をもつ可能性を指摘している。また，疾病をもつ患者においては，自己効力感に影響を及ぼす要素として，成功体験やモデリング，肯定的なフィードバック，生理的な状態があげられるが，特に生理的・感情的な状態の影響を受けやすいとしている。つまり，中高年の慢性疾患患者におけるTTMの適用は，いかに疾病の状態に合わせて自己効力感を操作するかどうかが，セルフケア行動としての身体活動を維持させるうえで重要な要因となる。

その他の結果としては，50歳で身体活動を行っている個人は，ポジティブな変化を起こしやすかった。また，病気が重いほど主観的な重篤度も高いことが予測されたが，それらは相関しなかった。興味深いことに，前熟考から維持ステージに変化した中高年者の多くは，特に身体活動を行う意図をもっていたわけではなかった。おそらくこれは，必要に応じて自発的にセルフケアを行った結果だと考えられる。これらの研究結果は，TTMを介入で用いる際に様々な示唆を与えてくれる。例えば，慢性疾患をもつ中高年者は，予想していた以上の多くの者が，自らの意志でセルフケア行動を行っており，そのうちの多数は維持期にあった。また長期におけるステージの変化には，個人の知覚的な要因が大きく関わることが明らかになった。これらによりTTMを中高年患者に適用する場合には，対象者の疾病や症状の状態を重視する必要があることがわかる。

おわりに

加齢に伴い人の活動量は徐々に低下し，そして活動性の低下に伴い身体の機能の低下はさらに進む。こうした悪循環を逆行させるためにも，意識的にライフスタイルを活動的なものへと変えていくことが重要である。本章では，中高年期の活動性を高めるための動機づけ要因，そして実践における介入法について検討してきた。現在わが国では，多くの地域で健康教室が開かれている。それらのなかには，中高年者を対象とした様々な疾患の予防や，身体活動を促進させるプログラムが含まれる。これらのプログラムをとおして，1人でも多くの中高年者がライフスタイル変容させ，より活動的な生き方が適応できるようになることが望まれる。とはいえ，わが国では行動変容は，まだまだ実効性のあるレベルでの実践

に達しているとは言えない。今後ますます超高齢化が進む状況においては、歳をとることがリスクとならない社会の実現は国民全体の願いである。そうした役割を担うヘルスケアの専門家には、中高年者の発達を理解したうえで行動変容法を適用し、実効性のある介入支援を行うことが期待されている。

第20章 運動・スポーツとメンタルヘルス

　四季折々に変化する街並みを，仲間と自転車で駆け抜ける。それは，単なる移動ではなく，身体に対する自信と満足感を生み出す活動でもある。運動・スポーツの実践は身体的機能の維持・向上とともに，メンタルヘルスの改善が期待されてきた。本論では中高年期に焦点をあて，この領域でここ数十年間の間に蓄積された知見について概観する。

1節　中高年期とメンタルヘルス

1　中高年期の特徴

　中高年期は一般に，加齢に伴って心臓・血管機能，筋肉が衰え，小じわや白髪が増えたりして，外見上の大きな変化がおとずれる。そして，少しの身体活動でも疲れやすくなり，集中力も低下する。加えて社会的責任の増大とともに，ストレスの引き金となりうる様々なライフイベントも発生しやすい。これらのことから日常の些細ないらだち事が増え，これが慢性化するとメンタルヘルスが悪化しやすくなる。企業では，メンタルヘルス対策の重要性が叫ばれており，厚生労働省の調査（2007年）によれば，「仕事や職業生活に関して強い不安，悩み，ストレスがある」とする労働者の割合は，約58％にも上る。

2　メンタルヘルスの測定内容

　メンタルヘルスと運動・スポーツを論じる際，この概念が幅広い意味を含むことを理解しておく必要がある。これまでの研究では，不安や抑うつといったメンタルヘルスの否定的側面に焦点が当てられることが多かった。しかし高齢化社会の到来や，完治することの少ない生活習慣病の蔓延に伴って，生活の質にも焦点があてられ，Quality of life（以下QOL），幸福感，生活満足感といったより肯定的な側面も注目されてきている（Rejeski, W. J. & Mihalko, 2001, Netz, Y. et al., 2005）。

2節　運動・スポーツ実施とメンタルヘルス

1　運動・スポーツがメンタルヘルス全般に及ぼす影響

　運動・スポーツの実施がメンタルヘルス全般に及ぼす影響について，様々なメタ分析結果が報告されている。メタ分析とは，過去に行われた複数の研究結果を統合し，より信頼性の高い結果を求めるために開発された統計手法である。メタ分析では，各研究における効果を検討した統計量（F値，平均と標準偏差など）を用いて，効果サイズ（d）が算出される。この効果サイズは0から1の範囲で示され，0.2程度で小さい，0.5程度で中くらい，0.8程度で大きい，と判定される。ネッツら（Netz, Y. et al., 2005）は，健常な中高年を対象者とした研究についてメタ分析を行っている。その結果，全体的にいえば運動・スポーツの実施は，コントロール群（まったく運動しない，または運動以外の処置を受けている）と比べて，メンタルヘルスの改善に役立つ事が示されている。そして運動実施による効果は小さい（d=0.24）が，何もしない場合より約3倍大きいことがわかっている（表20-1参照）。

2　運動・スポーツが否定的感情に及ぼす影響

　先のネッツの分析において，否定的感情である，抑うつ，怒り，混乱ではコントロール群と比べ，介入前より軽減しているものの，効果の大きさに有意な差が見られていない。これに関して，他のメタ分析では，運動の実施が，不安や抑うつの改善に役立つ事を示す報告が数多い。例えば，ミードら（Mead, G. E. et al., 2009）は「うつ」または「うつ傾向」の被験者を対象にしたメタ分析を行っている。その結果，運動群とコントロール群における介入直後の抑うつ改善に関する効果サイズは−0.82であった。また運動プログラム終了後，しばらくしてから追跡した場合では−0.44となっていた。このことは，定期的な運動実践により，うつの程度が軽減されることを示している。

　次に，様々な年齢における運動の不安改善効果に焦点をあてたペトラッツェロら（Petruzzello, S. J. et al., 1991）の分析では，一過性運動または継続的な運動実施が，状態不安の改善に効果的であることが報告されている。しかし，その効果の大きさは比較的小さい（d=0.24）。この分析では，継続的な運動実施が特性

表20-1 メンタルヘルスの改善に及ぼす運動の効果サイズ
(Netz, Y. et al., 2005のメタ分析より筆者改変)

比較項目	運動群 効果の数(k)	運動群 効果サイズ	コントロール群 効果の数(k)	コントロール群 効果サイズ
合計[a]	274	0.24	132	0.09
年齢				
54-64歳	102	0.33 ⎫	19	0.06 ⎫
65-74歳	159	0.20 ⎬*	103	0.10 ⎬*
75歳以上	13	0.11 ⎭	10	0.02 ⎭
体力改善状況				
呼吸循環機能				
改善した場合	84	0.32 ⎫*	28	0.01 ⎫*
改善しない場合	99	0.20 ⎭	52	0.20 ⎭
筋力				
改善した場合	44	0.20	0	
改善しない場合	22	0.09	55	0.02
柔軟性				
改善した場合	19	0.18 ⎫*	11	-0.14 ⎫*
改善しない場合	17	0.07 ⎭	21	0.11 ⎭
身体機能				
改善した場合	3	0.32 ⎫*		
改善しない場合	25	0.09 ⎭	22	0.02
運動の種類				
有酸素性運動	151	0.29 ⎫		
筋力トレーニング	34	0.23 ⎬*		
健康体操	41	0.15 ⎭	47	0.11
何もしない			85	0.08
運動強度				
高強度	93	0.26 ⎫		
中強度	106	0.34 ⎬*		
低強度	42	0.14 ⎭		
測定項目				
怒り	13	0.29	6	0.17
不安[a]	51	0.23	18	0.01
混乱	12	0.15	5	0.15
抑うつ	32	0.29	18	0.19
活気	22	0.18	13	0.06
主観的幸福感[a]	11	0.37	4	0.07
生活満足度	48	0.08	34	0.09
身体症状	3	0.63	2	0.35
肯定的感情	9	0.28	5	0.20
自己効力感[a]	47	0.38	14	-0.00
自己観[a]	26	0.16	13	-0.02

注1) 表中の「効果の数(k)」は、運動効果が比較されている過去の研究数を示している。

注2)「効果サイズ」は、0.2程度で小さい、0.5程度で中くらい、0.8程度で大きい、と判定される。対象者が行った活動が、メンタルヘルスの改善に及ぼした影響の大きさを表す。

注3) 表中の*印は、各サイズ間に差があることを示している。

注4) 項目間についているa印は、運動群とコントロール群の効果サイズに差があることを示している。

注5) 左記の測定項目に関しては、メンタルヘルスの各指標別に、効果サイズが示されている。

不安の軽減に及ぼす効果は，0.34 であることが報告されている。

ノースら（North, T. C. et al., 1990）は，幅広い年齢を含む分析で，運動の抑うつに及ぼす効果について検証し，中程度の効果サイズ（d=0.53）を報告している。そして彼らの分析では，抑うつの程度が重い集団ほど，運動による軽減効果が大きいことも明らかにされている。また高齢者を対象に，運動が気分の改善に及ぼす影響を分析したアレントら（Arent, S. M. et al., 2000）の報告における全般的な効果サイズは，0.24 であった。上記に示された，メタ分析結果の不一致や，効果の大きさの違いは，対象年齢や，病気の有無といった，研究対象者の基本属性の違いによるところが大きいと考えられる。特に最初に示したネッツらの分析では，健常な中高年のみを対象としているため，否定的感情に関しては，天井効果がみられる可能性がある。また，否定的感情を測定する尺度が，健常者を想定したものではなく，病気の判別やスクリーニングを目的に開発されたことも影響しているであろう。

3　メンタルヘルスの改善は体力の変化や運動の種類に関係するか？

運動・スポーツ実施により体力の改善が見られた場合とそうでない場合で，感情変化に与える影響が異なるのであろうか。ネッツらの分析では，柔軟性を除きすべての項目（呼吸循環器系，筋力，身体機能）で，改善が見られた場合の方が変化が大きいことが明らかにされている。

また，有酸素運動と筋力トレーニングはともに，感情の変化に与える影響が示されており，その効果は同じであった。過去のメタ分析（ペトラッツェロら，1991）では，不安軽減効果は有酸素運動のみに示されていたり，筋力トレーニングにのみ効果が示されている（アレントら，2000）。おそらくこの混乱は，過去のメタ分析では筋力トレーニングの有効性を扱った研究が少なく，健常者と患者が混在していること，対象年齢が中高年に限定されていないことが原因であると考えられる（ネッツら，2005）。

4　メンタルヘルスの改善と年齢

最後に，年齢の違いによって運動・スポーツ実施が感情変化に与える効果に違いがあることが示されている。具体的には 54〜64 歳までの年齢層の方が，それ以上の年齢層より効果が大きくなっていた（ネッツら，2005）。この現象のメカ

ニズムは不明であるが，高齢になるほど社会的な役割の消失や身体的機能の衰えが顕著になり，かつ多様な要因がメンタルヘルス改善に関与してくることがその原因として考えられる。

3節　運動・スポーツ実施とQOL

1　QOLの捉え方

　ここでまず，整理しておく必要があるのはQOLの定義である。QOLを研究する研究者の間で使用する概念や測定内容が異なることがある。心理学の分野では，QOLを「自分の生活・人生に対する満足度の認知的評価」（Pavot, W. & Diener, E., 1993）と捉えることが多い。生活の満足度は，「私の生活はほぼ理想的である」「生活に満足している」「望んだ大事なことは手に入れてきた」といった質問に対し，まったくそう思わない～まったくそう思う，の7段階で回答を求める事で評価される（Diener, E., 1984，パボットとディエナー，1993）。しかし保健医療の分野では，上記に加え，QOLを身体的健康度，社会経済的地位，ソーシャルネットワーク，ソーシャルサポート，物理的環境などを含んだ幅広い概念として扱うことも多い（古谷野，2004）。定義や測定内容が異なれば，研究間の比較が難しくなる。そこで本論では，メンタルヘルスに及ぼす運動・スポーツの影響について，認知的な評価に焦点をあて，理論的枠組みを想定した議論を行うため，QOLを主観的な「生活に関する満足度の評価」と定義する。

2　価値観と自己効力感

　一過性運動の心理的効果に関する実験的研究では，自己効力感を意図的に高める操作を行ったグループでは，運動中および運動後の肯定的感情が，コントロール群と比べて高い事が示されている（図20－1，McAuley, E., et al., 1999）。また複数の研究で，運動に関する自己効力感や達成感が，感情の変化を媒介する要因として重要な役割を果たすことが示唆されている（Jerome, G. J., et al, 2002）。しかし，一過性の運動による肯定的感情の変化に関する説明と，継続的な運動・スポーツの実践によるQOLの改善の説明を同一にすることはできない。

　リジェスキとミハルコ（Rejeski, W. I. & Mihalko, S. L., 2001）は，QOLを表す「生活満足度」が，自己効力感や日常身体機能の変化の影響をあまり受けない

自己効力感の操作により，同じ運動でも肯定的感情に差が見られる

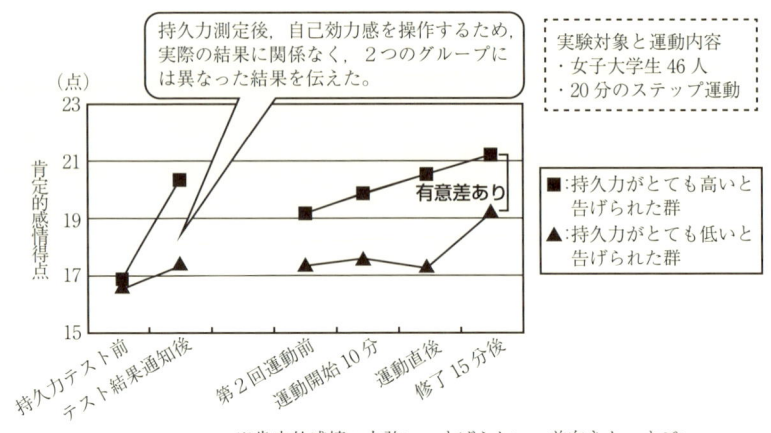

実験対象と運動内容
・女子大学生 46 人
・20 分のステップ運動

持久力測定後，自己効力感を操作するため，実際の結果に関係なく，2つのグループには異なった結果を伝えた。

■：持久力がとても高いと告げられた群
▲：持久力がとても低いと告げられた群

有意差あり

（横軸）持久力テスト前／テスト結果通知後／第2回運動前／運動開始10分／運動直後／終了15分後

※肯定的感情：力強い，すばらしい，前向きな，すごい

図 20 − 1　ステップ運動における肯定的感情の変化
（McAuley, E. et al., 1999 より筆者作成）

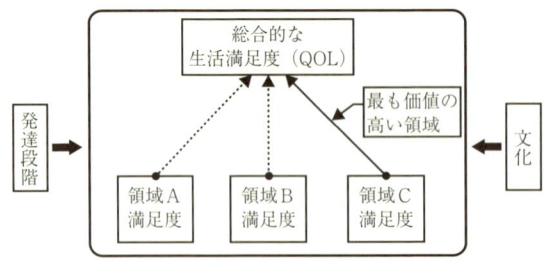

図 20 − 2　総合的な生活満足度（QOL）と下位領域における満足度との関係
（Oishi, S. et al., 1999 より筆者改変）

ことを主張している。総合的な指標としての生活満足感は，経済状況や人間関係，仕事や健康状況など，幅広い生活領域と関係する。ネッツらの分析では，運動・スポーツ実施による生活満足感の変化の大きさは，コントロール群と比べて差がないことも示されている。これに関連してオオイシら（Oishi, S. et al., 1999）は生活満足度の変化の度合いは，本人が高い価値をおく生活領域における成功の程度と，強く関連していることを明らかにした（図 20 − 2 参照）。実際に，大腸がん患者の QOL と処置前の身体活動量との関係を見た研究では，事前の身体活動量が多い患者の方が，処置後の QOL が一番低かったことが報告されている（Courneya, K. S. et al., 1997）。身体活動量の多さは，活動的である事に価値をおいている事の現れと見なすことができる。つまり病気や手術の結果，自身が価値を置いている身体活動が制限されたことが，低い QOL につながった可能性が考

えられる。このことから，QOL の改善をあつかう場合，対象者が様々な生活領域において，1）どの領域に価値をおいているか，2）その領域における成功の程度，を考慮する必要があろう。

4節　過度な運動・スポーツ実践の弊害

　ここまで主に運動・スポーツの実践が，メンタルヘルスにおよぼすプラスの面について述べてきた。しかし，運動にのめり込みすぎることの弊害もある。毎日のように運動する熱心な実践者が，けがやその他の理由で 24～36 時間程度運動できない場合に，緊張感の増加や，いらいら，抑うつを感じる，「どうしても運動しなければ」というような義務感にさいなまれることがあることが報告されている（Pierce, E. F., 1994, Martin, K. A. et al., 1998）。これは専門家の間ではアディクションと呼ばれており，ランニング，水泳，サイクリングなどの有酸素運動をかなりの頻度で行っている人にも起こりやすいともいわれている。

　すべての定期的な運動・スポーツ実践者がそうなるわけではない。ストレス解消を運動のみに依存しているため，休暇やけがなどで運動ができない場合には，有効なストレス解消ができず，さらにその他の積極的・効果的対処がわからないため，ストレスが蓄積されていくと考えられる。この分野に関する研究は極めて少なく，その理論的背景などはっきりわかっていないことも数多い。そこで運動・スポーツの実践者および指導者は，メンタルヘルスに良いといわれる運動・スポーツも，時として精神的な過剰負荷をもたらす可能性があることを理解し，予防のためにその健康障害の行動学的特徴を，しっかり押さえておくことが望ましい。

5節　具体的な指導において

　ここまで，運動・スポーツの実践が，中高年期のメンタルヘルス改善に役立つ事を示してきた。さらにその効果は，自己効力感や価値観が媒介している可能性があることを示唆した。ではこれらのことは，現場での運動・スポーツ指導にどのように活用できるであろうか。最初に行うべき事は，会話や調査用紙をとおして対象者が，生活のなかで価値を置いている活動や運動の好みを明確に聞き出すことである。例えば，健康のために運動が必要だと考えていても，水泳やサイク

図20-3　身体活動とQOLの関係
（McAuley, E. et al., 2006より筆者作成）

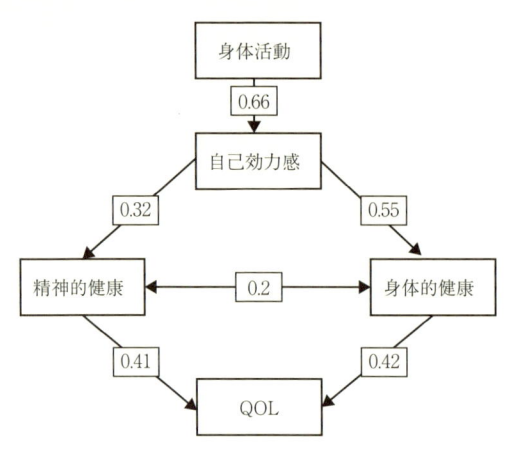

※図中の数値は共分散構造分析における因果係数を表す。数値が大きいほど、矢印方向への影響が強い。

リングをやりたい、といっている人にウォーキングを勧めることや、仲間づくりや楽しさを求めてきている人に、家庭内での気軽な運動の仕方を強調しても効果的ではない。

次に、身体を動かすことに関する自信を表す自己効力感は、身体的機能の向上や精神的健康状態をとおして、間接的にQOLの向上に影響する因果関係モデルが示されている（図20-3）。そこで自己効力感の向上を目指した運動・スポーツ指導が求められる。具体的に指導者は、運動実践者とのコミュニケーションをとおして、本人の生活習慣や運動・スポーツ習慣の問題に対する「気づき」を高め、明確で客観的、かつ少し頑張れば達成できる目標を設定させる必要がある。このことは自己効力感を高める上で最も重要な「成功・達成経験」をもたらす確率を高める。そして「できる」「うまくいっている」と感じる機会を増やすために、適切な体力テスト、形態測定を行うことや、目標達成度を定期的に評価する機会を作るべきである。指導者はその際、運動実践者が今までしていなかったことで、新たにできたことに注意を向けた方がよい。また、忙しいながらも時間をうまく使って生涯スポーツを実践することで、成功している中高年者のモデルになるような人の情報を、タイミングよく提供する工夫も重要である（山口、2010）。

# 第21章 スポーツ・運動の認知機能への影響

　中・高年期におけるスポーツ・運動の認知機能への影響に関する研究は，大きく2つに分けられる。スポーツ・運動と認知機能の関連性，あるいはそれらが認知機能に及ぼす影響についての研究領域とスポーツ・運動による脳構造や脳機能の変化についての研究領域である。本章では，それぞれの領域の研究について概観していく。

1節　スポーツ・運動の認知機能への影響についての研究領域

　中・高年期におけるスポーツや運動と認知機能に関する研究は，スピルドゥソ (Spirduso, W. W., 1975) が，中・高年者（平均年齢56.8歳）と若年者（平均年齢24.5歳）をそれぞれ運動群と非運動群に分け，計4群における光刺激に対する反応速度 (Reaction Time : RT) を比較した研究を行って以来，様々なアプローチによって発展してきた。ちなみに，この研究の結果は高齢者の運動群は，高齢者の非運動群よりも有意にRTが速く，また，統計的な有意差は得られないものの，若齢者の非運動群に比べて速い傾向がみられたというものであった。

　現在に至るまでの中・高年期におけるスポーツ・運動の認知機能への影響に関する研究は，大きく2つに分けられる。1つは，スポーツ・運動と認知機能の関連性，あるいはそれらが認知機能に及ぼす影響についての研究である。もう1つは，スポーツ・運動による脳構造や脳機能の変化についての研究である。前者は，主に人間を対象にしたスポーツ・運動を行っているグループとそうでないグループを比較した研究やスポーツ・運動を用いた介入研究である。ここでは，スポーツ・運動が認知機能のどの部分に影響を及ぼすのか，どのようなトレーニングが認知機能に効果を示すのか，どのような対象に効果があるのかなどが検討されている。一方，後者は人間だけではなく，動物を用いた研究も活発に行われている。これらの研究では，運動・スポーツが脳のどのような領域や機能に影響を及ぼすのか，どのようなトレーニングが脳構造や脳機能に影響を及ぼすかなどが検討されている。以下，それぞれの領域の研究について紹介をしていく。

2節　スポーツ・運動の認知機能への影響

1　4つの課題領域における研究のメタ分析

　スポーツや運動，とりわけ有酸素運動は身体的健康だけでなく，認知的健康にも有益な影響を及ぼすと言われている。この背景には，身体運動の結果，心臓血管系の機能が改善され，脳への血流量が増加するというメカニズムが想定されている。しかし，運動をしている者とそうでない者とを比較した研究や，スポーツ・運動を用いた介入研究においては，必ずしもこのことが支持されているわけではなく，なかにはスポーツや運動と認知機能との関連を否定する研究も存在する。このように研究の結果に一貫性がない理由としては，以下のような要因があげられる（Kramer, et al, 2003；森山ら，2009）。

　①介入に用いたトレーニングプログラムにおける種類，運動の強度，時間，頻度，期間の違い。
　②対象者の特徴（年齢や性別など）の違い。
　③研究開始時における対象者の健康レベルや体力レベルの違い。
　④身体活動量や体力の測定法の違い。
　⑤認知機能の測定に用いた課題の違い。

　特に5番目の認知機能の測定に用いた課題の多様性は，運動の効果を正確に評価することを難しくしている大きな要因となっている。

　コルコムベとクレーマー（Colcombe, S. & Kramer, A. F., 2003）は，認知機能の課題を理論的な枠組みに基づいて以下の4つのグループに分け，それぞれの課題グループごとに認知機能に対する運動の効果に関する研究についてのメタ分析を行っている。第1のグループは，フィンガータッピング（finger tapping）や単純反応時間といったスピードに関わる課題グループである。この課題の達成には，被験者の方略や高次認知機能に影響されない低次の中枢神経機能が用いられると考えられている。第2は，視覚空間課題グループである。視覚空間の認知過程は言語スキルよりも老化の影響を受けやすいため，運動の効果が現れやすいことが期待されている。第3は，選択反応時間課題グループである。制御され，努力を要するプロセスを必要とする課題は，自動化プロセスを介して実行する課題よりも，中・高年期における運動の効果を反映すると考えられている。第4は実

行機能の遂行を必要とする実行―制御課題のグループである。

18の先行研究についてメタ分析を行った結果，中・高年期において有酸素運動は認知機能に有益な影響を及ぼすが，その影響はすべての認知機能に対して同程度に働きかけるわけではなく選択的であり，特に第4の課題グループである実行機能に対してその効果が大きいことが明らかにされている。

2　実行機能と加齢

実行機能とは，注意や行動を制御する能力であり，計画の立案や抽象化，認知の柔軟性，問題解決などの目標指向的行動を含むものとして定義されるが，運動・スポーツの効果の見られた実行機能に関する研究について詳しく見ていくことにする。

三宅ら（Miyake, A. et al., 2000）は，実行機能において特に重要な要因として，シフティング（Shifting），アップデーティング（Updating），抑制機能（Inhibition）の3つをあげている。シフティングとは複数の課題を柔軟に切り替える能力であり，課題の変化に応じて適切な行動や思考を選択する際に働く。アップデーティングは作動記憶に保持されている情報を監視し，更新する能力であり，新しい情報をすでにある情報と比較して，新たな情報が適切であれば，それを作動記憶に保持して古いものと置き換える機能である。抑制機能は特定の状況において生じやすい行動や思考を抑制する能力である。

ウィスコンシンカード分類テストやハノイの塔，乱数生成課題，オペレーショ

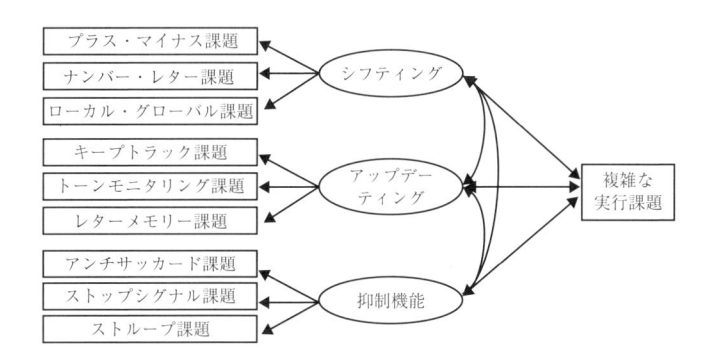

図21-1　実行機能の3因子モデル
(Miyake, A. et al., 2000)

ンスパンテストなどの複雑な実行課題において，これら3つの機能が測定される（図21‐1）。

これらの実行機能は，加齢に伴いどのように変化していくのであろうか。

マイヤーとクリゲル（Mayr, U. & Kliegl, R., 1993）は実行機能の遂行を必要とする課題と必要としない課題を用いて，若年者（平均年齢23.2歳）と高齢者（平均年齢74.9歳）を対象とした実験を行っている。この実験では，双方のタイプの課題において，2つのディスプレイに同じ配列で図形がいくつか表示されており，そのうち1組が2つのディスプレイで異なる図形を表示していた。実験参加者は2つのディスプレイにおいて1組にのみ違いのある図形の特徴（形，大きさ，図形の縁の色，図形のなかの色）を回答した。実行機能を必要としない課題では，それぞれのディスプレイに4つまたは8つの図形が同じ配列で表示されていた。一方，実行機能を必要とする課題は2種類用いられた。1つは右側のディスプレ

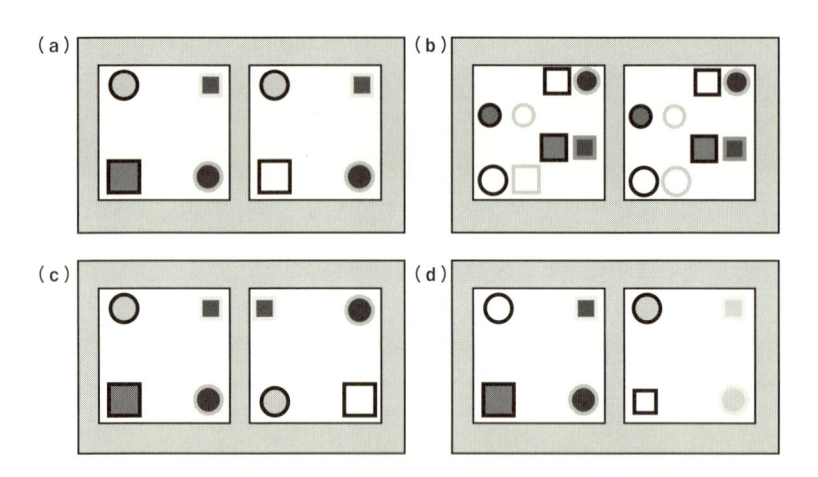

各課題とも左右のモニターに映し出されている左右の図形群で異なっている特徴（形，大きさ，記号の縁の色，図形のなかの色）を回答する。（a）と（b）は実行機能を含まない課題であり，（a）は4つの図形のうち1つ（図形のなかの色），（b）は8つの図形のうち1つ（図形の形）が左右で異なっている。一方，（c）と（d）は実行機能を含む課題である。（c）は左のモニターに対して右のモニターの図形群の配置が反時計回りに90度回転しているため，実験参加者は頭のなかで配置を元に戻して，左右のモニターの違い（図形のなかの色）を回答する。（d）は表示されている4つの図形において共通して1つの特徴（図形のなかの色）が異なっている。実験参加者はそれに惑わされず，1つの図形においてしか異なっていない特徴（図形の大きさ）を回答する。

図21‐2　マイヤーとクリーグルの実験課題
(Meyr & Kliegl, 1993)

イ上の4つの図形の配列が左側のものを時計回りに90度，または反時計回りに90度回転しているものであり，回答には，片方のディスプレイを頭のなかで回転させてから，図形の違いを検出するという過程が必要とされた。もう1つは4つの特徴のうち1つが表示されている4つの図形で異なっており，回答する際にはこれらに惑わされず，2つのディスプレイにおいて1組の図形にだけみられる特徴の違いを検出しなければならなかった。すなわち，実行機能を必要とする課題においては図形の違いを検出するという課題の前に，もう1つ別の課題を行わなければならなかった（図21-2）。

これらの実験の結果，実行機能を必要としない課題において，若年者と比較して高齢者の課題遂行にかかった時間は1.95倍であったが，実行機能を必要とする課題では3.91倍であった。

他の研究においても加齢による実行機能の低下は他の認知機能よりも著しいことが示唆されている（Mayr, U., Kliegl, R., Krampe, R.T., 1996；Kray, J. & Lindenberger, U., 2000）。

3　実行機能に対するスポーツ・運動の効果

クレーマーら（1999）は，実験参加者を適度なウォーキングを行う有酸素運動群とストレッチや低い負荷で繰り返し筋肉を動かすコンディショニング運動を行う統制群に無作為に振り分け，6カ月後の実行機能に対する運動の効果を検討する介入研究を行っている。その結果，有酸素運動群では統制群と比較して，3つの実行機能を必要とする課題において，介入前から介入後の向上の度合いが高いことが明らかにされている。一方，実行機能を必要としない課題においては，有酸素運動による介入の効果はほとんど認められていない。

この研究結果に示されるようなスポーツ・運動と実行機能および加齢との関係については，先述したようにコルコムベとクレーマー（2003）によるメタ分析が行われ，中・高年期において有酸素運動は認知機能に有益な影響を及ぼすが，その影響は選択的であり，特に実行機能においてその効果が大きいことが明らかにされている。

エリクソンとクレーマー（Erickson, K. I. & Kramer, A. F., 2009）は，スポーツ・運動と認知機能との関連について，つぎのようにまとめている。

①6カ月間の適度な有酸素運動は加齢による認知機能の低下を食い止め，回

復させる。
②認知機能や脳機能に対する有酸素運動の効果には特異性があり，実行機能を必要とする課題に対して大きな改善効果を与える。
③高齢者には実行機能の可塑性があり，加齢によって著しく低下するが，回復させることも容易である。

有酸素運動には，心臓血管系の機能の向上も認められるため，中・高年者に対して身体面の健康にも大きな効果が得られている。認知面の健康とともに身体面の健康も支える注目すべき運動・スポーツということができよう。

4　認知症や認知障害とスポーツ・運動の関連

いわゆる健常者だけではなく，認知症者や認知障害者を対象にした認知機能とスポーツ・運動との関連に関する研究も行われている。

認知症の発症とスポーツ・運動との関連についての代表的な観察的疫学研究として，ラーソンら（Larson, E. B. et al., 2006）があげられる。この研究では，まずベースラインにおいて認知障害のない65歳以上の男女1740名に対して，過去1年間に行った1回15分以上の身体活動について1週間当たりの実施頻度が調査された。平均6.2年後の追跡調査中に，対象者のうち158名がアルツハイマー型認知症を発症したが，1週間当たり1回15分以上の身体活動を3回以上行っている群の方が3回未満の群に比べて，統計的に有意にその発症率が低いことが示された。また，1週間当たりの身体活動が3回以上の群のなかでもベースラインで実施した体力テストの結果が最も劣っていた群において，アルツハイマー型認知症の発症リスクが最も低下するという結果となった。このことから，たとえ体力が低くてもスポーツや運動を高頻度で実施することで，認知機能の低下が抑制されることが示唆される。

ハインら（Heyn, P. et al., 2004）は，認知症者の認知機能に対する運動の効果を検討するために，30の研究（無作為比較試験を抽出）に対してメタ分析を行った。その結果は，運動を行うことによって身体的健康が改善されるだけではなく，認知機能についても改善が認められたというものであった。

なお，トレーニングの種類は，歩行や筋力トレーニング，歩行と筋力トレーニングを組み合わせたプログラム，チェアーエクササイズ，エアロビックダンス，在宅運動プログラムと多様であった。

スミスら（Smith, P. J. et al., 2010）が行ったメタ分析（29の研究が対象）では，有酸素運動が神経認知機能に与える効果の大きさを検討している。具体的には，認知機能を，その評価方法に基づいて「注意および処理速度」「実行機能」「作動記憶」「宣言的記憶」の4つにカテゴリーを分け，それぞれの効果サイズについての検討を行った。その結果，軽度認知障害者において，宣言的記憶に対して最も大きな有酸素運動の効果が認められている。

これらの結果から，認知機能に対するスポーツや運動，とりわけ有酸素運動は，認知面に障害をもつ人に対しても効果的であり，改善の期待がもてるということが示唆されよう。

3節　スポーツ・運動と脳構造・脳機能との関連

スポーツや運動と認知機能の関連についての研究と比較すると多くはないが，fMRI（Functional magnetic resonance imaging）や高分解能 MRI（High-resolution MRI）などを用いて，スポーツや運動が脳の構造や機能に与える影響についての研究もすすめられている。その対象は人間に限らず，動物も用いられている。動物を用いることにより，人間を対象にした研究ではコントロールしにくい要因をコントロールすることや，運動の効果を分子レベルや細胞レベルで評価することが可能となるためである。

1　実行機能と脳構造・脳機能

実行機能の遂行を必要としない課題に対して実行機能の遂行を必要とする課題において加齢の影響が顕著なことを先述したが，この理由についてホールら（Hall, C. D. et al., 2001）は，加齢によって大脳，特に前頭葉における血流量が減少するが，運動を行うことで心臓血管系の機能が回復し，大脳の血流量が増加するため実行機能が回復すると説明している。

キールとラファウ（Keele, S. W. & Rafal, R., 2000）は，脳卒中や脳腫瘍により左前頭葉を損傷している人の群と健常な人で構成されたコントロール群との間で，実行機能を必要とする課題と必要としない課題においてどのような差があるか比較している。実験の結果，実行機能を必要としない課題では両群の間に課題遂行の速度差は認められなかったが，実行機能を必要とする課題では左前頭葉損

傷群はコントロール群よりも統計に有意に課題遂行にかかる時間が長いことが示されている。

2 スポーツ・運動の認知機能への効果の性差

コルコムベとクレーマー（2003）が行ったメタ分析では，研究の対象者の半数以上が女性である研究の方が，女性が半数未満の場合よりも認知機能に対する運動の効果が大きいことが認められている。このような性別の違いによる効果の程度の違いには，一般に女性ホルモンと呼ばれるエストロゲンやホルモン補充療法が関与していると考えられている。

エリクソンら（Erickson, K. I., 2007）は，閉経後の女性の有酸素運動能力やホルモン補充療法と脳の容積や実行機能との関連を研究し，ホルモン補充療法を行っている期間が10年未満の者は，その期間が16年以上の者よりも前頭前皮質や側頭皮質における灰白質の量が多く，また，実行機能を必要とする課題の結果がよいことを示している。さらに，有酸素運動能力が高いものは，ホルモン補充療法が短期にわたる場合には脳の容積や実行機能へのプラスの効果が高まり，ホルモン補充療法が長期にわたる場合でもそのマイナスの効果が打ち消されることを明らかにしている。

運動とホルモン補充療法の相互作用は，高齢の女性における認知機能の改善についての有効な介入方法を示唆する知見であるといえよう。

3 動物実験

脳の構造や機能とスポーツ・運動との関連についての研究では，記憶や学習といった認知機能を担う海馬に焦点が当てられ，マウスなどのげっ歯類を用いての動物実験が行われている。

研究の結果，海馬の神経は可塑性が非常に高く，海馬歯状回では，神経新生がシナプス可塑性の維持に寄与することが明らかとなっている。このことに対応する分子機構として，海馬で合成し分泌される脳由来神経栄養因子（Brain-derived neurotrophic factor：BDNF）や血中由来インスリン様成長因子（Insulin-like growth factor-1：IGF-1）などによる神経細胞の分化・生存・機能維持などが報告されている。

例えば，オキャラハンら（O'Callaghan, R. M. et al., 2009）は，加齢モデルのラッ

トに8カ月間にわたって，回転するベルトの上を強制走行させるトレッドミル運動をさせ，その効果についての研究を行っている。結果として，長期トレッドミル運動が脳由来神経栄養因子（BDNF）の分泌を促進し，シナプスの可塑性を示す長期増強（long-term potensiation：LTP：1対のニューロン間の信号伝達が持続的に増強される現象）の加齢に伴う低下を食い止め，回復させることが明らかにされている。ベルヒトルトら（Berchtold, N. C. et al., 2001）は，卵巣を切除しエストロゲンが欠如した非運動ラットと，卵巣を切除したがエストロゲンを補充して活動レベルを正常にした運動ラットを用いて，エストロゲンと運動の相互作用が海馬の構造や機能に与える影響について研究を行った。その結果，運動やホルモン補充療法が脳の容積の増加や認知機能の向上をもたらすのは，エストロゲンの補充によって海馬においてBDNFの伝令RNAの転写が増大することによることが明らかにされている。

　BDNFは神経細胞の成長を調節する脳細胞の増加に不可欠な神経系の蛋白質である。運動を行っている者はエストロゲンの補充によってBDNFを増加させ，その結果，脳の容積の増大や認知機能の向上が認められるというメカニズムが示唆される。

　一方，血中由来インスリン様成長因子（IGF-1）は，スポーツや運動によって引き起こされる血管新生や神経新生に不可欠な物質である。IGF-1の脳への流入を阻止することによって，身体活動によって引き起こされる細胞数の増加やBDNFの産生の効果が無効となる。さらに，IGF-1は血管新生に係る血管内皮細胞増殖因子（vascular endothelial growth factor：VEGF）の分泌にも作用する。

　血管内皮細胞増殖因子（VEGF）の脳機能への影響については，ファベルら（Fabel, K. et al., 2003）が行った研究がある。彼らは，回し車によって運動を行うマウスと，回し車を固定して運動を行わせないマウスを用いて，運動による海馬における神経新生に対するVEGFの効果を検討している。その結果，VEGFの脳への流入を阻止することによって，身体活動により引き起こされる神経新生は抑制されること，一方において，運動を行っていたマウスはVEGFの脳への流入を阻止しても，運動をさせていないマウスと神経新生の数には差異がないことを明らかにしている。

　以上のように，げっ歯類を中心とした動物を用いた研究により，運動によって脳由来神経栄養因子（BDNF）や血中由来インスリン様成長因子（IGF-1），血管

内皮細胞増殖因子（VEGF）といった分子機構が増加し，血管新生や神経新生の増加を引き起こすことが示されている。これらの知見は，人間の脳や認知に対する運動の効果を分子レベルで理解する際に有益であろう。

4節　実践的アプローチに向けて

　本章では，スポーツや運動が中・高年の認知機能や脳の構造や機能に与える影響について，人間を対象とした疫学や無作為比較実験および動物実験を用いた研究に基づいて検討してきた。マッコーリーら（McAuley, E. et al., 2004）は，これらの知見を踏まえ，身体活動が認知機能に及ぼす影響のメカニズムを図21－3のようにまとめている。

　中・高年期にある人にとって，スポーツや運動といった身体活動を行うことで，心血管疾患や脳卒中，糖尿病，高血圧などの病気やそのリスクが減少し，身体面の健康を獲得する可能性が高まる。そして，本章で見てきたように，スポーツや運動によって神経伝達物質の生産性や能率の向上や血管新生，シナプス形成，神経新生の向上が促進される。このことは認知面の健康の維持，改善へと結びついていく。運動は，身体面での健康，認知面での健康にいい循環をもたらすのである。ただ，そのためには，一過性ではなく，ある程度の期間，継続してスポーツ・運動を行うことが必要となってくる。

　スポーツ・運動を継続的に行うにあたっては，図21－3に見るように様々な

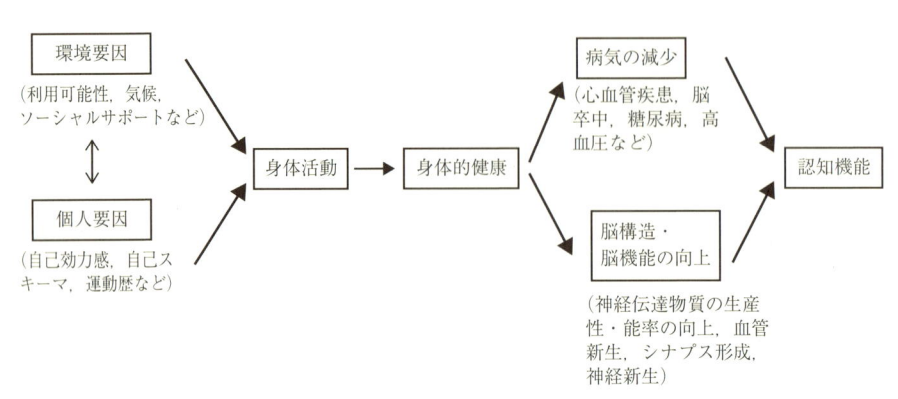

図21－3　身体活動への参加と身体活動の認知機能への影響の過程
（McAuley, Kramer & Colomber, 2004）

個人要因（運動歴，運動に対する自己効力感，自己の諸属性に関する知識・スキーマなど）が関連している。しかし，環境要因の影響も大きいように思われる。実践面において，スポーツや運動をしたい時にすぐそのことを可能にする管理体制の行き届いた場所の確保，活動を一緒に行ってくれる人や支援してくれる人の確保など行政や第三者機関による運動・スポーツを続けていこうとする個人の環境要因の整備が重要となってこよう。

第22章　発達的視点から見た中・高年スポーツの現状と課題

　中・高年期は，ライフステージにおいて身体的には老化を迎えるが，生涯発達という視点からは成熟期を迎える。また，「児童期から高齢期に至る各ライフステージにおいて，個人の年齢，体力，選好に合った運動・スポーツを継続して楽しむこと」（山口，1996）という生涯スポーツの視点からは，老化による身体機能の低下が見られるが，自由時間を有効に活用し，運動・スポーツを享受すべきライフステージである。ここでは，中・高年スポーツの現状と課題を中年期と高年期に分けて概観したい。

1節　中高年スポーツの現状

1　中年期における運動・スポーツ実施の現状

　「中年期危機」（ミドルエイジド・クライシス）という聞きなれない言葉が生まれている。これは，中年世代が職場や家庭において疎外され，自分自身のアイデンティティ（主体性）や役割を見失い，心理的に不安定になることを意味している。心理的に不安定な状態が続くと，鬱症状に陥るだけでなく，わが国では中高年者の自殺が多いことも大きな社会問題になっている。

　中年期になると，食生活や運動量などが一定であるにもかかわらず，肥満傾向の人が増えてくる。これは，加齢とともに基礎代謝量が低下することによる。基礎代謝とは人間の生命の維持だけに必要なエネルギー消費のことで，基礎代謝量が低下することにより，余剰分の摂取カロリーが体内に蓄積され，体脂肪量が増加することになる。

　中年期のスポーツ実施率を，「体力・スポーツに関する世論調査」（内閣府，2009）から検証してみよう（表22－1）。40歳代では，「週3回以上」と「週1～2回」を合計した週1回以上の定期的実施者は，男性が35.9％で，女性が39.0％である。成人全体の週1回以上の定期的実施者は，男性46.3％，女性44.6％であることから，40歳代の男女とも成人全体より低く，運動不足型のライフスタイルが顕著である。これは，働き盛りの40歳代は自由時間が少ないことや，子育てにより経済的にも厳しいことが推察される（兵庫県教育委員会，2008）。女性においても，子育てやパート勤務により，時間的なゆとりの少なさが定期的実施率を下げていることが推測される。

表22-1　中年期のスポーツ実施率（内閣府，2009より作成）

	週3回以上	週1-2回	月1-3回	1-3/3カ月	1-3/年	なし
40歳代						
男性	14.0	21.9	23.1	14.5	8.0	18.5
女性	17.4	21.6	16.8	10.6	8.6	25.0
50歳代						
男性	18.1	29.8	20.4	5.8	5.3	20.6
女性	22.3	25.8	16.5	5.8	5.3	24.3

しかし，50歳代になると様相が変わる。男性の定期的実施者は47.9％，女性では58.1％と成人全体を上回る。子どもが自立したことによる時間的・経済的負担が軽減されること，また，定年退職を前にした50歳代では，自分の時間が比較的とりやすくなるのかもしれない。このように，40歳代では定期的実施者は少ないものの，50歳代になると，男女とも健康意識の高まりにより，定期的実施者が増えていることが明らかである。

2　高年期における運動・スポーツ実施の現状

「高齢者は虚弱でじっと座っている」，「高齢者のほとんどは健康を害している」。西洋社会においては，かつてこのような老人神話が存在していた（McPherson, 1992）。しかし，最近では高齢者に対するこういったステレオタイプ（決まり文句）は，もはや当てはまらない。元気で活動的な高齢者は北米だけでなく，ヨーロッパやオセアニアにおいても増えており，老人神話はもはや崩壊したと言えるだろう。

わが国でも，活動的な高齢者が増えている。表22-2は，高齢期のスポーツ実施率を示している。60歳代の週1回以上の定期的実施者は，男性56.0％，女性53.7％であり，成人の年代別実施率で最も高い。さらに，週3回以上という高頻度群が男性34.4％，女性34.0％と，3人に1人に上っている。これは，「スポーツ立国戦略」（文部科学省，2010）で目標にしている「週3回以上」の定期的実施者3人に1人（30％程度）を既に上回っている。

70歳代の定期的実施率をみても，男性55.5％，女性49.4％と，成人全体を上回っている。また，週3回以上の高頻度群も，男性41.1％と成人の年代別実施率で最も高い。これらのデータから，「高齢者の半数以上は定期的実施者であり，高頻度群も3人に1人」に上っていることがわかる。しかし，70歳代女性の44.6％は「まったく

表 22 − 2　高年期のスポーツ実施率 （内閣府，2009 より作成）

	週3回以上	週1−2回	月1−3回	1−3/3カ月	1−3/年	なし
60歳代						
男性	34.4	21.6	13.2	4.9	1.4	24.5
女性	34.0	19.7	13.1	2.2	1.3	29.7
70歳代以上						
男性	41.1	14.4	3.5	3.5	2.7	34.8
女性	31.9	17.5	4.8	1.2	0.0	44.6

実施していない」ことから，70歳代女性は活動群と非活動群の二極化が顕著である。

このように，活動的な高齢者が増加している。高齢者がスポーツをすることは，「年寄りの冷や水」ではなく，むしろ「元気老人」のモデルになってきた。

国際的には世界マスターズ大会や全米シニアゲームズをはじめとして，各国で中高齢者が参加できるスポーツイベントが増えている。わが国では，1988（昭和63）年に始まった"ねんりんピック"（全国健康福祉祭：厚生労働省ほか主催）や"スポレク祭"（全国スポーツ・レクリエーション祭：文部科学省ほか主催）においては，中・高年者に適したニュースポーツが，全国大会の開催を契機にして組織化が進み，地域へと広がっている。

近年では，健康増進を目的としたスポーツライフだけでなく，記録や競技成績の向上を目指した競技スポーツに挑戦する高齢者が増えている。日本スポーツマスターズ大会をはじめとして，マスターズ水泳やマスターズ陸上の大会参加者が増えている。例えば，テニスではJOPシステムが中高年プレイヤーの参加意欲を高めている。これは，大会出場の成績によってランキングが形成され，上位ランキング選手が全日本ベテランテニス選手権に出場できるというものである。このように，高年期におけるスポーツは，参加率が増加しているだけでなく，種目や大会も多様化し，ますます活性化していることがわかる。

2節　中高年スポーツの課題

1　中年期における運動・スポーツとのかかわり

中年期は加齢による生理的変化から，体力レベルの低下が顕著になり，息切れなどの身体的な老化の自覚症状が現れる。やがて訪れる高齢期に備えて，「いか

に中年期危機を乗り越え，健康的な生活スタイルを保つことができるか」が，大きな課題になってくる。

　前節で見たように，中年期においては，運動・スポーツ実施率が低いことがわかっている。筆者らは，中年期における運動・スポーツ実施の阻害要因を探るために，芦屋市と加古川市の協力により，中年を対象にした質問紙調査（n= 1,076）を実施した（兵庫県教育委員会，2008）。中年期の阻害要因としては，「運動能力の自己認知が低い」「運動効果（結果予期）を期待していない」「有能感が低い」「平日の自由時間が少ない」「スポーツの楽しさを経験していない」ことなどが明らかになった。また非実施者は，定期的な運動・スポーツ実施者を続けると，「疲れを残す」「忙しくなる」「恥をかく」など，マイナス効果を予測している。非実施者は運動やスポーツの効果を知っているものの，自分の運動能力や技術に自信がなく，運動実施による効果を期待していないことがわかった。

　中年女性においては「育児・家事が忙しい」という中年期特有の理由がみられた。また，平日の自由時間の少なさは，残業などによる職場の問題でもある。わが国の勤労者男性の年休消化率が27％しかない（小倉，2006）という，日本特有のワーク・ライフ・バランスの改善が求められるだろう。それゆえ，週末に運動・スポーツ実施を取り入れるだけでなく，平日の通勤時や職場における身体活動の実施が求められる。通勤時では，積極的にウォーキングや自転車通勤を奨励し，自転車専用道路や駐輪スペースの整備が重要である。また，職場においても，始業時や休憩時にストレッチングや手軽な運動プログラムを整備したり，職場内にもトレーニングルームを改めて設置する必要があるだろう。

　運動能力に自信がなく，スポーツが苦手な非実施者に対しては，"交流"，"かんたん"，"楽しさ"を強調し，ストレッチングやウォーキング，筋トレといった簡単なプログラムを取り入れ，歩行数や体重などを記録し，運動実施の効果が確認できることが重要と言える。

2　高年期における運動・スポーツとのかかわり

　世界的な規模で活動的な高齢者が増えている。また北米やオセアニアを中心として，活動的な高齢者を"アクティブ・シニア"と呼び，その増加に対する様々な政策が展開されている。アクティブ・シニアとは，「高齢者の主体的，活動的，健康的な生き方」である（山口，2002）。このようなアクティブ・シニアの出現

表22−3　カナダの「高齢者のための身体活動指針」

持久力を改善する運動	:	1週間に4〜7日
柔軟性を改善する運動	:	毎日
筋力を改善する運動	:	1週間に2〜4日

は，相互に関連のある要因によって生まれている。すなわち，①新しい健康の概念の登場，②長寿化による自由時間の増大，③経済状態，④労働・余暇・生活に関する価値と規範の変化，⑤参加機会の増大があげられる（McPherson, 1992）。質の高い長寿生活を楽しむためには，誰もが「アクティブ・シニア」になることが重要である。

　カナダは，1990年代以降中高年のための運動・スポーツ活動を積極的に奨励してきた。高齢者の健康の保持増進と自立には，身体活動が欠かせない。カナダでは，"アクティブ・リビング"（Active Living）という「身体活動の価値が認識され，日常生活に取り込まれる生活様式」をスローガンにし，具体的なプログラムを奨励してきた。表22−3は，カナダ政府の厚生省と運動生理学会が作成した「高齢者の身体活動指針」を示している。同指針では，高齢者の健康増進のための運動は，「持久力を改善する運動」，「柔軟性を改善する運動」，「筋力を改善する運動」で，それぞれの頻度と活動内容を提示している。

　平均寿命の伸びとともに，要介護高齢者も増え続けている。加齢（エイジング）は決して病気ではなく，年を重ねるにつれての身体的・社会的変化と上手につきあうこと（サクセスフル・エイジング）が求められる。アクティブ・シニアになるためには，「高齢者自らが健康的な生活スタイルとは何かを学び，活動的で，自分自身で行動するという意欲」が大切である。日常生活において，主体的に趣味や文化・スポーツ活動を楽しみ，できるだけ自分の身体を動かすことが求められる。誰もが「アクティブ・シニア」を目指すようになれば，健康寿命が延び，高齢期における生活の質（クオリティライフ）も改善されるだろう。

引用・参考文献

■第1章

Benesse 教育開発センター　2006　第3回幼児の生活アンケート報告書　研究所報 Vol.35.
エリクソン（仁科弥生訳）1977　幼児期と社会　みすず書房
金崎良三　2000　生涯スポーツの理論　不昧堂出版
厚生労働省　2009　平成20年国民健康・栄養調査
水野忠文・木下秀明・渡辺融・木村吉次　1966　体育史概説 ―西洋・日本―　体育の科学社
無籐隆・やまだようこ（編著）1995　講座生涯発達心理学1　生涯発達心理学とは何か―理論と方法　金子書房
村田孝次　1989　生涯発達心理学の課題　培風館
仙田満　1998　環境デザインの方法　彰国社
SSF笹川スポーツ財団　2008　スポーツライフに関する調査2008
杉原隆（編著）2000　新版　幼児の体育　建帛社　p.23

■第2章

藤田厚・吉本俊明・後藤雅弘・河原正昭・深見和男・近藤明彦・水落文夫・鈴木典・石井政弘・森田有子・高橋正則　1993　運動学習の適応性との関連からみた調整機能の発達パターンの検討　体育科学, **21**, 151-162.
Glenn, N. D. 1977 Cohort analysis. Sage publications : Beverly Hills and London.（藤田英典訳　1984　人間科学の統計学10　コホート分析　朝倉書店）
堀川直義　1995　面接　藤永保識（編）心理学辞典　平凡社
石田靖彦　2000　発達と学習の研究法　多鹿秀継・鈴木眞雄（編）発達と学習の心理学　福村出版
Kimmel, D. C. 1980 Adulthood and aging : An interdisciplinary, developmental view 2nd Ed. New York : John Wiley & Sons.
守屋國光　2005　生涯発達論　人間発達の理論と概念　風間書房
仲真紀子　1995　生涯発達研究のための実験法　無藤隆・やまだようこ（編）講座　生涯発達心理学　第1巻　生涯発達心理学とは何か―理論と方法　金子書房
Nesselroade, J. R. & Baltes, P. B. 1974 Adolescent personality development and historical change : 1970-1972. *Monographs of the Society for Research in Child Development*, **39**(1), 1-80.
大村政男　1992　テスト法　東洋・繁多進・田島信元（編集企画）発達心理学ハンドブック　福村出版
Schaie, K. W. 1965 A general model for the study of developmental problems. *Psychological Bulletin*, **64**(2), 92-107.
高橋晃　1992　実験研究法　東洋・繁多進・田島信元（編集企画）発達心理学ハンドブック　福村出版
高坂聡　2000　観察法　田島信元・西野泰広（編）シリーズ・心理学の技法　発達研究の技法　福村出版

■第3章

Gabbard, C. 2008 Lifelong Motor Development Fifth Edition, Pearson Benjamin Cummings.

Gallahue, D. L. 1999　杉原隆（監訳）幼少年期の体育　大修館書店
Gentry, V. & Gabbard, C. 1995 Foot-preference behavior: a developmental perspective. *Journal of Genetic Psychology*, **122**(1), 37-45.
市村操一・海野孝　1975　A comparative study on the factor structure of motor ability of Japanese children and adolescents. 東京教育大学体育学部紀要, **14**, 45-47.
石河利寛・栗本閲夫・勝部篤美ら　1980　幼稚園における体育カリキュラムの作成に関する研究Ⅰ　カリキュラムの基本的な考え方と予備的調査の結果について　体育科学, **8**, 150-155.
加藤則子・奥野晃正・高石昌弘　2001　平成12年度乳幼児身体発育調査結果について　小児保健研究　**60**(6), 707-720.
Keogh, J. & Sugden, D., 1985 Movement Skill Development. Macmillan Publishing Company.
日本スポーツ心理学会（編）　2008　スポーツ心理学事典　大修館書店
日本スポーツ心理学会（編）　1979　スポーツ心理学概論　不昧堂出版
白井常　1968　9章　発達　八木冕（編）心理学Ⅱ　培風館
杉原隆　2000　第3章　運動を中心に見た幼児期の発達　杉原隆（編著）新版　幼児の体育　建帛社
杉原隆　2010　第2章　心身の発達と「健康」　杉原隆・湯川秀樹（編著）新保育シリーズ　保育内容　健康　光生館
杉原隆・吉田伊津美・森司朗・筒井清次郎・鈴木康弘・中本浩揮・近藤充夫　2010　幼児の運動能力と運動指導ならびに性格との関係　体育の科学, **60**(5), 341-347.　杏林書院
多賀厳太郎　2002　脳と身体の動的デザイン―運動・知覚の非線形力学と発達　金子書房

■第4章

Allard, F., Graham, S. & Paarsalu, M. E. 1980 Perception in sport : Basketball. *Journal of Sport Psychology*, **2**, 14-21.
Borgeaud, P. & Abernethy, B. 1987 Skilled perception in volleyball defense. *Journal of Sport Psychology*, **9**, 400-406.
Brady, F. 2008 The contextual interference effec and sport skills. *Perceptual and Motor Skills*, **106**, 461-472.
Chase, W. G. & Simon, H. A. 1973 Perception in chess. *Cognitive Psychology*, **4**, 55-81.
Dempster, F. N. 1981 Memory span : sources of individual and developmental differences. *Psycological Bulletin*, **89**, 63-100.
Gallagher, J. D. & Thomas, J. R. 1984 Rehearsal strategy effects on developmental differences for recall of a movement series. *Research Quarterly for Exercise and Sport*, **55**, 123-128.
Guadagnoli, M. A. & Lee, T. D. 2004 *Journal of Motor Behavior*, **36**, 212-224.
工藤孝幾・片平智幸　2007　系列動作のモデリングにおける学習方略に関する研究　福島大学人間発達文化学類論集（社会科学部門）, **6**, 33-48.
工藤孝幾・深倉和明　1994　少年期におけるサッカーゲームの認知に及ぼす年齢及び競技水準の影響　体育学研究, **38**, 425-435.
末利博　1984　身体発達の心理学　不昧堂出版
Miller, S. E. & Krantz, M. 1981 Schema theory : an application to integration of fine and gross motor skills of young children. *Perceptual and Motor Skills*, **52**, 891-898.

Pigott, R. E. & Shapiro, D. C. 1984 Motor schema : the structure of the variability session. *Research Quartery for Exercise and Sport*, **55**, 41-45.

Schmidt, R. A. 1975 A schema theory of discrete motor learning. *Psychological Reviews*, **82**, 225-260.

Schmidt, R. A. 1982 Motor Control and Learning : A behaviroal Emphasis, Human Kinetics Publishers.

Shapiro, D. C. & Schmidt, R. A. 1982 The schema theory : recent evidence and developmental limitations. In Kelso, J. A. S. et al. (Eds). The development of movement control and coordination. Wiley. 113-150.

Shea, C. H., Krampitz, J. B., Northam, C. C. & Ashby, A. A. 1982 Information processing in coincident timing tasks : a developmental perspective. *Journal of Human Movement Studies*, **8**, 73-83.

Shea, J. B. & Morgan, R. L. 1979 Contextual interference effects on the acquisition, retention, and transfer of a motor skill. *Journal of Experimental Psychology : Human Learning and Memory*, **5**, 179-187.

首都大学東京体力標準値研究会（編） 2007 新・日本人の体力標準値Ⅱ 不昧堂出版

Starks, J. L. 1987 Attention demands of spatially locating position of a ball in flight. *Perceptual and Motor Skills*, **64**, 127-135.

Thomas, J. R., Gallagher, J. D. & Purvis, G. J. 1981 Reaction time and anticipation time : effect of development. *Research Quarterly for Exercise and Sport*, **52**, 359-367.

東京都立大学体育学研究室（編）1989 日本人の体力標準値第四版 不昧堂出版

Williams, K. 1985 Age differences on a coincident anticipation task : influence of stereotypic or 'Preferred' movement speed. *Journal of Motor Behavior*, **17**, 389-410.

■第5章
浅岡正雄 1999 スポーツ運動学序説 不昧堂 pp.212-214.

Butterworth, G. & Harris, M. 1994 小山正（訳） 1997 幼児期 村井潤一（監訳）発達心理学の基本を学ぶ―人間発達の生物学的・文化的基盤 ミネルヴァ書房 pp.139-222.

Eccles, J., & Harold, R. 1991 Gender differences in sport involvement : Applying the Eccles's expectancy-value model. *Journal of Applied Sport Psychology*, **3**, 7-35.

Goswami,U. 1998 古池若葉（訳） 2003 論理的思考の発達についてのピアジェ理論 岩男卓実・上淵寿・古池若葉・富山尚子・中島伸子（訳） 子どもの認知発達 pp.305-330.

井上勝 1996 運動遊び 森楙（監） ちょっとかわった幼児学用語集 北大路書房 p.46.

加賀谷淳子 2003 幼少年期の身体活動評価の基本とその問題点 臨床スポーツ医学，**20**(4), 397-405

鹿島達哉 1991 発達心理学用語辞典 北大路書房 p.3.

児玉省 1987 感情・社会性の発達 村山貞雄（編）日本の幼児の成長・発達に関する総合調査―保育カリキュラムのための基礎資料 サンマーク出版 pp.209-320.

工藤孝幾 2008 スポーツに関する認知・知識の発達 スポーツ心理学会（編）スポーツ心理学事典 大修館書房 pp.109-112.

森司朗・杉原隆・近藤充夫 1993 転がってくるボールに対する幼児の対応動作に関する研究 スポーツ心理学研究，**20**(1), 39-35.

森上史朗 1996 幼児の保育における遊び 高橋たまき・中沢和子・森上史朗（編）遊びの発達学 展開編 培風館 pp.153-176.

森省三　1996　コンプレックスと競争心　児童心理，**50**(15)，42-46.
桜井茂男　1997　学習意欲の心理学―自ら学ぶ子どもを育てる　誠信書房　p.19.
桜井茂男　2006　感情と動機づけ　桜井茂男（編）はじめて学ぶ乳幼児の心理　こころの育ちと発達の支援　有斐閣ブックス　pp.117-124.
仙田満　1992　子どもと遊び　岩波新書　pp.30-32.
杉原隆　2000　新版幼児の体育　建帛社　pp.10-54.
杉原隆　2008　運動と知的発達の関連性　スポーツ心理学会（編）スポーツ心理学事典　大修館書店　pp.108-109.
高橋たまき　1996　遊びの再考　高橋たまき・中沢和子・森上史朗（編）遊びの発達学　基礎編培風館　pp.1-20.
高田利武　1996　比べ・競うことの心理　児童心理，**50**(15)，29-34.
矢野喜夫　1996　遊びにおける活動の発達　高橋たまき・中沢和子・森上史朗（編）遊びの発達学　展開編　培風館　pp.80-97.

■第6章

Ames, C. 1992 Classroom : Goals, structure, and student motivation. *Journal of Educational Psychology*, **84**, 261-271.
Ames, C. & Archer, J., 1988 Achievement goals in the classroom : Students' learning strategies and motivation processes. *Journal of Educational Psychology*, **80**, 260-267.
安藤史高・岡田涼　2007　自律を支える人間関係　中谷素之（編）学ぶ意欲を育てる人間関係づくり―動機づけの教育心理学　金子書房　pp. 35-55.
Chi, L. & Chen, Y-L. 2003 The relationship of goal orientation and perceived motivational climate to burnout tendency among elite basketball players. *Journal of Sport and Exercise Psychology*, **25**, S40-41.
Digelidis, N., Papaioanou, A., Laparidis, K., & Christodoulidis, T. 2003 A one-year intervention in 7th grade physical education classes aiming to change motivational climate and attitude towards exercise. *Psychology of Sport and Exercise*, **4**, 195-210.
Duda, J. L., Olson, L. K., & Templin, T. J. 1991 The relationship task and ego orientation to sportsmanship attitudes and the perceived legitimacy of injurious act. *Research Quarterly for Exercise and Sport*, **62**, 79-87.
Dweck, C. S. 1986 Motivational processes affecting learning. *American Psychologist*, **41**, 1040-1048.
Epstein, J. L. 1988 Effective schools or effective students : Dealing with diversity, In R. Haskins & D. MacRae (Ed.) *Policies for America's public schools : Teachers, equity, and indicators*. Ablex Publishing. 89-126.
Goudas, M., Biddle, S., Fox, K., & Underwood, M. 1995 It ain't what you do, it's the way that you do it! : Teaching style affects children's motivation in track and field lessons. *The Sport Psychologist*, **9**, 254-264.
ホーン，T. S. & ハリス，A.（杉山佳生訳）　2008　子どもの有能感―コーチおよび親に対する示唆　スモール，F. L & スミス，R.E.（編）市村操一・杉山佳生・山本裕二（監訳）ジュニアスポーツの心理学　大修館書店　pp.109-128.
伊藤崇達（編著）　2007　やる気を育む心理学　北樹出版

伊藤豊彦　2007　スポーツと指導者　中込四郎・山本裕二・伊藤豊彦　スポーツ心理学—からだ・運動と心の接点　培風館　pp.117-144.

伊藤豊彦　2009　学校体育における学習環境と動機づけ　山陰体育学研究，**24**，11-20.

伊藤豊彦・磯貝浩久・西田保・佐々木万丈・杉山佳生・渋倉崇行　2008　体育・スポーツにおける動機づけ雰囲気研究の現状と展望　島根大学教育学部紀要（教育科学），42.13-20.

Miller, B. W., Roberts, G. C., & Ommundsen, Y. 2004 Effect of motivational climate on sportpersonship among competitive youth male and female football players. *Scandinavian Journal of Medicine & Science in Sports*, **14**, 193-202.

Nicholls, J. G. 1978 The development of the concepts of effort and ability, perception of academic attainment, and the understanding the difficult tasks require more ability. *Child Development*, **49**, 800-814.

Nicholls, J. G. 1989 Conceptions of ability and achievement motivation : A theory and its implications for education. In S. G. Paris, G. M. Olson, & H.W. Stevenson (Eds.), *Learning and motivation in the classroom*. Lawrence Erlbaum Associates. 211-237.

Nutoumanis, N. 2001 A self-determination approach to the understanding of motivation in physical education. *British Journal of Educational Psychology*, **71**, 225-242.

Nutoumanis, N. & Biddle, S. J. H. 1999 A review of motivational climate in physical activity, *Journal of Sports Sciences*, **17**, 643-665.

Ommundsen, Y. 2006 Pupils' self-regulation in physical education : The role of motivational climate and differential achievement goals. *European Physical Education Review*, **12**, 289-315.

Papaioannou, A. 1994 Development of a questionnaire to measure achievement orientations in physical education, *Research Quarterly For Exercise & Sport*, **65**, 11-20.

Papaioannou, A. & Goudas, M. 1999 Motivational climate of physical education class, In Y. Vanden-Auweele,et al., (Eds.) *Psychology for physical educators*, Human Kinetics Publishers, 51-68.

Pensgaaed, A. M. & Roberts, G. C. 2000 The relationship between motivational climate, perceived ability and sources of distress among elite athlete, *Journal of Sports Sciences*, **18**, 191-200.

Reinboth, M. & Duda, J. L. 2006 Perceived motivational climate, need satisfaction and indices of well-being in team sports : A longitudinal perspective. *Psychology of Sport and Exercise*, **7**, 269-286.

櫻井茂男　2009　自ら学ぶ意欲の心理学—キャリア発達の視点を加えて　有斐閣

Sarrazin, P., Biddle, S., Famose, J. P., Cury, F., Fox, K., & Durand, M. 1996 Goal orientations and conceptions of the nature of sport ability in children : A social cognitive approach, *British Journal of Social Psychology*, **35**, 399-414.

Standage, M., Duda, J. L., & Ntoumanis, N. 2003 A test of self-determination theory in school physical education, *British Journal of Educational Psychology*, **75**, 411-433.

Stephens, D. E. 2001 Predictors of aggressive tendencies in girls' basketball : An examination of beginning and advanced participants in a summer skills camp. *Research Quarterly for Exercise and Sport*, **72**, 257-266.

Theeboom, M., De Knop, P., & Weiss, M. R. 1995 Motivational climate, psychological response, and motor skill development in children's sport : A field-based intervention study, *Journal of Sport and Exercise Psychology*, **17**, 294-311.

Vallerand, R. J. & Losier, G. F. 1999 An integrative analysis of intrinsic and extrinsic motivation in sport, *Journal of Applied Sport Psychology*, **11**, 142-169.

Walling, M. D., Duda, J. L., & Chi, L. 1993 The perceived motivational climate in sport questionnaire : Construct and predictive validity, *Journal of Sport & Exercise Psychology*, **15**, 172-183.

■第7章

フロスティグM．（肥田野直ほか訳）　1978　ムーブメント教育　日本文化科学社

Horn, T. S. 2004 Developmental Perspectives on Self-Perception in Children and Adolescence. In M. R.Weiss (Ed) Developmental Sport and Exercise Psychology : A Life Span Perspective. Fitness Information Technology, Inc. 101-143

カミイC．，デブリーズR．（成田錠一監訳）　1984　集団遊び―集団ゲームの実践と理論　北大路書房

Kirkendall, D. R. 1986 Effects of physical activity on intellectual development and academic performance. In American Academy of Physical Education Papers No.19 Effects of physical activity on children. Human Kinetics. 49-63

クラッティB．J．（澤田慶輔ほか訳）　1973　学力を育てるための活動的学習　光生館

森司朗・杉原隆・近藤充夫　1993　転がってくるボールに対する幼児の対応動作に関する研究　スポーツ心理学研究，**20**(1), pp.29-35

中島信船　2002　心理学入門　日本文化科学社　p.73

ピアジェJ．（波多野完治ほか訳）　1966　知能の心理学　みすず書房

杉原隆　1990　パーソナリティの発達と運動　近藤充夫編著　保育内容・健康　建帛社　pp.46-54

杉原隆　2008　新版運動指導の心理学　大修館書店

杉原隆　2000　新版　幼児の体育　建帛社

杉原隆・吉田伊津美・森司朗・筒井清次郎・鈴木康弘・中本浩輝・近藤充夫　2010　幼児の運動能力と運動指導ならびに性格との関係　体育の科学，**60**(5), 341-347．杏林書院

ヴァンデンオウェールYほか（スポーツ社会心理研究会訳）　2006　体育教師のための心理学　大修館書店　pp.64-73

■第8章

相川充　2000　人づきあいの技術―社会的スキルの心理学　サイエンス社

Danish, S. J., Fazio, R. J., Nellen, V. C., & Owens, S. S. 2002 Teaching life skills through sport : Community-based programs to enhance adolescent development. In : Van Raalte, J. L. & Brewer, B.W. (Eds.) Exploring sport and exercise psychology, APA : Washington, DC, 269-288.

Danish, S. J., Petitpas, A. J., & Hale, B. D. 1995 Psychological interventions : A life development model. In : Murphy, S. M. (Ed.) Sport psychology interventions. Human Kinetics : Champaign, IL, 19-38.

Dyson, B. 2002 The implementation of cooperative learning in an elementary physical education program. *Journal of teaching in physical education*, **22**, 69-85.

Goldstein, A. P. 1981 Psychological skill training. Pergamon Press : NY.

Johnson, D. W. & Johnson, R. T. 1975 Learning together and alone. Prentice-Hall, Inc : Englewood Cliffs, NJ.

久保正秋　2002　「教師」か,「コーチ」か―「運動部活動の指導」と「コーチング」の問題点　体育学研究, **47**：485-490.

文部省体育局体育課　1998　「運動部活動の在り方に関する調査研究報告書」の概要について　中等教育資料：102-106.

中村敏雄　1995　スポーツ・ルール学への序章　大修館書店

Newman, B. & Newman, P.　1984　福富護（訳）1988　新版生涯発達心理学　川島書店

杉原隆　2003　運動指導の心理学　大修館書店

The First Tee　2001 The first tee life skills program instructor guide. The First Tee：St. Augustine, FL.

徳永幹雄　1981　運動経験と発育・発達に関する縦断的研究　健康科学, **3**：3-14.

上野耕平　2008　スポーツ活動への参加を通じたライフスキルの獲得に関する研究展望　鳥取大学生涯教育総合センター研究紀要, **4**：65-82.

WHO（編）1994　川畑徹朗ほか（監訳）1997　WHO・ライフスキル教育プログラム　大修館書店

■第9章

石井源信　1999　特集：ジュニアとゴルフ　ジュニアスポーツの現状と課題　―心理学的な観点からみたジュニアスポーツのありかた　日本ゴルフ学会ゴルフの科学, **12**(1), 23-28

杉原隆　2003　運動指導の心理学―運動学者とモチベーションからの接近　大修館書店　pp.142-156

Bandure, A 1977 Social learning theory. Prentice Hall

バンデューラ，（原野広太郎監訳）1979　社会的学習理論　金子書房　p.90

石井源信ほか　1994　青少年のスポーツ参加に関する研究　第3章　スポーツキャリアパターンを規定する心理的特性　―有能感，勝利志向性，目標の種類，結果予期について　80-87　平成6年度日本体育協会スポーツ医・科学研究報告　―第2報―

Weiner, B 1974 Achievement motivation and attribution theory. Morristown, NJ:General Learning Press

賀川昌明・石井源信・米川直樹・岡澤祥訓　1979　スポーツ参加による態度変容に関する研究　―勝敗に対する態度，スポーツマンシップに対する態度について　徳島大学教養部紀要（保健体育），Ⅶ：9-24

岡澤祥訓・石井源信・賀川昌明・米川直樹　1981　スポーツマンシップに対する態度の研究　―大学女子における態度形成要因について　体育の科学, **31**(5), 362-65

賀川昌明・石井源信・米川直樹・岡澤祥訓　1986　スポーツのゲーム（試合）における行動規範の研究　―小・中・高・大学生に対する調査項目の作成とその尺度構成の試み　体育学研究, 31-4：281-292

石井源信・賀川昌明・米川直樹・岡澤祥訓　1986　スポーツのゲームにおける行動規範の研究　―行動規範を規定する個人的要因の検討　スポーツ心理学研究, 13-1:17-23

杉原隆　2000　新版　運動心理学入門　大修館書店

筒井清次郎・杉原隆・加賀秀夫・石井源信・深見和男・杉山哲司　1996　スポーツキャリアを規定する心理学的要因　―Self-efficacy Modelを中心に　体育学研究, **40**(6), 359-370

森司朗　2003　特集　運動好きを育てる「幼児期における運動の好き嫌い」　体育の科学　53-12：413　杏林書院

杉原隆・船越正康・工藤孝幾・中込四郎　2000　スポーツ心理学の世界　福村出版

Winstein, C. J. & Schmidt, R. A. 1990 Reduced frequency of knowledge of results enhances motor skill learning. Journal of Experimental Psychology : Learning, Memory, Cognition 16:677-691

■第 10 章
Abernethy, B., Baker, J., & Côté, J. 2005 Transfer of pattern recall skills may contribute to the development of sport expertise. *Applied Cognitive Psychology*, **119**, 705-718.

Baker, J., & Davids, K. 2007 Nature, nurture and performance. Special issue of the *International Journal of Sport Psychology*, **38**(1).

Bouchard, C., et al. 1999 Familial aggregation of VO2max response to exercise training : Results from the HERITAGE family study. *Journal of Applied Physiology*, **87**, 1003-1008.

Côté, J. 1999 The influence of the family in the development of talent in sports. *Sports Psychologist*, **13**, 395-417.

Côté, J., Baker, J., & Abernethy, B. 2003 From play to practice : A developmental framework for the aquistion of expertise in team sports. In J. L. Starkes, K. A. Evicsson (Eds.), Expert performance in sports : Advance in resarch on sport expertise.

Côté, J., Baker, J., & Abernethy, B. 2007 Practice and play in the development of sport expertise. In G. Tenenbaum, R. C. Eklund (Eds.), Handbook of sport psychology (3rd ed. John Wiley & Sons. 184-202.

Ericsson, K. A. 1996 The Road to Excellence : The acquisition of expert performance in the arts and sciences, sports, and games. Erlbaum.

Ericsson, K. A., Krampe, R. T., & Tesch-Römer, C. 1993 The role of deliberate practice in the acquisition of expert performance. *Psychological Review*, **100**, 363-406.

Galton, F. 1869/1979 Hereditary genius : an iquiry into its laws and consequences. Julian Friedman Publishers.

Helsen, W. F., Hodges, N. J., Van Winckel, J., & Starkes, J. L. 2000 The roles of talent, physical precocity and practice in the development of soccer expertise. *Journal of Sports Sciences*, **18**, 727-736.

Helsen, W. F., Starkes, J. L., Hodges, N. J. 1998 Team sports and the theory of Deliberate practice. *Journal of Sport and Exercise Psychology*, **20**, 13-35.

Hodges, N. J., Kerr, T., Starkes, J. L., Weir, P. L., Nananidou, A. 2004 Predicting performance times from deliberate practice hours for triathletes and swimmers : What, when, and where is practice important? *Journal of Experimental Psychology* : Applied, 10, 219-237.

宮下充正　2009　競技志向と健康志向のスポーツ科学　杏林書院　pp.1-5.

室伏重信　1985　力とスピードの方向を考えたトレーニング *Japanese Journal of Sports Sciences*, **4**, 827-833.

Schulz, R., Curnow, C. 1988 peak performance and age among superathletes : track and field, swimming, baseball, tennis, and golf. *Journal of Gerontology : Psychological Sciences*, **43**, 113-120.

Simon, H. S., & Chase, W. G. 1973 Skill in chess. *American Scientist*, **61**, 394-403.

Soberlak, P. & Cote, J. 2003 The developmental activities of elite ice hockey players. *Journal of Applied Sport Psychology*, **15**, 41-49.

Starkes, J. L., Deakin, J. M., Allard, F., Hodges, N. J., & Hayes, A. 1996 Deliberate practice in Sports : What is it anyway? In K.A. Ericsson (Ed.), The road to excellence : The acquisition of expert performance in the arts and sciences, sports, and games. Erlbaum. 81-106.

杉原隆　2008　新版 運動指導の心理学——運動学習とモチベーションからの接近　大修館書店 pp.4-25.
Wall, M., & Côté, J. 2007 Developmental activities that lead to dropout and investment in sport. *Physical Education & Sport Pedagogy*, **12**, 77-87.
Ward, P., Hodges, N. J., Starkes, J. L., & Williams, M. A. 2007 The road to excellence : deliberate practice and the development of expertise. *High Ability Studies*, **18**, 119-153.

■第11章
青木邦男　1989　高校運動部員の部活動継続と退部に影響する要因　体育学研究, **34**(1), 89-100.
Deci, E. L., & Ryan, R. M. 1985 Intrinsic motivation and self-determination in human behavior Plenum Press.
藤田勉　2010　体育・スポーツにおける動機づけの横断的検討——先行研究の概観から　鹿児島大学教育学部教育実践研究紀要, **20**, 87-99.
藤田勉・杉原隆　2007　スポーツ文脈における心理的欲求と動機づけの関係 学校教育学研究論集, **16**, 81-94.
藤田勉・末吉靖宏　2010　シャトルランにおける目標志向性と自己効力感の影響　鹿児島大学教育学部研究紀要教育科学編, **61**, 93-102.
稲地裕昭・千駄忠至　1992　中学生の運動部活動における退部に関する研究——退部因子の抽出と退部予測尺度の作成　体育学研究, **37**(1), 55-68.
蔵本健太・菊池秀夫　2006　大学生の組織スポーツへの参加動機に関する研究——体育会運動部とスポーツ系サークル活動参加者の比較　中京大学体育学論叢, **41**(1), 37-48.
保坂かおる・杉原隆　1986　競泳選手の記録の変化とLearned Helplessnessとの関係　スポーツ心理学研究, **12**(1), 16-21.
松田岩男・猪俣公宏・落合優・加賀秀夫・下山剛・杉原隆・藤田厚・伊藤静夫　1982　スポーツ選手の心理的適性に関する研究 第3報　昭和56年度日本体育協会スポーツ科学研究報告
Nicholls, J. G. 1989 The competitive ethos and democratic education Harvard University Press.
西田保・猪俣公宏　1981　スポーツにおける達成動機の因子分析的研究　体育学研究, **26**(2), 101-110.
西田保　1995　運動への動機づけ 速水敏彦・橘良治・西田保・宇田光・丹羽洋子著　動機づけの発達心理学　有斐閣 pp.100-107.
岡沢祥訓・北真佐美・諏訪祐一郎　1996　運動有能感の構造とその発達及び性差に関する研究 スポーツ教育学研究, **16**(2), 145-155.
杉原隆　2003　運動指導の心理学　大修館書店
笹川スポーツ財団　2010　青少年のスポーツライフ・データ——10代のスポーツライフに関する調査報告書　笹川スポーツ財団
筒井清次郎・杉原隆・加賀秀夫・石井源信・深見和男・杉山哲司　1996　スポーツキャリアパターンを規定する心理学的要因——Self-efficacy Modelを中心に　体育学研究, **40**(6), 359-370.
山本教人　1990　大学運動部への参加動機に関する正選手と補欠選手の比較　体育学研究, **35**(2), 109-119.

■第12章
American Psychiatric Association 2000 Diagnostic and Statistical Manual of Mental Disorders :

Text Revision（高橋三郎・染矢俊幸・大野裕訳　2003　DSM-IV-TR 精神疾患の診断・統計マニュアル　新訂版　医学書院）

Beisser, A. 1967　The madness in sport. Meredith Publishing Co.

エリクソン（著）小此木啓吾（編訳）小川捷之・岩男寿美子（訳）　1973　自我同一性—アイデンティティとライフサイクル　誠信書房

Etzel, E. F. 2009 Counseling and Psychological Services for College Student-Athletes. Fitness Information Technology.

Murphy, S. M. 1995 Sport psychology interventions. Human Kinetics

中込四郎　1993　危機と人格形成—スポーツ競技者の同一性形成　道和書院

中込四郎　2004　アスリートの心理臨床—スポーツカウンセリング　道和書院

中込四郎・岸順治　1991　運動選手のバーンアウト発症機序に関する事例研究　体育学研究, **35**: 313-323.

Ogilvie, B. & Tutko, T. 1966 Problem athletes and how to handle them. Pelham Bks.

岡浩一朗・竹中晃二・松尾直子・堤俊彦　1998　大学生アスリートの日常・競技ストレッサー尺度の開発およびストレッサーの評価とメンタルヘルスの関係　体育学研究, **43**, 245-259.

Singer, R. N. 1975 Myths and truths in sports psychology. Harper & Row.

土屋裕睦　1999　キーパーソンの発見　國分康孝（編）エンカウンターで学級が変わる　高等学校編　図書文化　143-147.

土屋裕睦　2007　スポーツカウンセリングとソーシャルサポート　水野治久他（編）カウンセリングとソーシャルサポート—つながり支えあう心理学　ナカニシヤ出版　pp.111-121.

土屋裕睦　2010　ソーシャルサポートを活用したスポーツカウンセリング—大学生アスリートのバーンアウト予防　筑波大学学位請求論文

■第13章

Bahrke, M. S. & Morgan, W. P. 1978 Anxiety reduction following exercise and meditation. *Cognitive Therapy and Research*, **2**(4), 323-333.

Fishbein M. & Ajzen I. 1975 Belief, attitude, intention and behavior. An introduction to theory and research. Mass : Addition-Wesley.

Hanin, Y. L. 1997 Emotion and athletic performance : Individual zones of optimal functioning model. *Europian Yearbook of Sport Psychology*, **1** : 29-72.

橋本公雄・徳永幹雄・多々納秀雄・金崎良三　1984　スポーツ選手に対する心理的競技能力のトレーニングに関する研究（1）—イメージ・トレーニングの予備的調査・実験　福岡工業大学エレクトロニクス研究所所報, 1：77-86.

橋本公雄・徳永幹雄・高柳茂美・斉藤篤司・磯貝浩久　1993　快適自己ペース走による感情の変化に影響する要因—ジョギングの好き嫌いについて　スポーツ心理学研究, **20**(1) : 5-12.

橋本公雄・徳永幹雄　1995　感情の3次元構造論に基づく身体運動特有の感情尺度の作成—MCL-3の信頼性と妥当性　健康科学, **17**：43-50.

橋本公雄・斎藤篤司・徳永幹雄・花村茂美・磯貝浩久　1996　快適自己ペース走に伴う運動中・回復期の感情の変化過程　九州体育学研究, **10**(1) : 31-40.

橋本公雄　1998　快感情を求める身体活動　竹中晃二（編）健康スポーツの心理学　大修館書店

橋本公雄　2000　運動心理学研究の課題—メンタルヘルス改善のための運動処方の確立を目指して　スポーツ心理学研究, **27**(1)：50-61.

Hausenblas H. A., et al. 1997 Application of the theories of reasoned action and planned behavior to exercise behavior : A meta-analysis. *Journal of Sport & Exercise Psychology*, **19**：36-51.

ISSP (International Society of Sport Psychology) 1992 Physical activity and psychological benefits : A position statement. *International Journal of Sport Psychology*, **23**：86-90.

九鬼周造　1981　九鬼周造全集，4：70-222　岩波書店

Martens, R. 1977 Sport competition anxiety test. Champaign, ILL, Human Kinetics.

Martens, R., Vealey, R. S., Burton, D. 1990 Competitive anxiety in sport. Champaign, ILL, Human Kinetics.

丸山真司　2002　長時間運動中の快適自己ペースの調整と感情，運動強度および疲労度との関係　九州大学大学院人間環境学府平成14年度修士論文

Reed J. & Ones D. 2006 The effect of acute aerobic exercise on positive-activated affect : A meta-analysis. *Psychology of Sport and Exercise*, **7**：477-514.

Reed J. & Buck S. 2009 The effect of regular aerobic exercise on positive-activated affect : A meta-analysis. *Psychology of Sport and Exercise*, **10**：581-594.

Rosenberg, M. J. & Hovland, C. I. 1960 Cognitive, affective, and behavioral component of attitudes. In C. I. Hovland and M. J. Rosenberg (eds.), Attitude organization and change, New Haven : Yale University Press.

13章1節は，『体育の科学』60巻1月号（杏林書院）掲載の橋本公雄著「ポジティブ感情とネガティブ感情」に著者が加筆修正を行ったものである。

■第14章

阿江美恵子　2006　女子野球部員の野球継続動機について—ジェンダー観のゆらぎへの質的アプローチ　日本体育学会第57回大会口頭発表

阿江美恵子　2004a　体育専攻女子大学生のジェンダー・パーソナリティ　スポーツ心理学研究，31-2：9-18.

阿江美恵子　2004b　海外で活躍する日本人エリートスポーツ選手の効果—中学生の役割モデルになりうるか　スポーツとジェンダー研究，2：43-48.

阿江美恵子　1999　集団としての大学女子軟式野球チーム—競技開始動機及び集団凝集性について　東京女子体育大学紀要34号：59-69.

朝日新聞　2009年8月20日夕刊13面

Bem, S. 1974 The measurement of psychological androgyny. *Journal of Counseling and Clinical Psychology*, **42**：155-162.

Costa, D. M. & S. R. Guthric (Eds.) 1994 Women and sport, Champain, IL. : Human Kinetics, pp.399.

土肥伊都子　2004　第2章「男女の思いこみ」をつくる心のしくみ　青野篤子・森永康子・土肥伊都子（著）ジェンダーの心理学（改定版）　ミネルヴァ書房，26-47.

土肥伊都子　1998　ジェンダーと健康スポーツ　竹中晃二（編著）健康スポーツの心理学　大修館書店，158-164.

Golombok, S. & Fivush, R. 1994 Gender development, NY : Cambridge University Press.（小林芳郎・

瀧野揚三訳　1997　ジェンダーの発達心理学　田研出版）

ホール，A.　2001　（飯田貴子・吉川康夫監訳）フェミニズム・スポーツ・身体　世界思想社，pp.9-11.

本多芙美子　2010　運動に伴う感情変化の規定要因が感情変化に与える影響　第8回スポーツ動機づけ研究会　2010年度スポーツ社会心理学研究会　2010. 5. 29-30　口頭発表.

飯田貴子　2004　体力観の形成とジェンダーに関する調査研究　スポーツとジェンダー研究2：31-42.

小出寧　1996　ジェンダー・パーソナリティ・スケールの作成（1）　日本心理学会第60回大会発表論文集，103.

Lippa, R. A., 1990 Introduction to social psychology. Belmont : Wadsworth.

日本オリンピック委員会ホームページ　「日本選手団編成表」http://www.joc.or.jp/athens/teamformation.html

坂口由紀子・橋本紀子　2009　親の性役割態度が養育態度および幼児の社会的行動に与える影響　女子栄養大学紀要，40：69-77.

相良順子　2000　児童期の性役割態度の発達　教育心理学研究，48：174-181.

Scully, D. & J. Clarke 1997 Gender issues in sport participation. In J.Kremer et al.(eds.) Young people's involvement in sport. Adolescence and Society (Series), pp.25-56, Routledge : London.

関根聰　2005　女性大学生における性役割意識　大阪女学院短期大学紀要，35：75-84.

田中ης胤・佐藤和順　2002　幼児のしつけ形成過程にみるジェンダー再生産の装置　—保護者を対象にした調査をもとに　兵庫教育大学研究紀要22：1-9.

山中麻耶　2007　女性スポーツ選手にみる性役割ステレオタイプ　スポーツとジェンダー研究5：65-71.

Williams, J. E. & Best, D. L. 1982 Measuring sex stereotypes : A thirty- nations study. Beverly Hills, CA : Sage.

■第15章

Danish, S.J., Petitpas, A.J. & Hale, B. D. 1993 Life development intervention forathletes: Life skills through sport. The Counseling Psychologist, **21**(3): 352-385.

エリクソン，E. H.（著）仁科弥生（訳）　1977　幼児期と社会　みすず書房

Levy, M. A., Gordon, L., Wilson, R., & Barrett, C. 2005 Chapter 15 Career Transition. In : Taylor, J. and Wilson, G.S. (Eds.) Appling sport psychology : four perspectives. Human Kinetics : Illinois, 249-266.

Mercia, J. H. 1966 Development and validation of ego identity status. *Journal of Personality and Social Psychology*, 3:551-558.

中込四郎　1993　危機と人格形成—スポーツ競技者の同一性形成　道和書院

中込四郎　2004　アスリートの心理臨床　道和書院

Ogilvie, B. C. & Howe, M. 1986 "The trauma of termination from athletics" In Williams, J. M. (ed.), Applied sport psychology, Mayfield Publishing Co. California, pp.356-382.

岡本祐子　1994　成人期における自我同一性の発達過程とその要因に関する研究　風間書房

杉浦健　2001　スポーツ選手としての心理的成熟理論についての実証的研究．体育学研究，46:337-351.

田中ウルヴェ京　2010　キャリアトランジションのためのセカンドキャリア教育　高橋潔（編著）J

リーグの行動科学　白桃書房　251-263
鑢幹八郎ほか　1984-2002　アイデンティティ研究の展望Ⅰ～Ⅵ　ナカニシヤ出版
豊田則成・中込四郎　1996　運動選手の競技引退に関する研究　自我同一性の再体制化をめぐって　体育学研究第41巻　193-206.
豊田則成・中込四郎　2000　競技引退に伴って体験されるアスリートのアイデンティティ再体制化の検討　体育学研究第45巻　315-332.
筑波大学トップアスリート・セカンドキャリア支援プロジェクト　2006　トップアスリートのセカンドキャリア支援教育のためのカリキュラム開発（2）平成18年度報告書
Waterman, A. S. 1982 Identity development from adolescence to adulthood : an extension of theory and review of research. *Developmental Psychology*, **18**, 311-341.
吉田毅　2006　第11章アスリートのキャリア問題　菊幸一ほか（編）現代スポーツのパースペクティブ　大修館書店　210-227

■第16章
内閣府（総理府）2006　体力・スポーツに関する世論調査報告書
笹川スポーツ財団　2006　スポーツ白書
文部科学省　1997　保健体育審議会答申
上田雅夫（監修）2000　スポーツ心理学ハンドブック　実務教育出版
ニューマン B. M., ニューマン P. R.（著）福富護（訳）1988　新版生涯発達心理学　川島出版
Piaget, J. 1949 La psychologie de l'intelligence. 2'ed. Armand Colin.
日本スポーツ心理学会編　2008　スポーツ心理学事典　大修館書店

■第17章
Berger, B. G. & Hecht, L. M. 1989 Exercise, aging and psychological well-being: The mind-body question. In A.C.Ostrow (Ed.), Aging and motor behavior.Benchmark Press Inc.pp.117-157.
Birren, J. E., J. E. Lubben., J. C. Rowe., & D. E. Deutchman (eds.) 1991 The Concept and Measurement of Quality of Life in the Frail Elderly. Academic Press, Inc（三谷嘉明監訳　2000　虚弱な高齢者のQOL―その概念と測定，医歯薬出版）
市村操一・D.Teipel（共著）　1993　トップアスリートのための心理学　同文書院
井上成美・長ヶ原誠（編著）　2007　ジェロントロジースポーツ　フジサンケイビジネスアイ
K. J. Anstey., Chwee von Sanden, BS et al. 2006 An 8-year prospective study of the relationship between cognitive performance and falling in very old adults. *Journal compilation*,Vol.**54**, No.8:1169-76
Keysor, J. J. 2003 Does late-life physical activity or exercise prevent or minimize disablement?. Am J prev Med.25(3Sii) : 129-136
厚生労働省（編）2006　平成18年度　厚生労働白書　ぎょうせい
Larson, E. B, Li, Wang.et al 2006 Exercise is associated with reduced risk for incident dementia among persons 65 years of age and older. Ann. Intem. Med. 144 : 73-81
（財）明治生命体力医学研究所　1992　生活体力テストの手引き
文部科学省（監修）2000　新体力テスト―有意義な活用のために
小野三嗣　1977　鍛錬の効用―老年期　有斐閣

柴田博　1987　高齢者の体力測定とその評価　体育の科学，**37**，658-661．
鈴木隆雄・大渕修一（監修）2004　介護予防完全マニュアル　(財) 東京都高齢者研究・福祉振興財団
長寿社会開発センター　1992　長寿社会におけるスポーツ・レクリエーションの開発に関する調査研究報告書　pp.62-71
上田雅夫（監修）吉川政夫・児玉昌久・竹中晃二・谷口幸一・山崎勝男（編）　2000　スポーツ心理学ハンドブック　実務教育出版
Weuve, J., Kang, J. H. et al. 2004 Physical activity, including walking,and cognitive function in older women. JAMA, Vol. 292, No.12 : 1454-61
WHO : Chodzko-Zaiko, W. J. (Ed.) 1997 The world health organization issues guideline for promoting physical activity among older persons. *Journal of Aging Physical Activity*, **5**, 1-8.
Yaguchi, K. & Furutani, M. 1998 An Applicability study of the AAHPERD's functional fitness test for elderly American adults to elderly Japanese adults. *Environmental Health and Preventive Medicine*, **3**, 130-140
谷口幸一　2009　高齢者と健康　島井哲志・長田久雄・小玉正博（編）　健康心理学・入門 pp.169-186　有斐閣アルマ

■第 18 章
猪飼道夫　1961　体育生理学序説　杏林書院
北沢豊治　1980　中高年齢者の体力つくりについて―高森町における PPK 運動　日本体育学会第 31 回大会号
厚生省　2000　21 世紀における国民健康づくり運動（健康日本 21）の推進について
厚生労働省（運動所要量・運動指針の策定検討会）　2006　健康づくりのための運動指針 2006―生活習慣病予防のために（エクササイズガイド 2006）
厚生労働省　2007　「健康日本 21」中間評価報告書
厚生労働省（報道発表資料）2010.7.26　平成 21 年簡易生命表の概況について
近藤勉　2001　よくわかる高齢者の心理　ナカニシヤ出版
文部省　2000　スポーツ振興基本計画
文部省　2000　新体力テスト ―有意義な活用のために
文部科学省　2006　「スポーツ振興基本計画」の見直し
文部科学省　2008　小学校学習指導要領解説―体育編
内閣府　2009　体力・スポーツに関する世論調査
文部科学省　2010　スポーツ立国戦略
内閣府　2010　平成 22 年版高齢社会白書
日本整形外科学会（編）　2010　ロコモーティブシンドローム診療ガイド 2010　文光堂
Pate, R. R. & Blair, S. N. 1983 Physical fitness programming for health promotion at the worksite. *Prevention medicine*, **12**, 632-643.

■第 19 章
Baltes, P. B. 1987 Theoretical propositions of lifespan developmental psychology, *Developmental Psychology*, **23**.

Bandura, A. 1977 Self efficacy : Toward a unifying theory of behavioral change. *Psychology Review*, **84**, 191-215.

Barke, C. R. & Nicholas, D. R. 1990 Physical activity in older adults : The stages of change. *The Journal of Applied Gerontology*, **9**(2), 216-223.

Bocksnick J, Hall B. 2001 Physical activity decision-making in older adults. Activities, Adaptation, and Aging. 25:1-19.

Cardinal, B. J. 1997 Predicting exercise behavior using components of the Transtheoretical Model of Behavior Change. *Journal of Sport Behavior*, **20**(3), 272-283.

Erikson, E. H. 1963 Childhood and society (2nd ed.), W.W. Norton and Company.

Ford, M. E. 1992 Motivating humans : Goals, emotions, and personal agency beliefs. Newbury Park, CA : Sage.

Fort, M. E. & Nichols, C.W. 1992 Manual : Assessment of Personal Goals. Pal Alto, CA : Consulting Psychological Press.

Godin, G. 1994 Theories of reasoned action and planned behavior : usefulness for exercise promotion. Medicine and Science in Sports and Exercise, 26, 1(1), 1391-1394.

Hochbaum, G. M. 1958 Public participation in medical screening programs : A sociopsychological study. PHS publication no. 572. Washington, D.C. : U.S. Government Printing Office.

Havighurst, R. J., 1953 Developmental tasks and education, Chicago University.

Marcus, B. H., Bock, B. C. & Pinto, B. M. 1997 Initiation and maintenance of exercise behavior. In. D.S. Gochman (Ed.), Handbook of Health Behavior Research II : Provider determinants (pp. 335–352 New York : Plenum Press.

McBean, L. D., Forgac, T., & Finn, S.C. 1994 Osteoporosis : visions for care and prevention--a conference report. *Journal of the American Dietetic Association*, **94**, 668-671.

Prochaska, J. Q., & DiClemente, C. C. 1992 Stages of change in the modification of problem behaviors. In M. Hersen, R. M. Eisler, & P. M. Miller (Eds.), Progress in behavior modification (pp. 184-214

Romeder, Z. M. 1997 An analysis of the stages of exercise change among older adults with chronic illness. Master thesis, Simon Fraser University.

Stead M., Wimbush, E., Eadie, D., Teer, P.A. 1997 Qualitative study of older people's perceptions of ageing and exercise : the implications for health promotion. Health Education, 56, 3-16.

Strether, V., & Rosenstock, I. M. 1997 The Health Belief Model. In Glanz K., Lewis F. M., & Rimer B. K., (Eds.) Health Behavior and Health Educatoin : Theory, Research, and Practice. San Francisco : Jossey-Bass.

Tsutsumi, T. 2002 Physiological and psychological benefits of strength training in older adults. In L. D. Zaichkowsky, & D.I. Mostofsky, Medical and psychological aspects of sport and exercise (pp. 134-147 Fitness Information Technology. Morgantown : WV

Turner, L. W., Hunt, S. B., DiBrezzo, R., Jones, C. 2004 Design and implementation of an osteoporosis prevention program using the health belief model. *American Journal of Health Studies*, **19**(3), 115-121.

Wallace, L. S. 2002 Osteoporosis prevention in college women : application of the expanded health belief model, *American Journal of Health Behavior*, **26**:163-172.

■第20章

Arent, S. M., Landers, D. M. & Etnier, J. L. 2000 The effects of exercise on mood in older adults: A meta-analytic review. *Journal of Aging and Physical Activity*, **8**, 407-430.

Courneya, K. S. & Friedenreich, C. M. 1997 Relationship between exercise pattern across the cancer experience and current quality of life in colorectal cancer survivors. *Journal of Alternative and Complementary Medicine*, **3**, 215-226.

Diener E. 1985 The satisfaction with life scale. *Journal of Personality Assessment*, **49**, 71-75.

古谷野亘 2004 社会老年学における QOL 研究の現状と課題 保健医療科学, 53(3), 204-208.

Jerome, G. J., Marquez, D. X., McAuley, E., Canaklisova, S., Snook, E. & Vickers, M. 2002 Self-efficacy effects on feeling states in women, *International Journal of Behavioral Medicine*, **9**(2), 139-154.

Martin, K. A., & Hausenblas, H. A. 1998 Psychological commitment to exercise and eating disorder symptomatology among female aerobic instructors, *The Sport Psychologist*, **12**, 180-190.

McAuley, E., Talbot, H. & Martinez, S. 1999 Manipulating self-efficacy in the exercise environment in women: Influences on affective responses, Health Psychology, 18(3), 288-294.

McAuley, E., Konopack, J. F., Motl, R. W., Morris, K. S., Doerksen, S. E. & Rosengren, K.R. 2006 Physical activity and quality of life in older adults: influence of health status and self-efficacy, *Annals of Behavioral Medicine*, **31**(1), 99-103.

Mead, G. E., Morley, W., Campbell, P., Greig, C. A., McMurdo, M. & Lawlor, D. A. 2009 Exercise for depression. Cochrane Database of Systematic Review, 3, DOI:10.1002/14651858.CD004366.pub4.

Netz, Y., Wu, Meng-Jia, Becker, B. J. & Tenenbaum, G. 2005 Physical activity and psychological well-being in advanced age: A meta-analysis of intervention studies, Psychology and Aging, 20(2), 272-284.

North, T. C., McCullagh, P. & Tran, Z. V. 1990 Effect of Exercise on Depression, Exercise & Sport Sciences Reviews, 18(1), 379-416.

Oishi, S., Diener, E., Suh, E. & Lucas, R. E. 1999 Value as a moderator in subjective well-being, *Journal of Personality*, **67**(1), 157-184. Manipulating self-efficacy in the exercise environment in women: Influences on affective responses.

Pavot, W. & Diener, E. 1993 Review of satisfaction with life scale, *Psychological Assessment*, **5**(2), 164-172.

Petruzzello, S. J., Landers, D. M., Hatfield, B. D., Kubitz, K. A. & Salazar, W. 1991 A meta-analysis on the anxiety-reducing effects of acute and chronic exercise, Sport Medicine, 11, 143-182.

Rejeski, W. J. & Mihalko, S. L. 2001 Physical activity and quality of life in older adults, *Journal of Gerontology*, **56**, 23-35.

Pierce, E. F. 1994 Exercise dependence syndrome in runners, Sports Medicine, 18(3), 149-155.

山口幸生 2010 健康づくりのためのライフスタイルづくり 進藤宗洋・田中宏暁・田中守（編）健康づくりトレーニングハンドブック 朝倉書店 pp.221-228.

■第21章

Berchtold, N. C., Kesslak, J. P., Pike, C. J., Aldard, P.A. & Cotman, C. W. 2001 Estrogen and exercise interact to regulate brain derived neurotrophin factor mRNA transcription and protein expression in the rat hippocampus. *European Journal of Neuroscience*, **14**, 1992-2002.

Colcombe, S. & Kramer, A. F. 2003 Fitness effects on the cognitive function of older adults : a meta-analytic study. *Psychological Science*, **14**, 125-130.

Erickson, K. I., Colcombe, S. J., Elavsky, S., MacAuley, E., Korol D.L., Scalf P. E. & Kramer, A. F. 2007 Interactive effects of fitness and hormone treatment on brain health in elderly women. *Neurobiology of Aging*, **58**, 179-185.

Erickson, K. I. & Kramer, A. F. 2009 Aerobic exercise effects on cognitive and neural plasticity in older adults, *British Journal of Sports Medicine*, **43**, 22-24.

Fabel, K., Fabel, K., Tam, B., Kaufer, D., Baiker, A., Simmons, N., Kuo, C.J. & Palmer, T.D. 2003 VEGF is necessary for exercise-induced adult hippocampal neurogenesis. *European Journal of Neuroscience*, **18**, 2803-2812.

Hall, C. D., Smith, A.L. & Keele, S.W. 2001 The impact of aerobic activity on cognitive function in older adults : a new synthesis based in the concept of executive control. *European Journal of Cognitive Psychology*, **13**, 279-300.

Heyn P., Abreu, B. C. & Ottenbacher, K. J. 2004 The effects of exercise training on elderly persons with cognitive impairment and dementia : a meta-analysis. *Archives of Physical Medicine and Rehabilitation*, **85**, 1694-1704.

Keele, S. W. & Rafal, R. 2000 Deficits of task set in patients with left prefrontal cortex lesions. In S. Monsell & J Driver (Eds.), Attention and performance XVIII : Control of cognitive processes. MIT Press. pp.627-651.

Kramer, A. F., Hahn, S., Cohen, N. J., Banich, M. T., McAuley, E., Harrison, C.R., Chason, J., Vakil, E., Bardell, L., Boileau, R. A. & Colcombe, A. 1999 Aging, fitness and neurocognitive function. *Nature*, **400**, 418-419.

Kramer, A. F., Colcombe, A., McAuley, E., Erickson, K. I., Scalf, P., Jerome, G.J., Marquez, D.X., Elvasky, S. & Webb, A. G. 2003 Enhancing brain and cognitgive function of older adults through fitness training. *Journal of Molecular Neuroscience*, **20**, 213-221.

Kray, J. & Lindenberger, U. 2000 Adult age differences in task switching. *Psychology and Aging*, **15**, 126-147.

Larson, E. B., Wang, L, Bowen, J. D., McCormick, W. C., Teri, L., Crane, P. & Kukull, W. 2006 Exercise is associated with reduced risk for incident dementia among persons 65 years of age and older. Annals of Internal Medicine, 144, 73-81.

Mayr, U. & Kliegl, R. 1993 Sequential and coordinative complexity : Age-based processing limitations in figural transformations. *Journal of Experimental Psychology : Learning, memory, and Cognition*, **19**, 1297-1320.

Mayr, U., Kliegl, R. & Krampe, R. T. 1996 Sequential and coordinative processing dynamics in figural transformations across the life-span. *Cognition*, **5**, 61-90.

McAuley, E., Kramer, A. F. & Colcombe, S. J. 2004 Cardiovascular fitness and neurocognitive function in older adults : a brief review. *Brain, Behavior, and Immunity*, **18**, 214-220.

Miyake, A., Friedman, N. P., Emerson, M.J., Witzki, A.H. & Howerter, A. 2000 The unity and diversity of executive function and their contributions to complex "front lobe" task : a latent variable analysis. *Cognitive Psychology*, **41**, 49-100.

森山善彦・熊谷秋三 2009 認知症,認知機能の運動疫学 ―量・反応関係に着目して 健康科学,**31**,19-28.

O'Callaghan, R. M., Griffin, E. W. & Kelly, A. M. 2009 Long-term treadmill exposure protects against age-related neurodegenerative change in the rat hippocampus. *Hippocampus*, **19**, 1019-1029.

Smith, P. J., Blumenthal, J. A., Hoffman, B. M., Cooper, H., Strauman, T. A., Welsh-Bohmer, K., Browndyke, J. N. & Sherwood, A. 2010 Aerobic exercise and neurocognitive performance : a meta-analytic review of randomized controlled trials. *Psychosomatic Medicine*, **72**, 239-252.

Spirduso, W. W. 1975 Reaction and movement time as a function of age and physical activity level. *Journal of Gerontology*, **30**, 435-440.

■第22章

Brown, B. A. & Frankel, B. G. 1993 "Activity Through the Years : Leisure, Leisure Satisfaction, and Life Satisfaction". *Sociology of Sport Journal*, **10**(1):1-17.

Chogahara, M. & Yamaguchi, Y. 1998 "Resocialization and Continuity of Involvement in Physical Activity among Elderly Japanese". *International Review for the Sociology of Sport* **33**(3):277-289.

勝木洋子・山口泰雄 1999 中高年の身体活動を促進するハイデルベルグ・ガイドライン 体育・スポーツ科学 8:33-38.

小倉一哉 2006 ワーク・ライフ・バランス実現のための「壁」―有給休暇の未消化 季刊家計経済研究 No.71:36-44.

樋上弘之・中込四郎・杉原隆・山口泰雄 1996 中・高齢者の運動実施を規定する要因―心理的要因を中心にして 体育学研究,**41**(2):68-81.

兵庫県教育委員会スポーツ振興課 中年期スポーツ実施率向上委員会 2008 ひょうごスポーツ促進プログラム（中年期編）

McPherson, B. D. 山口泰雄(訳)1992 高齢化社会におけるスポーツと身体活動の意義 体育・スポーツ科学,1:63-72

McPherson, B. D. & Yamaguchi, Y. 1995 Aging and Active Lifestyle : A Cross-Cultural Analysis of Factors Influencing the Participation of Middle-Aged and Elderly Cohorts. pp.293-308 in Sara Harris et al.,(eds.), Toward Healthy Aging International Perspectives Part 2. N.Y. : Center for the Study of Aging.

文部科学省 2010 スポーツ立国戦略 ―スポーツコミュニティ・日本

山口泰雄 1988 高齢者のスポーツ活動とその生活構造 体育の科学,**38**(7):507-513.

山口泰雄 1997 中高年者の運動実施 ―現状と課題 体育の科学,**47**(9):674-680.

山口泰雄・土肥隆・高見彰 1996 スポーツ・余暇活動とクオリティ・オブ・ライフ―中高年齢者の世代間比較 スポーツ社会学研究,4:34-50.

山口泰雄・谷口幸一・川元克秀・長ヶ原誠・青木高 2000 「高齢者の運動と生活満足度に関する調査研究」報告書 （財）健康・体力づくり事業財団

人名索引

ア行

阿江美恵子 157
飯田貴子 159
石井源信 101
ウインスタイン（Winstein, C. J.）103
ウォーターマン（Waterman）166
エイムズ（Ames）70
エプステイン（Epstein）74
エリクソン（Ericsson, K. A.）114
エリクソン（Erikson, E. H.）15, 91, 134, 163, 210
岡澤祥訓 102

カ行

賀川昌明 102
キャッテル（Cattell, R. B.）16
久保正秋 98
クリゲル（Kliegl, R.）234
クレーマー（Kramer, A.F.）232
孔子 16
コート（Côté, J.）116
コルコムベ（Colcombe, S.）232
ゴルトン（Galton, F.）111

サ行

サイモン（Simon）111
シャイエ（Schaie）30
シュミット（Schmidt, R. A.）103
ジョンソン（Johnson, D.）98
ジョンソン（Johnson, R.）98
杉浦健 168
杉原隆 57
セリグマン（Seligman, M.）147

タ行

田中ウルヴェ京 172
ダニッシュ（Danish, S.）95, 172
チェイス（Chase）111
ディエナー（Diener, E.）227
デクレメンテ（DiClemente, C. C.）216
ドウェック（Dweck）70

ナ行

中込四郎 167
ニコルズ（Nicholls）70
ニューマン（Newman, P.）91
ニューマン（Newman, B.）91
ネッツ（Netz, Y.）223

ハ行

バーガー（Berger, B. G.）182
パーテン（Parten, M.）58
ハヴィガースト（Havinghurst, R. J.）211
橋本公雄 144
ハニン（Hanin, Y. L.）144
バルテス（Baltes, P. B.）211
バンデューラ（Bandure, A.）100
ピアジェ（Piaget, J.）59, 78
ビネー（Binet, A.）24
ビューラー（Bühler, C.）58
フォード（Ford, M. E.）212
プラトン（Platon）12
プロチャスカ（Prochaska, J. O.）216
ベム（Bem, S）156
ホーン（Horn, J. L.）16
ホール（Hall, M. A.）154

マ行

マーシャ（Marcia）164
マーテンズ（Martens, R.,）144
マーフィ（Murphy）135
マイヤー（Mayr, U.）234
マズロー（Maslow）212
マッコーリー（McAuley, E.）227, 240
森司朗 103

ラ・ワ行

ラングラン（Lengrand, P.）12
リジェスキ（Rejeski, W.J.）223
ワイナー（Weiner, B.）104

事項索引

ア行

IZOF 144
アイデンティティ 134, 163
アイデンティティ拡散 164
アイデンティティ危機 169
アイデンティティ再体制化 166, 170
アイデンティティ・ステイタス 164, 166
アイデンティティ早期完了 164
アイデンティティ達成 164
アクティブ・シニア 245
アスリート 163
遊び時間 15
遊びの起源 61
遊びを連続体 57
アップデーティング 233
アディクション 229
生きる力 97
一側優位性 42
一般発達モデル 31
遺伝・環境問題 110
移動運動 36
意図的・計画的遊び 116
意図的・計画的練習理論 114
イフェクタンス動機 126
動きづくりの運動 201
運動遊び 58
運動器症候群 198

運動技能 79, 108
運動嫌い 85
運動行動 144
運動行動意図 144
運動コントロール能力 18, 40
運動習慣 13
運動好き 85
運動体力 40, 108
運動能力 15, 40, 86
運動能力の発達 191
運動の加齢サイクル 182
運動の発達段階モデル 191
運動不足病 13
運動無力感 66
運動有能感 64, 84, 101, 124
エアロビック運動 146, 201
エイジズム 184
ACE 172
MST 212
LDI モデル 95, 172
エンドルフィン仮説 149
横断的研究 26
横断法 26, 27
オーバーロードの原則 206
オープンスキル 50
温熱仮説 149

カ行

介護予防のための体力テスト 187
快適自己ペース 147
快適自己ペース走 148
外的調整 127
概念的知識 80
外発的動機づけ 126
学習 109
学習ゲーム 81
獲得動機 125
課題関与 129
課題志向性 101, 130
課題志向的雰囲気 88
活動水準 82
活動性動機 126
活動の楽しみ仮説 149
加齢 233, 244
感覚運動スキーマ 61
感覚運動的知能 78
関係性への欲求 129
観察法 23
感情 143
感情の三次元構造モデル 144
記憶範囲 52
危機 163
危機の体験 164
危機様態 134
基礎的運動パターン 39
基礎的な運動の段階 39
きっかけ 215
機能遊び 59
気晴らし仮説 149
気分 143
キャリア移行 163, 169

キャリア移行支援 171
QOL 197, 223
競技引退 135, 169
競技ストレス 134
競技パフォーマンス 144
競争 98
協同 98
協同遊び 63
筋運動感覚 47
筋力・筋持久力運動 201
屈指運動 38
クローズドスキル 50
形式的操作段階 179
継続 124
CAPA 172
系列技術 50
系列的デザイン 30
系列法 31
結果の知識（フィードバック） 103
結果予期 100, 245
血管内皮細胞増殖因子 239
結晶性知能 16
血中由来インスリン様成長因子 238
決定因 214
原因帰属の理論 104
健康運動心理学 144
健康関連体力 197
健康講座 193
健康寿命 197, 246
健康信念モデル 215
健康日本 23, 198
顕示動機 125
効果サイズ 224
好奇動機 126
行動規範 102
幸福感 223
効力予期 100
高齢者が好むスポーツのタイプ 184
高齢者の QOL 193
高齢者のための運動指針 183
コーチング回路 98
個人差 114
コホート 29
コホート研究 30
コホート・データ 32
コホート分析 29

サ行

最高心拍数 151
再生スキーマ 51
最大酸素摂取量 151
サクセスフル・エイジング 246
CSAI-2 尺度 146
JOC セカンドキャリアプロジェクト 172
Jリーグキャリアサポートセンター 172
ジェロントロジー・スポーツ 194
ジェンダー・スキーマ 155
自我関与 129
視覚 47
自我志向性 101, 130
自我同一性 134
時間的展望 171

索　引

自己概念　64, 83, 85
自己決定理論　127
自己効力感　215, 227
自己刺激的運動　82
指示待ち症候群　104
自信　85
姿勢運動　37
特性論　133
自然観察法　23
実験法　22
実行機能　233, 237
質的特徴　19
質問紙調査法　25
質問紙法　24
シフティング　233
社会化のエージェント　89
社会化予期　171
社会性　85
社会性の発達　63
社会的学習理論　94
社会的スキル　94
社会的性（ジェンダー）　155
社会的動機　125
集団　91
縦断的研究　26
縦断法　26, 28
10年理論　114
住民の健康づくり活動　192
重要な他者　84, 161
主観的幸福感　194
主観的重篤度　215
主観的脆弱性　215
主観的バリア　215
主観的利得　215
熟達化　108, 110, 113
生涯学習　12
生涯教育　12
生涯スポーツ　12
生涯発達心理学　17
商業主義　97
状況判断　52
状況論　133
状態不安　144, 145, 224
象徴遊び　62
承認動機　125
情報処理能力　45, 47
勝利志向性　101
勝利至上主義　90
自律性への欲求　129
身体活動　197
身体活動の恩恵　195
身体活動の強度・量，頻度　206
身体的自己　82
身体的不安　145
新体力テスト　188
心理学的仮説　149
心理検査法　24
心理的恩恵期待仮説　149
心理的スキルのトレーニング　133
心理適性　133
心理的な支援　172
心理的欲求　129
親和動機　125

スキルトレーニング　94
ステレオタイプ　243
ストレッチ運動　200
砂時計モデル　39
スポーツ　197
スポーツカウンセリング　135
スポーツキャリアパターン　100
スポーツ実施率　243
スポーツのみへの同一化　167
スポーツマンシップ　102
スポーツマン的性格　133
スポーツメンタルトレーニング　144
スポーツを小型化　19
スポレク祭　244
性格　86
生活活動　197
生活事件　19
生活習慣病　198
生活体力テスト　187
生活満足感　223
性差　238
成熟　109
成人期　175, 177
成人スポーツ　180
精神的なタフさ　133
成績志向的雰囲気　88
性同一性障害　161
青年期　180
青年スポーツ　179
青年前期　174
生物学的仮説　149
性役割　156
セカンドキャリア　163
積極的関与　164
摂食障害　135
セルフ・エフィカシーモデル　100
潜在カリキュラム　15, 81
選択的注意　52
専門的な運動の段階　45
早期の専門化　118
総合型地域スポーツクラブ　193, 199
相互作用論　133
操作運動　36
相対的運動強度　150
相対年齢効果　113
ソーシャルサポート　135
阻害要因　245

タ行

TARGET構造　74
態度　144
タイトルIX　154
大脳半球優位性　42
タイミングコントロール　48
達成経験　230
達成動機　125
達成目標理論　70, 129
脱中心化　81
タレント発掘　113
探索行動　61
ダンス　200
知覚‐運動協応　78

知的活動 204
知的能力 59
知的発達 78
中高年期 223
中年期危機 171
超回復の原則 207
直立歩行 37
TSMI 133
適応的な動機づけパターン 71
哲学 98
転機 168
伝承遊び 200
天井効果 226
同一化的調整 128
動機づけ雰囲気 72
統合的調整 128
動物実験 238
特性不安 145, 224
特性論 133
トランスセオレティカルモデル 216
取り入れ的調整 128
ドロップアウト 104

非動機づけ 127
非標準的影響 21
標準コホート表 31
標準年齢的影響 20
標準歴史的影響 21
表象 62
不安特性 143
不適応的な行動パターン 71
文脈干渉効果 55
分離技術 50
平均寿命 12
ポジティブ感情 143
ポジティブ心理学 147

マ行

マスタリー仮説 149
無力感 85
メタ認知 56
メタ分析 147, 224
面接法 25
メンタルヘルス 223
モデリング 94
モノアミン仮説 149
モノの永続性 61
モラトリアム 164

ナ行

内的情報 84
内発的動機づけ 57, 126
仲間 89
二極化現象 175
日本スポーツマスターズ大会 244
ニュースポーツ 244
認知機能 235
認知機能の課題 232
認知症 236
認知障害 236
認知的不安 145
ネガティブ感情 143
ネットワークマップ 140
ねんりんピック 244
脳機能 237
脳構造 237
脳由来神経栄養因子 238
望ましい身体活動 184
ノンエアロビック運動 146

ヤ行

野外活動 200
焼け切れ症候群 104
優越動機 125
有酸素運動 235
U字型の変化 39
有能感 67, 124, 245
有能感の情報源 84
有能さへの欲求 129
要介護高齢者 246
抑うつ 223
抑うつ特性 143
抑制機能 233

ハ行

把握運動 38
バーンアウト 104, 135
発声活動 204
発達 15
発達課題 91, 169
発達段階説 163
発達の視点 179
発達の敏感期 41
発達の複合性 17
パブリックスクール 90
バランス運動 202
反射運動 36
反動処理仮説 149
反応時間 47
PDCAサイクル 199
ピグマリオン効果 104

ラ・ワ行

ライフスキル 94
ラテラリティ 42
リーチング 61
リハーサル 52
流動性知能 16
領域一般性 110
領域固有性 110
両手協応動作 42
臨床スポーツ心理学 133
レディネス 164
連続体としてとらえた遊び 58
老化 15
老年学 194
ワーク・ライフ・バランス 245
YG性格検査 133

編　者
杉原　隆（すぎはら たかし）　十文字学園女子大学人間生活学部

執筆者＜執筆順，（ ）内は執筆担当箇所＞

杉原　隆（すぎはら たかし）　（第1，7章）　編　者
髙橋　正則（たかはし まさのり）　（第2章）　日本大学文理学部
森　司朗（もり しろう）　（第3章）　鹿屋体育大学体育学部
工藤　孝幾（くどう こうき）　（第4章）　福島大学人間発達文化学類
吉田　伊津美（よしだ いづみ）　（第5章）　東京学芸大学教育学部
伊藤　豊彦（いとう とよひこ）　（第6章）　島根大学教育学部
上野　耕平（うえの こうへい）　（第8章）　鳥取大学教育センター
石井　源信（いしい もとのぶ）　（第9章）　東京工業大学大学院社会理工学研究科
中本　浩揮（なかもと ひろき）　（第10章）　鹿屋体育大学体育学部
藤田　勉（ふじた つとむ）　（第11章）　鹿児島大学教育学部
土屋　裕睦（つちや ひろのぶ）　（第12章）　大阪体育大学大学院スポーツ科学研究科
橋本　公雄（はしもと きみお）　（第13章）　九州大学健康科学センター
阿江　美恵子（あえ みえこ）　（第14章）　東京女子体育大学体育学部
豊田　則成（とよた のりしげ）　（第15章）　びわこ成蹊スポーツ大学競技スポーツ学科
猪俣　公宏（いのまた きみひろ）　（第16章）　中京大学スポーツ科学部
谷口　幸一（やぐち こういち）　（第17章）　東海大学健康科学部
髙松　薫（たかまつ かおる）　（第18章）　流通経済大学スポーツ健康科学部
堤　俊彦（つつみ としひこ）　（第19章）　福山大学人間文化学部
山口　幸生（やまぐち ゆきお）　（第20章）　福岡大学スポーツ科学部
門間　貴史（もんま たかふみ）　（第21章）　筑波大学大学院人間総合科学研究科
大川　一郎（おおかわ いちろう）　（第21章）　筑波大学大学院人間総合科学研究科
山口　泰雄（やまぐち やすお）　（第22章）　神戸大学大学院人間発達環境学研究科

生涯スポーツの心理学
―生涯発達の視点からみたスポーツの世界―

2011年 4月15日　初版第1刷発行
2011年12月30日　　　第2刷発行

編著者　杉　原　　　隆

発行者　石　井　昭　男

発行所　福村出版株式会社
〒113-0034　東京都文京区湯島 2-14-11
電話　03-5812-9702　FAX　03-5812-9705
http://www.fukumura.co.jp
印刷　株式会社文化カラー印刷
製本　協栄製本株式会社

© T. Sugihara 2011
Printed in Japan
ISBN978-4-571-25039-2 C3075
定価はカバーに表示してあります。

福村出版◆好評図書

杉原 隆・船越正康・工藤孝幾・中込四郎 編著
スポーツ心理学の世界

◎2,600円　ISBN978-4-571-25033-0　C3075

練習効果を高めたり，試合で実力を発揮するためのポイントと具体策を心理学的見地から解説。

川島一夫・渡辺弥生 編著
図で理解する　発　達
●新しい発達心理学への招待

◎2,300円　ISBN978-4-571-23049-3　C3011

胎児期から中高年期までの発達について，基本から最新情報までを潤沢な図でビジュアル的に解説した1冊。

繁多 進 監修／向田久美子・石井正子 編著
新乳幼児発達心理学
●もっと子どもがわかる 好きになる

◎2,100円　ISBN978-4-571-23047-9　C3011

新幼稚園教育要領と保育所保育指針の改定を受け改訂。子どもの発達がわかりやすく学べる乳幼児発達心理学の書。

心理科学研究会 編
小学生の生活とこころの発達

◎2,300円　ISBN978-4-571-23045-5　C3011

心理学的知見から，学齢毎の発達に関わる課題を読み解く。より深く子どもを理解したい教育関係者必読の書。

藤田主一・楠本恭久 編著
教職をめざす人のための教育心理学

◎2,200円　ISBN978-4-571-20071-7　C3011

教職をめざす人のための「教育心理学」に関する基本的テキスト。教育心理学の最新情報が満載の必読書。

古川 聡 編著
教育心理学をきわめる10のチカラ

◎2,300円　ISBN978-4-571-22050-0　C3011

教員になるにあたってどのようなチカラを身につける必要があるのか，実践力アップのためのポイントを明示。

藤田主一・山﨑晴美 編著
新 医療と看護のための心理学

◎2,600円　ISBN978-4-571-20074-8　C3011

医療や看護を学ぶ学生，医療現場に携わっている人々のための，医療実践に役立つ心理学基本テキスト改訂版。

◎価格は本体価格です。